Klar Schiff zum Gefecht!

Eberhard Urban
Kristiane Müller

Klar Schiff
zum
Gefecht!

Die Seekriege von der Antike
bis zum Zweiten Weltkrieg
1939 - 1945

Edition
Aktuell

CIP-Titelaufnahme der Deutschen Bibliothek

Klar Schiff zum Gefecht!
Die Seekriege von der Antike bis zum
2. Weltkrieg 1939—1945.
Menden: Ed. Aktuell, 1988
ISBN 3-924456-56-9

© dieser Ausgabe bei Editon Aktuell GmbH, 5750 Menden 2
Einbandgestaltung Dieter Kreuchauff
unter Verwendung des Gemäldes von Ernst Wobek
„Schwerer Kreuzer *Prinz Eugen* am 24. Mai 1941"
und für die Rückseite des Gemäldes
von Günther Todt „Schlachtschiff *Bismarck*"
Redaktion Kristiane Müller Promotion
Satz und Film Typo-Studio Lehner
Gesamtherstellung Richterdruck
Printed in Germany

Inhalt

DENEN,
DIE SICH GEOPFERT,
UND DENEN,
DIE GEOPFERT WURDEN.

Zum Geleit

Die Geschichte der Seekriege währt schon so lange wie die Geschichte der Menschen. Als die ferne Zeit der paradiesischen Besitzlosigkeit vergangen war, die Menschen ihre Unschuld verloren hatten, wurden Angriff und Verteidigung die Mittel, Besitz und Macht mit Gewalt zu erwerben oder zu verteidigen. Die Wasserwege — zunächst auf den Flüssen und an den Küsten — dienten dem friedlichen Handel oder dem Transport von Waffen und Bewaffneten. Und so wie sich die Anfänge der Geschichte im Nebel früher Zeiten nicht ausmachen lassen, gibt es nur sagenhafte Erinnerungen an die kühnen Fahrten wagemutiger Männer vom Beginn der Zeiten. Die überlieferte Geschichte ist gleichzeitig die Geschichtsschreibung der Kriege zu Lande und zu Wasser.

Hier legen wir eine Geschichte der Seekriege von der Antike bis zum Ende des Zweiten Weltkrieges vor. Und so wie in umkämpften Gebieten Schiffe ein Geleit brauchen, scheint es uns nützlich, diesem Buch ein Geleit von Worten zu geben.

Mit dem Heranrücken der Geschichte an die Gegenwart gewinnt dieses Werk an Ausführlichkeit. Die früheren und frühen Zeiten mögen manchem zu oberflächlich abgehandelt worden sein. Das ist aber Absicht. Genauso, wie wir nicht jedes Gefecht in allen Einzelheiten beschreiben wollten. So haben wir auch auf guten Rat hin die ausführlichen technischen Details der Schiffe nicht aufgezählt. Umfang und Lesbarkeit hätten gelitten, nur die Fachhistoriker hätten ihre Freude — auch zum Streit — daran gehabt. Grund zum Streit bietet dieses Buch so noch genug. Das hängt weniger vom Standpunkt der Verfasser ab, mehr von dem der Leser. Die Fülle der Ereignisse, die hier zusammengefaßt sind, erhält ihre Wertigkeit durch die unterschiedlichen Leser, die ihre eigenen Meinungen haben. Die Lebendigkeit der Vergangenheit erweist sich auch in den Diskussionen, die um die Geschichte geführt werden.

Dazu auf dem Gebiet der Seekriege einen neuen Anstoß gegeben zu haben, ohne die Schilderung der politischen Verhältnisse ganz außer acht zu lassen, war dem Verlag und den Verfassern ein Anliegen.

Wenn das Unternehmen dieses Buches geglückt ist, wird es, von der Gunst der Leser getragen, „Fahrt voraus" machen.

1
Die antiken Seemächte des Mittelmeeres

Das Segel war eingeholt worden, der Mast gelegt, noch einige Schläge mit den Riemen, jetzt bohrte sich krachend der Rammsporn mittschiffs in das feindliche Gefährt. Das Kriegsgeschrei der phönizischen Entermannschaft übertönte die Schmerzensschreie der Verwundeten. Nach dem siegreichen Gefecht wurde das Segel gesetzt, die Rudergänger backbords und steuerbords hielten Kurs auf Tyros. Mächtig und blühend, belebt von 40 000 Menschen, Handel treibend mit aller Welt, war Tyros die Führerin des Bundes phönizischer Stadtstaaten. Von hier, von Sidon und von anderen Häfen wurden Gebrauchsgegenstände, Luxusgüter, Schiffe und komplette Waffensysteme exportiert. Die kampferprobten phönizischen Flotten kämpften in den Kriegen Assyriens und Ägyptens.

Als Kreta die beherrschende Seemacht im östlichen Mittelmeer war, um das zweite Jahrtausend v.u.Z., waren die Kanaanäer, die sich Sidonier nannten, in den Landstreifen zwischen den Bergen des Libanon und dem Meer eingewandert. Ihres kostbaren Purpurstoffes wegen wurden sie von den Griechen als die Roten, die Phönikier, bezeichnet. Sie gründeten Tochterstädte, Handelsstützpunkte mit Garnisonsschutz — bis hin nach Gades-Cádiz an der spanischen Atlantikküste. Im Jahre 814 v.u.Z. wurde in Nordafrika Kart Hadascht, Neustadt, gegründet. Als Karthago wurde es Hauptstadt eines neuen Staates.

Dionysios, Sohn des Zeus, übers Meer kommend und Fruchtbarkeit bringend, eröffnet in der griechischen Geschichte die Schiffahrt. Die taurischen Schiffswanderungen vor 5000 Jahren widerspiegeln sich in den Sagen, die Besiedlung der ägäischen Inseln, Griechenlands, Kleinasiens, Süditaliens. Der Trojanische Krieg wurde um den Schwarzmeerhandel geführt. Die Schiffe, unter dem Einfluß der phönizischen weiterentwickelt zu den Trieren, Dreiruderern, hatten eine Länge bis zu 38 Metern. Auf den Ruderbänken der großen Schiffe saßen

Griechische Schiffe:
Rammschiff, Kriegsschiff, Triere.

9

170 Rojer, jeweils drei Mann an einem Riemen. Vor dem Gefecht ordneten sich die Schiffe in Reihen nebeneinander, in Dwarslinie fuhren die feindlichen Flotten aufeinander, mit den Sporen die geg- nerischen Schiffe in den Grund bohrend, auf den Sturmdecks kam es dabei zu erbitterten Kämpfen.

Die Seekriegsführung gelangte von der Übernahme der Schlachtordnung auf dem Land zu einer ei-

genen Strategie: die Flotte machte eine Durchfahrt
durch die feindlichen Linien, um die ausgelegten
Hölzer zu zerstören; nach der Umfahrt stieß man
den bewegungsuntüchtigen Gegnern den Ramm-

Die Seeschlacht bei Salamis, 480 v.u.Z.
Nach dem Gemälde von Wilhelm von Kaulbach.

sporn in die Flanken. Die Vervollkommnung der Taktik: man fuhr in Kiellinie an der feindlichen Flotte vorbei, wollte dann der Gegner die eigenen Breitseiten angreifen, mußte er seinen Flottenverband auflösen, man wendete nun und richtete den Bug gegen ihn. Inzwischen war ein Flügel der angegriffenen, dwars aufgestellten Flotte durch die Übermacht der vorbeigefahrenen Schiffe bedroht, jetzt mußte die angegriffene Flotte eine Schwenkung vollführen — das war der Zeitpunkt, den Rammstoß auszuführen. Die griechischen Schiffe bewährten sich in den Perserkriegen, seit 500 bis 448 v.u.Z. An einem der letzten Septembertage des Jahres 480 traf bei Salamis die persische Flotte von etwa 600 Schiffen auf die griechische, die aus etwa 200 Schiffen bestand. Die persische Flotte konnte in der Meerenge ihre Überlegenheit nicht entfalten. Die geschickt operierenden Griechen drückten mit ihren Trieren die rechte Flanke der gegnerischen Schlachtordnung ein. Den ganzen Tag dauerte die Schlacht. Gegen Abend gelang es der Hälfte der persischen Flotte zu entkommen. Die Griechen hatten etwa 40 Schiffe verloren. Der Sieg bei Salamis war mitentscheidend für den weiteren Verlauf der Perserkriege.

Die verbündeten griechischen Staaten waren der gemeinsamen Gefahr entronnen, wetteiferten nun um die Hegemonie. Auf der einen Seite der Attische Seebund unter Führung Athens, auf der anderen der Peloponnesische Bund unter Leitung Spartas. Vom Jahr 431 bis 404 dauerte dieser wechselvolle Krieg, in dem das Glück oft die Seiten wechselte. Entscheidend waren die Einsätze der Flotten, Sparta siegte. Aber ganz Griechenland war erschöpft, wurde von den Makedoniern unter Philipp II. zum Hellenischen Bund zusammengezwungen. Sein Sohn Alexander, genannt der Große, ging auf den großen Siegeszug, unterwarf auch das persische Reich. Nach seinem Tod zerfiel das Großreich des Alexander, Teile davon sollten später zur Beute der Römer werden.

Als die Römer die Bühne der Weltgeschichte betraten, wurde das westliche Mittelmeer von den Karthagern, den Griechen und den Etruskern beherrscht. Der letzte Etruskerkönig wurde im Jahre 509 v.u.Z. aus Rom verjagt. In der Seeschlacht von Cumae besiegten die griechischen Syrakuser im Jahr 474 die etruskische Flotte. Als die Römer auch das griechische Süditalien erobert hatten, lag die Insel Sizilien vor ihnen. Hier hatten inzwischen die Karthager, von den Römern Punier genannt, die Vorherrschaft errungen. Mit der römischen Intervention auf Sizilien begann der erste Punische Krieg, 264—241 v.u.Z. Nach den Vorbildern griechischer und punischer Schiffe erbaute Rom seine erste Flotte. Nach einigen Seegefechten statteten die Römer ihre Schiffe mit Enterbrücken aus; diese über fünf Meter langen Laufplanken wurden nach vorn oder den Seiten ausgeworfen, hakten sich an den feindlichen Schiffen fest, bevor diese zum Rammstoß ansetzen konnten. Jetzt stürmten die römischen Legionäre die Schiffe und kämpften deren Besatzungen nieder. In der Schlacht bei Kap Mylae, 260 v.u.Z., besiegte die bisherige Landmacht Rom zum ersten Mal die Seemacht Karthago. Die Entscheidungsschlacht fand am 10. März 241 bei Aegusa statt. Die Römer enterten 70 feindliche Schiffe, versenkten 50, verloren selbst nur 12 Fahrzeuge. Sizilien wurde eine römische Provinz.

Die überlegene römische Seemacht entschied

Die Seeschlacht bei Salamis, 480 v.u.Z.

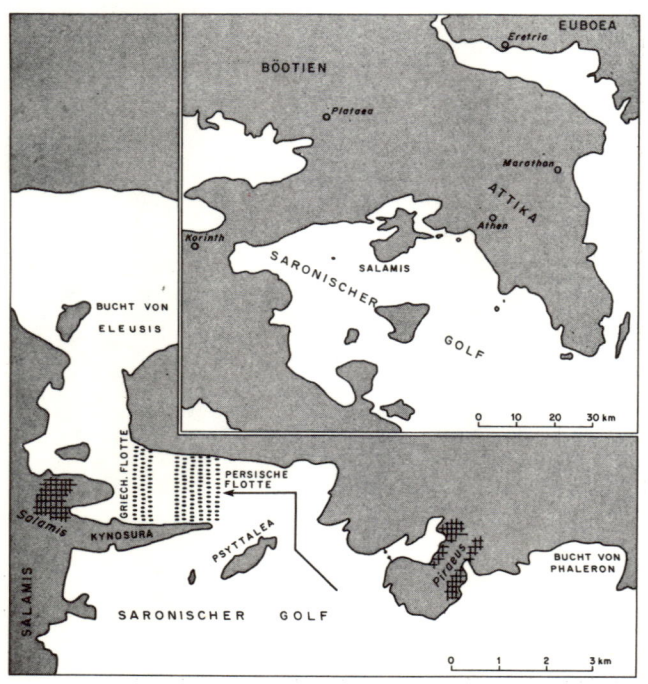

rechts: Konvoischiff *Wappen von Hamburg I*, 1669. Gemälde von Günther Todt.
Seite 14 und 15: Das Hamburger Flaggschiff *Bunte Kuh* im Kampf gegen Störtebeker vor Helgoland, 1401. Gemälde von Günther Todt.

Toppsegelschoner *Elbe* und Radfregatte *Barbarossa* der Brommy-Flotte, 1848. Gemälde von Günther Todt.

unten: Segelkorvette *Moltke* und Küstenpanzerschiff der Kaiserlichen Marine. Gemälde von Günther Todt.

auch den zweiten Punischen Krieg, 218—201 v.u.Z., und den dritten, 149—146, zu ihren Gunsten. Karthago wurde zerstört, die karthagischen Besitzungen, auch Spanien, gehörten Rom. Makedonien, Verbündeter Karthagos, wurde erobert. Das ganze Mittelmeer war zum Mare Romanum geworden. Allen verbündeten und unterworfenen Staaten wurde verboten, eigene Kriegsflotten zu unterhalten, so glaubte Rom, sich auf die Handelsschiffahrt beschränken zu können. Das verführte viele Unterworfene und Unterdrückte zur Seeräuberei, die von König Mithradates von Pontos gefördert wurde. Rom mußte im Jahr 84 v.u.Z. eine neue Kriegsflotte aufstellen, die nicht nur von den Küsten Spaniens bis zu denen Asiens operierte, um das römische Meer zu befrieden. Gefechte und Schlachten auf dem Meer waren auch entscheidend in den römischen Bürgerkriegen.

Als Caesar, der sich zum Diktator aufgeschwungen hatte, im Jahr 44 v.u.Z. ermordet worden war, ergriff der Senat wieder die Führung des Staates. Sextus Pompeius erhielt den Oberbefehl über die Flotte. Octavian, ein Neffe Caesars, erhob sich gegen den Senat, verbündete sich mit Marcus Antonius und Aemilius Lepidus. Dieses Triumvirat hatte bald den Landkrieg in Italien für sich entschieden. Doch Pompeius blockierte den Seeweg nach Rom. In einem Vertrag wurden die in Besitz gehaltenen Gebiete bestätigt, Pompeius ließ Rom wieder mit Getreide versorgen. Da ging Menodoros, ein Befehlshaber des Pompeius, mit 60 Kriegsschiffen und drei Legionen zu Octavian über. Der Bürgerkrieg flammte wieder auf. Octavian ließ eine Kriegsflotte bauen, schwere Kampfschiffe mit Holzgürtelpanzern und leichte Zweireiher. Diese Flotte von fast 400 Einheiten wurde durch 130 Schiffe verstärkt, die Antonius aus Ägypten schickte. In der Seeschlacht bei Naulochus im Nordosten Siziliens besiegte diese Flotte im Jahr 36 v.u.Z. die 300 Schiffe des Pompeius. Mitentscheidend war eine neue Waffe: mit Pfeilgeschützen verschossene Enterhaken. Nach dem Sieg zwang Octavian den Lepidus zum Rücktritt. Nun mußte die Entscheidung zwischen Octavian und Antonius fallen, der Kampf um die Alleinherrschaft wurde auf See ausgetragen. Bei Actium in Griechenland hatten Antonius und seine Frau, die ägyptische Königin Cleopatra, ihre Flotte zusammengezogen. Es waren etwa 200 schwere

Kriegsschiffe und 60 Transportfahrzeuge. Agrippa, der Admiral des Octavian, hatte seine Flotte von 260 Schiffen — wie Antonius — in drei Geschwader gegliedert. Nun lagen sich die Schiffe gegenüber. Der aufkommende Wind brachte die linke Flanke des Antonius in Bewegung, der Kampf begann, wogte hin und her. Agrippa ließ Brandpfeile und brennende Holzkohletöpfe verschießen. Das brachte die Wende. Cleopatra durchbrach, vor dem Wind segelnd, mit dem Reservegeschwader beide Linien und nahm Kurs auf Ägypten. Antonius folgte mit allen Schiffen, die sich aus den Kämpfen befreien konnten. Am Nachmittag des 2. September des Jahres 31 v.u.Z. war die Schlacht für Octavian entschieden. Kampflos ergaben sich ihm Griechenland, Kleinasien, Syrien. Vor Ägypten gingen des Antonius Reiterei und Flotte zu Octavian über. Antonius und Cleopatra nahmen sich das Leben. Octavian war nun der Alleinherrscher des Römischen Reiches, wurde der neue Caesar, der Kaiser Augustus.

Römische Schiffe:
Galeere, Schiff mit Enterbrücke.

17

2
Völker auf Wanderschaft

Im Raum von Nord- und Ostsee gab es schon in der Zeit vor 2000 v.u.Z. Seeverkehr an den Küsten. Und als die Hellenen in Griechenland einwanderten, gab es im Norden Flottenunternehmungen, die wir nur aus Felszeichnungen und Sagen kennen. Die römischen Historiker berichteten von dem Seereich der Suionen, von der Seeschlacht der Kelten gegen Caesars siegreiche Flotte vor der Küste der Bretagne, vom Aufstand der Bataver um das Jahr 70, deren germanisches Seereich nur mit Mühe besiegt werden konnte.

Germanische Stämme überquerten die Ostsee. Goten, Gepiden, Wandalen, Burgunder zogen durch Europa, veranlaßten die Rugier und Heruler an der Südküste der Ostsee zu Wanderungen. Mitte des 3. Jahrhunderts waren Goten und Heruler im Schwarzen Meer und in der Ägäis, bedrohten die Seemacht Roms. Zu den inneren Widersprüchen des Römischen Imperiums kamen nun die wuchtigen Schläge von außen. Im Jahre 395 wurde das Reich geteilt. Die Sachsen beendeten die römische Seeherrschaft im Norden, Britannien wurde im Jahr 407 den Angeln, Sachsen und Jüten überlassen. Inzwischen hatten die Wandalen Spanien erreicht,

römische Kriegsschiffe erbeutet, eine Flotte aufgebaut, Nordafrika erobert. Der Wandalenkönig Geiserich, dem sich auch Goten angeschlossen hatten, eroberte von See und vom Land her das wiederaufgebaute Karthago, von hier aus die Balearen, Sardinien und Korsika. Die Besetzung Siziliens mißlang, Ost- und Westrom hatten ihre Land- und Seestreitkräfte vereinigt. Der Vertrag des Jahres 442 bestätigte das Reich der Wandalen im Mittelmeer. Geiserich nannte sich König des Landes und des Meeres. Rom wurde überfallen und geplündert. Nun raffte sich der weströmische Kaiser Maiorianus auf, eine Flotte aufzustellen, um Karthago anzugreifen. Die Invasionsflotte wurde in der Bucht von Ilici in Spanien zusammengezogen. In einem Überraschungsangriff vernichtete die wandalische Flotte die 300 römischen Schiffe. Wieder verbündeten sich Ost- und Westrom gegen die Wandalen. Im Jahre 468 lief die oströmische Flotte von 1200 Schiffen auf Karthago zu. Bei Kap Bon vereinigte sie sich mit den weströmischen Seestreitkräften, ging für die Nacht vor Anker. Jetzt griffen die Wandalen mit der Hilfe von Brandern an, 200 Schiffe errangen den Sieg über die riesige feindliche Flotte, von der über die Hälfte vernichtet wurde; die anderen ergriffen die Flucht. Das weströmische Reich brach zusammen.

Das oströmische Reich blieb Großmacht im Mittelmeer, baute eine neue Flotte, landete 533 eine Invasionsarmee südöstlich von Karthago, unterwarf zwei Jahre später die Stadt, machte das Reich der Wandalen zur oströmischen Provinz. In Italien hatten die Ostgoten unter Theoderich, dem Dietrich von Bern der Sage, ein blühendes Reich geschaffen, das auch die Seeherrschaft im Mittelmeer anstrebte. In einem zwanzigjährigen Krieg besiegte Byzanz, das nun Konstantinopel hieß, die Ostgoten. Im Jahr 551 vernichtete eine Flotte von 50 Dromonen bei Ancona in der Adria die Flotte der Ostgoten. Die Dromone war ein Schiff neuen Typs, entstan-

Römische Triere der Spätzeit.

18

den aus der griechischen Triere, ausgestattet mit der Wendigkeit der römischen Schiffe und besegelt wie ein arabisches Schiff, 50 Meter lang, mit einem Rammsporn versehen, geschützt mit Panzerplatten aus Metall, kastellartige Aufbauten trugen Katapulte für den Fernbeschuß. Mit seiner Flotte solcher Schiffe sicherte sich Ostrom wieder die Seeherrschaft im Mittelmeer. Seine Handelsbeziehungen reichten nun vom Atlantik bis zum Indischen Ozean, in dem die Araber den Seeverkehr beherrschten.

Die arabischen Stämme, geeint durch die neue Religion des Islam, schufen sich ein neues Reich. Nach dem Tod des Propheten Mohammed im Jahre 632 ergriffen die Kalifen, seine Nachfolger, die Macht und vergrößerten sie. Palästina und Syrien wurden im Jahr 640 erobert, die erste arabische Mittelmeerflotte wurde gebaut, Ägypten und Zy-

pern wurden eingenommen. Dreimal trotzte Konstantinopel den Angriffen und der Belagerung mächtiger arabischer Flotten; im Jahr 655 wurde die oströmische Flotte vernichtend geschlagen, aber das arabische Heer kam nicht über den Taurus. Als Konstantinopel von 673 bis 677 wieder belagert wurde, verschossen die Byzantiner ihr griechisches Feuer auf die feindliche Flotte. Das Gemisch aus Schwefel und Salpeter, Pech und Erdöl ließ sich nicht löschen, verbrannte Schiff um Schiff. Bei der dritten Belagerung im Jahr 717 rettete wieder das griechische Feuer die Stadt. Die Araber, die inzwischen Nordafrika und Spanien erobert hatten, ließen von Konstantinopel ab, das weiterhin Teile der Ägäis beherrschte. Das übrige Mittelmeer aber war ein arabisches Meer.

Und wem gehörte das Meer im Norden?

Wikingerfahrt.
Nach dem Gemälde von H. Hendrich.

19

3
Drachenschiffe an allen Küsten

„Gold leuchtete vom Bug, Silber blitzte von den vielen Schiffen. So groß war der Glanz der Flotte, daß allein die Schiffe den Feind eingeschüchtert hatten, ehe die Krieger kampfgerüstet waren." So beschrieb ein Augenzeuge den Anblick einer Wikingerflotte. Im 8. Jahrhundert begann die hohe Zeit der nordgermanischen Wikinger — wahrscheinlich nach dem germanischen Wort Vig benannt, was Kampf und Raub bedeutet. Diese Nordmänner oder Normannen waren Bauern, Seefahrer, Händler, Krieger. Sie scheuten sich nicht, Dörfer und Städte an fremden Küsten zu überfallen, auch Kirchen oder Klöster zu plündern. Daß unbekannte Barbaren sich an den heiligen Gütern der Kirche vergriffen, war so unerhört, daß einzelne Vorfälle für lange Zeit zum Vorurteil gegen die Wikinger führten. Sie drangen in England und Irland ein, wurden seßhaft, lebten mit ihren Nachbarn friedlich zusammen. Sie besiedelten Island, entdeckten Grönland und ums Jahr 1000 eine neue Welt, die später Amerika heißen sollte. Vom Reich der Franken erhielten sie die Normandie zum Lehen. Andere Wikinger gründeten in Sizilien und Rußland Staaten, die die modernsten ihrer Zeit waren. Mo-

Normannenfahrt. Nach dem Gemälde von O. Wergeland.

Der Wikinger Rurik, Gründer des russischen Reiches. Nach dem Gemälde von H.W.Koekkoek.

dern und zweckmäßig waren auch ihre Schiffe, vollendete Meisterwerke der Schiffbaukunst. Die Eichenplanken waren geklinkert, überdeckten sich also teilweise, und wurden an die Spanten geknüpft, was den Schiffen große Elastizität verlieh. Die kunstvoll geschnitzten und bemalten Drachenköpfe waren Stevenaufsätze, den Feind zu erschrecken, die bei Annäherung an die heimatliche Küste abgenommen werden mußten. Die Drachenschiffe hatten eine Länge von ungefähr 30 Metern, eine Breite über fünf Meter, etwa 30 Mann arbeiteten an den Riemen, das Segel hatte eine Fläche von 70 Quadratmetern, die gesamte Besatzung, alles Seeleute, die auch Krieger waren, bestand aus 80 Mann.

Im Jahr 1066 war der englische König Edward gestorben und Graf Harald von Wessex neuer König geworden. Doch Herzog Wilhelm aus der Normandie meldete seinen Anspruch auf den Thron an. Er zog ein großes Landungsheer zusammen, ließ Schiffe bauen — eine Weiterentwicklung der Drachenbote, mit Vor- und Achterkastellen ausgestattet — und ausrüsten. Am 28. September landete er mit 696 Kriegsschiffen, 2300 anderen Fahrzeugen, 50 000 Menschen und 6000 Pferden in Sussex. Am 14. Oktober wurde der Sieg über die Angelsachsen errungen. Der neue König, Wilhelm der Eroberer, verlieh seinen Gefolgsleuten Ritterlehen,

gewann so treue Bundesgenossen gegen die mächtigen eingesessenen Feudalbarone. Wilhelm unterstützte die sich entwickelnden Städte, deren Wollhandel mit Flandern bald florierte. Die fünf Hafenstädte Dover, Sandwich, Romney, Hythe und Hastings — als Cinque Ports verbündet, wozu später noch Winchelsea und Rye traten — stellten im Tausch gegen Handelsprivilegien der Krone bei Bedarf 57 Schiffe mit je 21 bewaffneten Männern und einem Schiffsjungen zur Verfügung. Englands künftige ökonomische Bedeutung und seine Seeherrschaft waren begründet.

Wikinger hatten inzwischen Apulien, Kalabrien und Sizilien erobert. Der Normanne Robert Guiscard erhielt im Jahr 1059 diese Länder zu Lehen. Der Normanne Roger II. wurde im Jahr 1130 zum König „beider Sizilien", also der Insel und Unteritaliens.

Der Stauferkaiser Heinrich IV. eroberte 1194 das normannische Königreich; mit der normannischen Erbtochter Konstanze war er schon seit 1186 verheiratet. Ihr Sohn, der Enkel Barbarossas, Abkömmling der Wikinger wie der Staufer, wurde als Kaiser Friedrich II. das Staunen der Welt, der Verwandler der Welt. Wichtig war sein Wirken auch für die Hanse, den wehrhaften Handelsbund deutscher Städte.

Heimkehr der Hamburger Orlogschiffe nach Besiegung der Seeräuber. Nach dem Gemälde von Hans Bohrdt.

4
Die Hanse
Geltung durch Handel und Krieg

„Deutschland war niemals so reich und glänzend als in unseren Tagen, und es verdankt dies hauptsächlich dem unverdrossenen Fleiß und der emsigen Betriebsamkeit seiner Bürger, sowohl derer, die in ihren Werkstätten der Arbeit obliegen, als derer, die Kaufmannschaft und Handel treiben." Das meinte Jakob Wimpheling aus der Zeit der Blüte der Hanse. Das Wort Hanse meint: Schar. Die Schar der deutschen Händler und Kauffahrer im Nord- und Ostseeraum, die sich zur „Genossenschaft der Geeinigten Gotlandfahrer des Römischen Reiches" zusammengeschlossen hatten. Liubice, die Liebliche, eine slawische Stadt, wurde von den Deutschen erobert und Lübeck genannt. Unter dem Schutz Heinrichs des Löwen wuchs die Bedeutung der Stadt, die von Kaiser Friedrich II. im Jahr 1226 die Reichsfreiheit erhielt, auch Schutz und Abgabenfreiheit in der Englandfahrt. Der Deutsche Orden begann, ermuntert durch den Kaiser, den slawischen Osten zu erobern und zu kolonisieren. Der erzwungene Warenaustausch zwischen den ehemals slawischen Gebieten und den deutschen Städten förderte auch den Handel mit dem Westen. 1259 wurden Verträge zwischen Lübeck, Rostock und Hamburg geschlossen. Die führende Rolle der Hanse ging vom gotländischen Wisby auf

Schwere Fregatte *Wappen von Hamburg III,* 1718—1737. Gemälde von Günther Todt.

links: *Großer Adler von Lübeck*, Hanse-Admiralsschiff, 1566—1581. Gemälde von Günther Todt.

Klaus Störtebekers Gefangennahme bei Helgoland. Nach der Zeichnung von Johs. Gehrts.

die Stadt Lübeck über, die Hanse verwandelte sich in einen Städtebund. Der Handel weitete sich nach Flandern und Britannien aus, Hansekontore wurden gegründet in Brügge, in Bergen die Deutsche Brücke, in Nowgorod der Petershof, in London der Stahlhof. 1361 und 1368 führte die Hanse Kriege gegen Dänemark; im Frieden von Stralsund wurde ihr volle Handelsfreiheit gewährt, sie hatte sogar bei der dänischen Thronbesetzung ein Mitspracherecht. Die Hanse beherrschte die Ostsee. Nur in der Nordsee trieben Seeräuber, unterstützt von den friesischen Häuptlingen, ihr Wesen.

Im Jahr 1402 stellte eine hamburgische Flotte bei Helgoland die Schiffe der Vitalienbrüder, besiegte sie, verbrannte die Schiffe und nahm Klaus Störtebeker und Godeke Michels und 150 Mann fest. Auf dem Grasbrook vor Hamburg wurden die freibeuterischen Gleichteiler, die früher in dänischen Diensten gestanden hatten, enthauptet. Damit war noch nicht die Seeherrschaft in der Nordsee errungen. Es wurden Kriege gegen Dänemark, Schweden und Norwegen geführt, 1426—1435, gegen die Niederlande 1438—1441, gegen England 1469—1474. Nach dem „Ewigen Frieden" von 1474 wurde der Stahlhof wieder den hansischen Geschäften geöffnet. Doch die Engländer und Niederländer brachen in den Ostseehandel ein. Für den Verlust dieser Handelstätigkeit mußte eine andere gefunden werden; es entwickelte sich der Islandhandel — Getreide gegen Fisch — und die umfangreiche Baltenfahrt, die auch französisches Seesalz in den Ostseeraum brachte. Bitter war für die Hanse die Niederlage 1536 im Krieg gegen den mit den Schweden verbündeten dänischen Adel. Absicht war gewesen, den gestürzten König wieder zu inthronisieren und mit seiner Hilfe der holländischen Konkurrenz die Sundfahrt zu sperren. Skandinavien entzog sich der Vorherrschaft der Hanse, Holland gewann im Ostseeraum das Übergewicht. In den guten Zeiten waren 160 Städte auf den Hansetagen vertreten. Beim letzten Hansetag 1669 nahmen nur noch sechs Städte teil.

Die Hansischen Seewege.

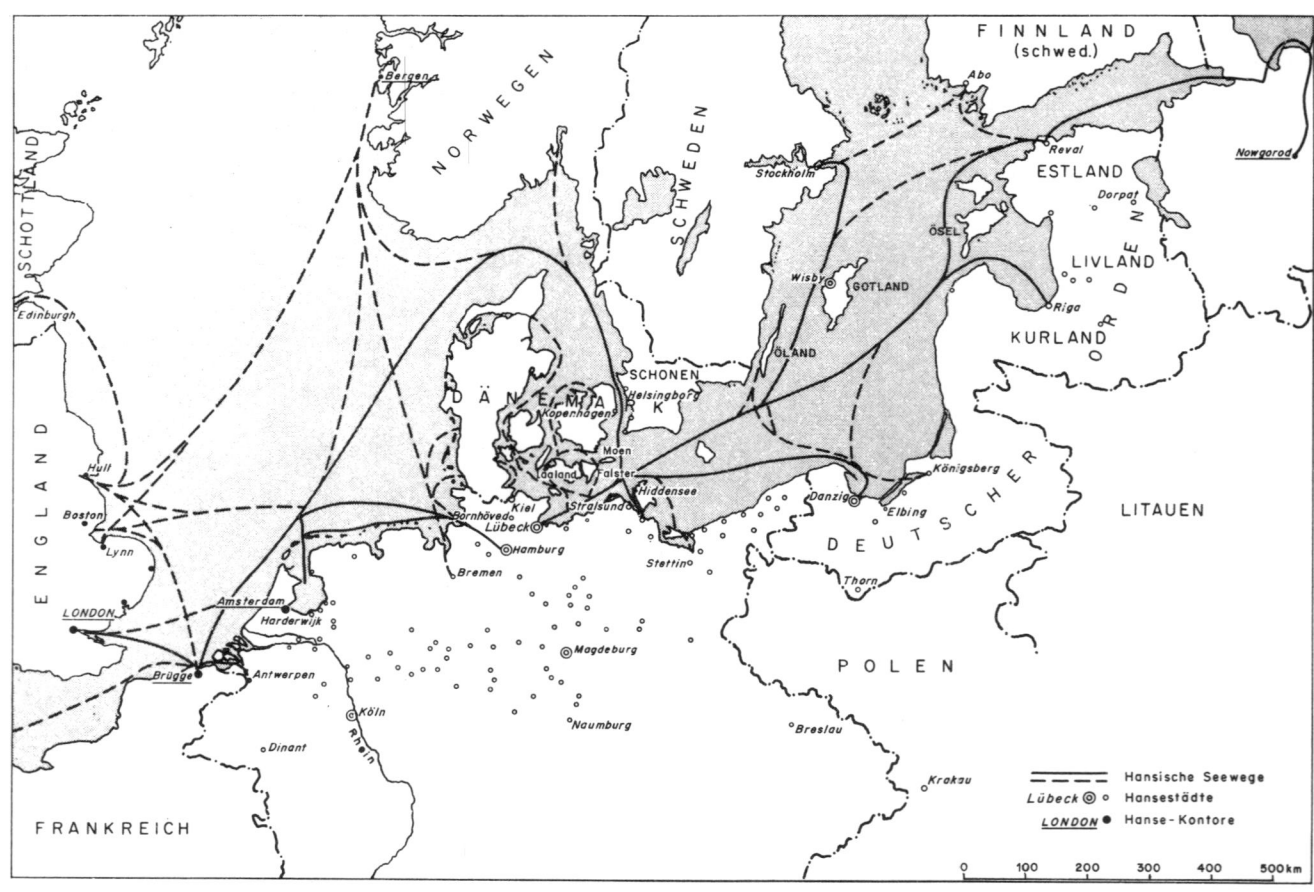

26

5
Venedig — vermählt mit dem Meer

In den Stadtrepubliken an den Handelsstraßen Oberitaliens sammelte sich der Reichtum, begünstigt auch durch die Schwäche der kaiserlichen Macht. Neben das Handelskapital trat durch die Errichtung von Manufakturen bald auch produktives Kapital, die weitere Ausdehnung des Handels fördernd. Die Stadt Venedig hatte sich vom byzantinischen Kaiser ihre Unabhängigkeit ertrotzt. Im Arsenal der Lagunenstadt wurden Schiffe gebaut, Geschütze gegossen, wurde Schießpulver produziert. Am Himmelfahrtstag fuhr der Doge in einem Galaschiff aufs Meer, warf einen Ring ins Wasser und sprach: „Mit dir, Meer, vermähle ich mich zum Zeichen ewiger Herrschaft."

Venedig, Zwischenhandelsstation für Nord und Süd, Ost und West, hatte im östlichen Mittelmeer nur einen Konkurrenten: das Byzantinische Reich. Streit und Krieg brachten vorerst keine Lösung. Als sich aber anläßlich des vierten Kreuzzuges im Jahre 1204 die Kreuzfahrer in Venedig versammelt hatten, konnten sie die Überfahrt nach Palästina nicht bezahlen. Die Stadt war großzügig, nahm das Ritterheer in Dienst, schickte es aber nicht ins Heilige Land, ließ das christliche Konstantinopel erobern. Die Handelsinteressen waren stärker als religiöse Gefühle.

Im Jahre 1255 konnte sich Venedig ein eigenes Seerecht geben. Die „Rules of Oléron", 55 Jahre

Venezianische Galeere.

27

vorher von Richard Löwenherz auf der Ile d'Oléron verkündet, hatten das Seerecht der Lex Rhodia aus der Zeit um 500 v.u.Z. auf den zeitgemäßen Stand gebracht. Venedig, mit Genua und Pisa im Streit um die Vorherrschaft in den italienischen Gewässern, wollte nur noch die eigenen Gesetze anerkennen. Seit 1256 im Krieg mit Genua — das seinerseits 1284 gegen Pisa die Vorherrschaft im westlichen Mittelmeer errungen hatte — konnte Venedig erst am Vorabend des Weihnachtsfestes 1379 bei Chioggia, einer der Lagunenstadt vorgelagerten Insel, endgültig über seinen mächtigen Konkurrenten triumphieren. Venedig war die unbestrittene Großmacht des Mittelmeeres. Die Entdeckung einer neuen Welt, die später Amerika heißen sollte, hatte wenig Einfluß auf die mächtige Stadt. Columbus hatte 1492 ja nicht den Seeweg nach Indien mit seinen Würzschätzen entdeckt. Doch die Portugiesen, die den Seeweg nach Indien um Afrika herum suchten, hatten Erfolg. Nicht nur, daß sie Guinea, die Westküste Afrikas, mit ihren Rohstoffen zu portugiesischem Besitz erklärten — im Jahre 1497 fand Vasco da Gama endlich den Seeweg nach Indien. Aus dem Tagebuch des venezianischen Patriziers Girolamo Priule: „Reisende, aus Indien zurückgekehrt, taten kund, drei portugiesische Karavellen hätten Calicut und Aden erreicht ... Ich denke, das sind die katastrophalsten Nachrichten, die unsere Republik jemals erhalten hat." Die Preise für Pfeffer und andere indische Gewürze stürzten, Venedig verlor seine Stellung als Monopolist des Orienthandels.

Don Juan, Held von Lepanto. Nach dem Gemälde von E. Slingeneyer.

6
Der Sieg bei Lepanto
Das Ende der mittelalterlichen Seekriege

Ein neues Volk hatte mit ungeheurer Wucht die Bühne der Weltgeschichte betreten. Die Türken hatten das arabische Reich besiegt, im Jahre 1453 mit Hilfe christlicher Kanoniere Konstantinopel erobert, Zypern und Algerien eingenommen. Die Expansion des Ottomanischen Reiches bedrohte die christlichen Staaten. Papst Pius V. rief zum Kreuzzug gegen die Ungläubigen auf, schmiedete die Heilige Allianz. Am 25. August des Jahres 1571 versammelten sich vor Messina 300 Schiffe — spanische, venezianische, genuesische, maltesische, päpstliche, weitere italienische; aber keine französischen. Den Oberbefehl hatte Don Juan d'Austria erhalten, ein natürlicher Sohn Karls V., ein Halbbruder des

spanischen Königs Philipp II., ein jugendlich strahlender Held. Am 16. September stach die Flotte in See, 200 Galeeren und 6 Galeassen, von 100 Transportschiffen begleitet.

Als der Morgen des 7. Oktober graute, kam es bei Lepanto im Golf von Korinth zur überraschenden Begegnung mit der türkischen Flotte. Don Juan gab den Befehl zum Angriff, auf die Stärke der Galeassen vertrauend, die vor der Flotte liefen. Diese schwimmenden Festungen, nach den Plänen des Francesco Bressano aus Venedig erbaut, waren mit ihrer Länge von 50 Metern größer als die Galeeren, mit schweren Geschützen an Deck und in einem Gefechtsturm am Bug ausgerüstet. Die Ruder-

Die Seeschlacht bei Lepanto, 7. Oktober 1571.

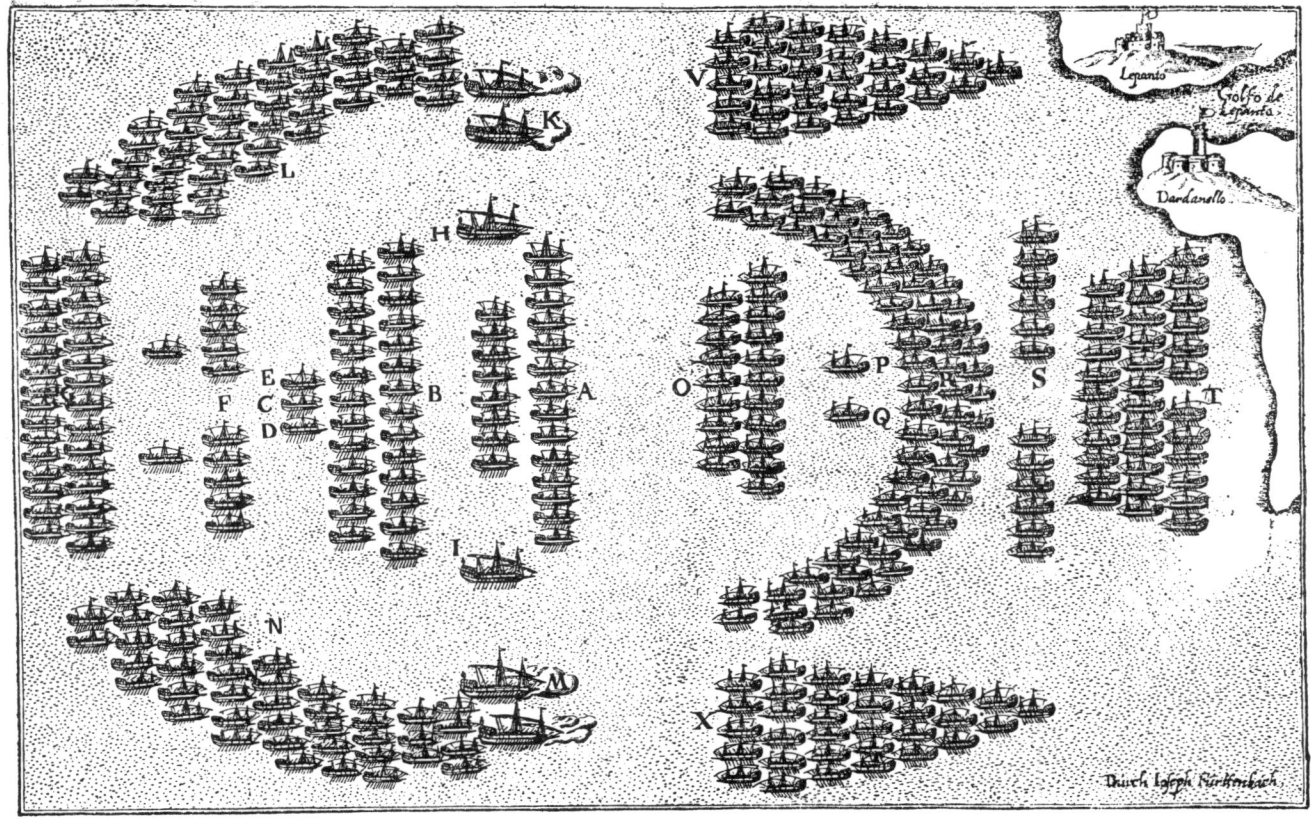

mannschaft, durch Bohlendecken geschützt, konnte noch im Geschoßhagel die Riemen bedienen.

Mutig griffen nun auch die Türken an, das venezianische Kontingent unter Barbarigo, der dabei sein Leben verlor, mußte die Konterattacke auffangen. Im Zentrum der Schlacht bohrte sich das Flaggschiff Ali Paschas in die *Reale,* die schnelle Galeere Don Juans. Ein erbittertes Gemetzel hob an, der verwundete Ali Pascha wurde geköpft, die türkische Standarte niedergeholt. Auf dem rechten Flügel bewährten sich endlich die Genuesen unter Andrea Doria. Der Einsatz der Reserve unter Santa Cruz brachte die Wendung. Die modernen europäischen Schiffe und Geschütze führten die Entscheidung herbei. Als die Sonne unterging, war die blutigste Seeschlacht der Geschichte geschlagen: 35000 Mann hatten ihr Leben lassen müssen. Doch die verbündeten Christen nutzten ihren Sieg nicht; ihre Rivalitäten untereinander waren stärker als ihr Haß auf die andersgläubigen Feinde.

Seegefecht im Mittelalter.

7
Der Untergang der Armada

Santa Cruz, spanischer Admiral und Held von Lepanto, war ausersehen worden, mit der Armada, der bewaffneten Macht des spanischen Königs Philipp II., das mächtiger werdende England zu züchtigen. Elisabeth I., Tochter Heinrichs VIII., war nicht nur erfolgreich gegen die Hanse, sie schickte sich an, das Welthandelsmonopol der Spanier zu brechen. Francis Drake, ein merchant adventurer, ein Kaufmann und Pirat, hatte auf einer Plünder- und Kaperfahrt rund um die Welt reiche Beute gemacht, das Unternehmen brachte einen Gewinn von 4700 Prozent, wovon die Königin die Hälfte erhielt, wofür aus Drake ein Sir Francis wurde.

Nach dem Tod von Santa Cruz wurde der Herzog von Medina Sidonia zum Admiral der Armada ernannt, ein Mann von hohem Adel und geringen Fähigkeiten. Mit 130 Kriegsschiffen, bestückt mit mehr als 2500 Kanonen, bemannt mit fast 30000 Seeleuten und Soldaten, mit vielen Transportern, auf denen sich sogar Frauen und Freudenmädchen befanden, ging er im Juni 1588 von Lissabon aus in See. Am 19. Juli war die spanische Flotte im Kanal, die Engländer unter ihrem Oberbefehlshaber Lord Howard belegten sie aus sicherer Entfernung mit Geschützfeuer. Die 195 englischen Schiffe, meist neue Renn-Typen wie des Vize-Admirals Drakes Flaggschiff *Revenge* — Rache — mit 46 Kanonen und 250 Mann, liefen aus Plymouth aus, umrundeten die Spanier, und beide Flotten segelten langsam nach Nordost. Medina Sidonia hoffte auf Verstärkung aus den spanischen Niederlanden, während in der Themsemündung 50 englische Schiffe lauerten. Die Engländer vermieden den Nahkampf, in dem die Spanier erfahren und gefürchtet waren, sie vertrauten auf die Taktik des Artilleriebeschusses. In der Nacht zum 29. Juli fiel vor Calais die Entscheidung. Englische Brander trieben auf die Armada zu. Diese feuerspeienden, brennenden Schiffe lösten eine Panik aus, ein Teil der spanischen Schiffe trieb auf die Sandbänke, wo sie vom Geschützfeuer zertrümmert wurden, ein Teil rettete sich nach Norden; bei der Umsegelung Schottlands und Irlands erlitten viele Galeonen Schiffbruch. Weniger als 40 Schiffe kehrten nach Spanien zurück, 15000 Mann waren verloren. Spaniens Seemacht war gebrochen. Britannien beherrschte die Meere.

Der Kurs der Armada im Jahre 1588.

31

Der Kampf zwischen der Armada und der englischen Flotte. Gemälde eines unbekannten Meisters.

rechts: Die Schlacht vor dem Skagerrak. Detail eines Gemäldes von Claus Bergen; Marineschule Mürwik.
Seite 34 und 35: Geschwader.
Gemälde von Willy Stöwer.

Die Seeschlacht bei Coronel.
Gemälde von Oskar Theuer.

unten: Beschießung eines englischen Seglers bei den Hebriden. Gemälde von Claus Bergen.

8
Das dauernde Duell zwischen England und Holland

Die burgundischen Niederlande waren eines der entwickeltsten Gebiete Europas, wurden nach dem Tod Karls des Kühnen 1477 habsburgisch. Manufaktur, Handel und Schiffbau bedingten einander, blühten auf. Die Interessen der Hersteller und Händler mußten mit denen des spanischen „Mutterlandes" in Widerspruch geraten. Im Bündnis mit dem verbürgerlichten Adel nahmen die Städter und die Bauern den Partisanenkampf auf. Die sieben siegreichen Provinzen vereinigten sich 1579 zur Utrechter Union, fielen zwei Jahre später endgültig von Spanien ab. Unter der Statthalterschaft Wilhelms von Oranien wurden die republikanischen Generalstaaten geschaffen. Die Niederlande wurden die erste Handelsmacht der Welt, gründeten in Asien, Afrika und Amerika Kolonien. So wurden aus den Freunden und Verbündeten England und Holland Konkurrenten und Feinde.

Ein holländisches Kriegsschiff.

Das englische Parlament, unzufrieden mit einem König, der nur ungenügend die ökonomischen Interessen vertrat, ließ Karl I. hinrichten. Die bürgerliche Revolution brachte den eisernen, puritanischen Cromwell an die Macht, der die Entscheidung suchte. Im ersten englisch-holländischen Seekrieg von 1652 bis 1654 konnten die Holländer zwar geschwächt, aber nicht verdrängt oder gar vernichtet werden. In diesen Zeiten der Änderungen änderte sich auch die Seekriegsführung. 1653 hatte die englische Admiralität den Befehl ausgegeben, bei Seegefechten hätten die Schiffe nicht mehr nebeneinander — dwars — vorzurücken. Um die Breitseiten voll wirksam werden zu lassen, müßten alle Schiffe sich zu einer Schlachtlinie ausrichten, in Kiellinie hintereinander segeln. Von hier kommt also der Ausdruck: Linienschiff.

Nach dem Tode Cromwells holten die mit seiner Innenpolitik Unzufriedenen Karl II. auf den Thron. Die wirtschaftlichen Interessen des Bürgertums trieben ihn unausweichlich in den zweiten englisch-holländischen Krieg, 1664—1667. Doch zu einer endgültigen Entscheidung kam es wieder nicht. Nur fünf Jahre waren vergangen. Jetzt beschloß England mit Frankreich, Hollands ehemaligem Verbündeten, einen gemeinsamen Angriff, der von den französischen Truppen vom Land her vorgetragen wurde. Die englische Flotte zwang die niederländische zu erbitterten Verteidigungsgefechten. Dieser dritte Krieg von 1672 bis 1674 endete damit, daß Holland die englische Vorherrschaft auf den Meeren anerkennen mußte. Auch wenn die holländischen Seehelden ihren Gegnern ebenbürtig waren.

Unvergessen Piet Hein, der 1628 vor Havanna die spanische Silberflotte erobert hatte und 15 Millionen Gulden heimbrachte. Und Admiral Cornelisz de With, der im schwedischen Krieg 1658—1659 gefallen war. Marten Harpertzoon Tromp, der Held des ersten englisch-holländischen Krieges. Der größte Seeheld seiner Zeit war Michael Adrianszoon de Ruyter, der seit 1652 für Holland gekämpft hatte, in der Schlacht gegen die französische Flotte 1676 im Mittelmeer gefallen war.

links: Die Vier-Tage-Schlacht im zweiten englisch-holländischen Krieg, 1.–4. Juli 1666. Gemälde von Abraham Storck.

9
Frankreichs Seemacht
Aufstieg und Untergang

Kardinal Richelieu, seit 1624 leitender Minister des französischen Königs Louis XIII., Schmied des absolutistischen Zentralstaates, war der Schöpfer der Weltmacht-Marine Frankreichs. Der Kardinal beauftragte die besten Schiffbauer, eine moderne Flotte, ebenbürtig der englischen und holländischen, zu schaffen. Dem Sonnenkönig Louis XIV. war die französische Flotte gleichgültig. Aber in Jean-Baptiste Colbert hatte er einen Mann, der als Oberintendant der Finanzen, der Fabriken und Bauwerke auch Marineminister war. Tatkräftig vollendete er, was Richelieu begonnen hatte. Die französische Flotte war so stark wie die Englands und Hollands zusammen.

Der englische König Jakob II., ein Katholik und mit Louis XIV. insgeheim verbündet, war dem Parlament verhaßt, das seinen Schwiegersohn Wilhelm von Oranien bat, die Königskrone zu übernehmen. Wilhelm landete 1688 in England, die Flotte ging zu ihm über. Bei Beachy Head, östlich der Insel Wight, kam es im Juni 1690 zwischen der französischen Flotte unter Tourville und der englisch-holländischen Flotte zu einer Schlacht, die Tourville gewann, der es aber versäumte, die fliehenden Feinde zu verfolgen. In den letzten Tagen des Mai 1692, als die französische Flotte Jakob nach England zurückbringen sollte, Tourville die Befehle des Exilkönigs auszuführen hatte, wurde

Eine königlich-französische Galeere, 1682.

die Atlantikflotte Frankreichs bei Barfleur-La Hogue vernichtet.

Der englische Erbfolgekrieg hatte den pfälzischen, spanischen und österreichischen Erbfolgekrieg im Gefolge, den Siebenjährigen Krieg und die Revolutionskriege Amerikas und Frankreichs, die napoleonischen Kriege. Heimatliche Territorien und koloniale Besitzungen wurden gewonnen und

verloren. Im Jahr 1702 sollte eine englisch-holländische Flotte unter George Rooke Cádiz einnehmen. Statt dessen erbeuteten die Verbündeten in der Bucht von Vigo die spanische Silberflotte, die sich unter dem Geleitschutz französischer Kriegsschiffe befand. Im Jahre 1704 lag Sir Rookes Flotte vor Gibraltar. Aus dem Tagebuch von Sir John Leake: „Der Prinz von Hessen-Darmstadt nahm am

Die Schlacht um Gibraltar, 23. Juli 1704.

23. Juli um 4 Uhr vom Nordtor her, wo die Seesoldaten lagen, die Stadt; und kurz danach tat der Admiral vom Südtor her, wo die Seeleute sich befanden, dasselbe, daraufhin erhielt er vom Gouverneur die Antwort, daß dieser kapituliere." Von nun an beherrschte England die wichtige Verbindung zwischen dem Mittelländischen Meer und dem Atlantischen Ozean. Und als im nächsten Jahr die verbündeten Toulon beschossen, versenkte sich die französische Mittelmeerflotte selbst. Frankreichs Seemacht beschränkte sich nun auf den Kaperkrieg. Ein neuer französischer Landungsversuch in England mit einer neuen Mittelmeer- und Atlantikflotte scheiterte 1759. Das englische Gibraltargeschwader vernichtete die eine, Admiral Hawke in der Bucht von Quiberon die andere.

10
Brandenburgisches Zwischenspiel als Seemacht

„Seefahrt und Handel sind die führnehmsten Säulen eines Staates", hatte Friedrich Wilhelm von Brandenburg, den man den Großen Kurfürsten nennt, gesagt. Im deutsch-dänisch-polnisch-russischen Krieg gegen die Groß- und Seemacht Schweden hatte der Große Kurfürst 1656 ein erstes brandenburgisches Geschwader von drei Kriegsschiffen und gecharterten, zu Kriegsschiffen umgerüsteten Kauffahrern aufgestellt. Nach dem Frieden von Oliva wurde die Flotte wieder aufgelöst, die deutschen Fürsten waren für die Marine nicht zu begeistern. 15 Jahre später, 1675, erhielt der holländische Reeder Benjamin Raule brandenburgische Kaperbriefe, um mit 10 Schiffen einen Handelskrieg gegen Dänemark zu führen. In einem neuen Krieg gegen Schweden und Frankreich, zu dem sich Brandenburg mit den Niederlanden verbündet hatte, konnten große Gebiete erobert werden, die zum Teil nach dem Frieden von 1679 in Brandenburgs Besitz blieben. Der erfolgreiche Raule wurde zum Generaldirektor der Marine ernannt.

1681 erwarb er die Danziger Fleute *Wolkensäule*, die 1684 zu Ehren des aus Österreich stammenden Reiterführers und Generalfeldmarschalls Georg

Angriff der Brandenburger auf die französische Silberflotte bei St. Vincent im Jahre 1681. Nach dem Gemälde von R. Heineke.

Derfflinger umbenannt wurde. 1682 wurde die Brandenburgisch-Afrikanische, 1684 die Brandenburgisch-Ostindische Compagnie gegründet. Die brandenburgische Flotte trieb im Mittelmeer, in Westindien, vor Afrika Handel, Kaperei und Sklavenhandel. Groß-Friedrichsburg, die erste deutsche koloniale Niederlassung, wurde 1683 in Westafrika errichtet. Die *Derfflinger* verkehrte von 1686 bis 1693 zwischen Afrika und Amerika. Dann wurde sie von einem französischen Kaperer genommen, von einer englischen Fregatte erobert, gegen Berge-

geld freigegeben, nach Emden gebracht und dort verkauft.

Der Versuch, Brandenburg zu einer Flottenmacht zu erheben, wurde von Friedrich III., dem Sohn des Großen Kurfürsten, der 1701 als Friedrich I. erster König in Preußen werden sollte, beendet.

Im Todesjahr seines Vaters, 1688, wurde Raule eingekerkert, die Schiffe und Compagnien verkauft. Es war die Zeit des Niedergangs Schwedens und des Aufstiegs einer neuen Seemacht.

11
Zar und Zimmermann
Rußlands Aufstieg

Peter Michailow, ein russischer Gastarbeiter auf der Werft der Holländisch-Ostindischen Kompanie in Amsterdam, war begierig, die Schiffbaukunst zu erlernen. Seit August 1697 war er hier, ging im Januar des folgenden Jahres nach Deptford, um in England seine Kenntnisse zu vervollkommnen. Im Mai kehrte er nach Rußland zurück und bestieg wieder den Zarenthron — als Peter I. Er führte Reformen durch, stellte ein Heer auf, begann mit dem Flottenbau. Schließlich hatte Rußland 27 Linienschiffe, einer Großmacht würdig. Aber noch war Schweden die beherrschende Macht im Ostseeraum.

Schweden, das sich 1523 unter Führung des Gustav Wasa gegen seinen dänischen König erhoben hatte, kämpfte um das Dominium maris Baltici, um die Ostseeherrschaft. Der Zugang zur Ostsee, der Öresund zwischen Seeland und der südschwedischen Westküste, wurde von Dänemark kontrolliert. Die Vormacht an der südlichen Ostsee wurde von Lübeck ausgeübt, der Rußlandhandel lag bei den baltischen Städten. Der siebenjährige nordische Krieg, 1563—1570, und Kriege gegen Dänemark, Rußland, Polen brachten Schweden die Großmachtstellung.

Zar Peter verbündete sich mit August dem Starken, König von Sachsen und Polen, und mit Dänemark. Doch Karl XII., der junge Schwedenkönig, besiegte die Russen am 30. November 1700 bei Narwa. Während er durch Polen und Sachsen zog, gründete Peter seine neue Hauptstadt an der Ostsee: Petersburg. Karl XII. war bis in die Ukraine vorgestoßen, erlitt in der Schlacht bei Poltawa eine entscheidende Niederlage. Doch der Krieg weitete sich aus. Preußen beteiligte sich gegen Schweden. Die englische Flotte kreuzte in der Ostsee, bevor sie aber auf der Seite Schwedens eingreifen konnte, hatte die russische Flotte am 27. Juli 1714 die schwedische bei Hangö vernichtet. Im Sommer 1719 lief wieder eine englische Flotte in die Ostsee,

um sich mit der erneuerten schwedischen Flotte zu vereinen, die russischen Schiffe zu überfallen und zu vernichten. Aber bei der Insel Ösel vernichtete die russische Flotte eine schwedische Teilflotte. Nun landeten russische Galeeren unter Deckung der Linienschiffe bei Stockholm. Wieder schickten die Engländer eine Kriegsflotte in die Ostsee, wieder siegten die russischen über die schwedischen Schiffe. Am 10. September 1721 beendete der Frieden von Nystadt den Nordischen Krieg. Rußland war anstelle Schwedens eine Großmacht und auch eine Seemacht geworden. Eine Gedenkmünze wurde geprägt, trug den Spruch: „Das Kriegsende und dieser Friede wurden nur durch die Flotte errungen, durch Landtruppen wäre das nicht erreicht worden."

1725 war Zar Peter gestorben. Erst eine Frau auf seinem Thron erwies sich seiner würdig. Die bezaubernde 16jährige Prinzessin Sophie Auguste, Tochter des Fürsten von Anhalt-Zerbst, war mit einem russischen Thronfolger vermählt worden. Als Zar und Mann enttäuschte er sie, so unterstützte sie seine Ermordung. Als Katharina II. bestieg sie 1762 den Thron. Mit Preußen verbündete sie sich gegen Polen. Die Türken, die wachsende Übermacht Rußlands fürchtend, glaubten genug russische Kräfte in Polen gebunden, um den Krieg erklären zu können. Nach sechs Jahren Krieg hatte Rußland 1774 einige Erfolge zu verbuchen: den Zugang zum Schwarzen Meer, das Asowsche Meer und die Meerenge von Kertsch. Die Krim, von den Truppen Katharinas im Jahr 1783 besetzt, wurde Anlaß für den zweiten türkisch-russischen Krieg, 1787—1792. Rußland rüstete seine Flotte auf, gewann die entscheidende Seeschlacht am 31. Juli 1791. Nun hatte es auch den Durchgang durch die Dardanellen, die freie Fahrt ins Mittelmeer gewonnen. Das sollte auch das Operationsgebiet von Kommandeur Fjodor Fjodorowitsch Uschakow werden.

12
Auf dem Weg nach Trafalgar

Am 14. Juli 1789 stürmte das Volk von Paris die Bastille. Für Freiheit, Gleichheit, Brüderlichkeit hatte die Große Französische Revolution begonnen. Bald bildete sich eine Koalition gegen das revolutionäre Frankreich: Großbritannien, Österreich, Preußen, Holland, Spanien, Portugal, Neapel und Sardinien. Rußland hatte seine Beziehungen zu Frankreich abgebrochen, bewahrte aber noch Neutralität.

Die erste seekriegerische Handlung fand vor Toulon statt, das sich gegen den französischen Konvent aufgelehnt hatte. Die Stadt bat Admiral Hood, den britischen Flottenchef im Mittelmeer, um Hilfe. Mit einer britisch-spanischen Flotte ankerte Hood vor der Hafenstadt. Der junge Bonaparte nahm im Dezember 1793 die Stadt und vertrieb die feindliche Flotte.

Hungersnot wegen einer schlechten Ernte in Frankreich. Im Frühling 1794 war eine Transportflotte von 100 Schiffen von Amerika unterwegs, die vor der europäischen Küste von der französischen Atlantikflotte sicher geleitet werden sollte. Die Engländer blockierten die Küste. Am 1. Juni trafen vierhundert Seemeilen westlich von Quessant die britische und die französische Flotte aufeinander. Nach dem Verlust von sieben französischen Linienschiffen brachen die Franzosen die Schlacht ab, zwei Tage später landeten die Transporter in Frankreich. Warum nur nennen die Engländer das Datum der Schlacht „the glorious first of June", was war denn glorreich an dieser Begegnung gewesen?

Der Versuch Frankreichs, zusammen mit der spanischen und der holländischen Flotte in Irland zu landen, scheiterte. Die britische Mittelmeerflotte schlug am 14. Februar 1797 die Spanier. In den Nah- und Enterkämpfen erwarb Kommodore Nelson strahlenden Ruhm als unerschrockener Seeheld. Am 11. Oktober 1797 wurde die Landungsflotte bei Kamperduin von der englischen Kanalflotte besiegt.

Um England zu treffen, sollten nun Malta und Ägypten erobert werden. Mit 400 Transportern, 36 000 Mann Landungstruppen und 15 Linienschiffen verließ Bonaparte am 19. Mai 1798 Toulon. Malta wurde genommen, zwei Linienschiffe blieben hier. Am 1. Juli landeten die Franzosen in Ägypten. Nelson näherte sich mit 14 Linienschiffen. In der Bucht von Abukir östlich von Alexandria fand Nelson die feindliche Flotte. Es war der 1. August 1798. Admiral Brueys ließ nur die Steuerbordgeschütze klar zum Gefecht machen, von der Küstenseite mit ihren Untiefen schien ihm keine Gefahr zu drohen. Doch die Engländer fuhren mit der Hälfte ihrer Schiffe ins Niedrigwasser, nahmen die Franzosen von zwei Seiten unter Beschuß. Das Feuer eröffnete die *Vanguard*, Nelsons Flaggschiff. Der Sieg blockierte Bonapartes Armee in Ägypten. England schloß mit der Türkei, die die Oberherrschaft über Ägypten ausübte, und mit Rußland ein Abkommen. Admiral Uschakow marschierte mit

Die Schlacht von Abukir, 1. August 1798.

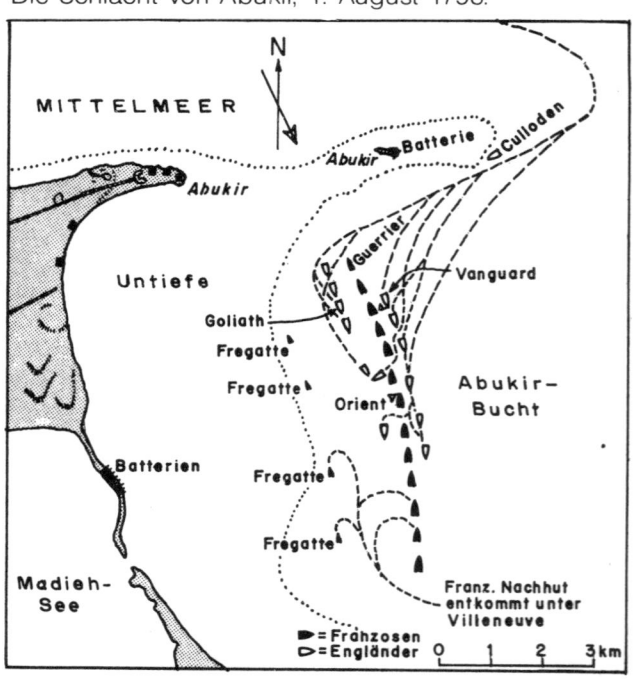

46

10 Linienschiffen, 12 Fregatten und vielen kleineren Kriegsschiffen durch die Dardanellen, befreite die Ionischen Inseln von der französischen Besetzung. Dann unterstützte das russische Geschwader die Vertreibung der Franzosen aus Italien. Doch das Bündnis zwischen England und Rußland bröckelte, der Zar rief seine Flotte ins Schwarze Meer zurück. Nach zweijähriger Belagerung eroberte Nelson 1800 Malta zurück. Bonaparte war inzwischen nach Paris zurückgekehrt und hatte als Erster Konsul die Macht ergriffen.

Frankreich unterstützte die Neutralität der Ostseemächte, die unter Englands Blockade litten. Und weil England Material zum Schiffbau aus dem Ostseeraum brauchte, mußte Dänemark bezwungen werden. Wieder war es Nelson, der in der Schlacht vor Kopenhagen am 2. April 1801 siegte. Der Frieden von Amiens, 1802 geschlossen, gab Frankreich Kolonien zurück, die sich England angeeignet hatte. Aber dieser Frieden verschob nur das Duell zwischen England und Frankreich um die Vormachtstellung in der Welt. Für Malta und „für den gesicherten Bestand unseres Imperiums" erklärte England am 20. Februar 1803 Frankreich den Krieg. Bonaparte, seit 1804 als Napoleon I. Kaiser der Franzosen, wollte in England landen, mußte vorher die Seeherrschaft erringen. Während Napoleon Sieg um Sieg an Land errang, stellte die englische Flotte die französische bei Kap Trafalgar. „England erwartet, daß jeder Mann seine Pflicht erfüllt!" So lautete das Signal, das Nelson auf seinem Flaggschiff *Victory* gesetzt hatte, als im Golf von Cádiz die englische Flotte aus 27 Schiffen in zwei Säulen gegen die Linie der 33 französischen und spanischen Schiffe unter Admiral Villeneuve vorstieß. Um 12 Uhr 25 am 21. Oktober 1805 eröffnete die *Victory* das Feuer, um 12 Uhr 45 durchbrach sie die feindliche Linie. Nelson hatte also nicht die Taktik der gegenseitigen Breitseitenbeschießung gewählt; Schiff kämpfte gegen Schiff, legte sich längsseits, Mann kämpfte gegen Mann. Noch war keine halbe Stunde seit Beginn der Schlacht vergangen, als ein Scharfschütze aus der Takelage des französischen Flaggschiffes *Rédoutable* Nelson niederschoß. Der Admiral wurde schwer verwundet unter Deck gebracht. Am Abend überbrachte man ihm die Nachricht vom Sieg. Nelson starb.

Napoleons Traum von der Seeherrschaft, von der Landung in England war verweht. Und seine Pläne zur Beherrschung der Welt wurden im Rußlandfeldzug begraben.

Die Schlacht bei Trafalgar, 21. Oktober 1805.

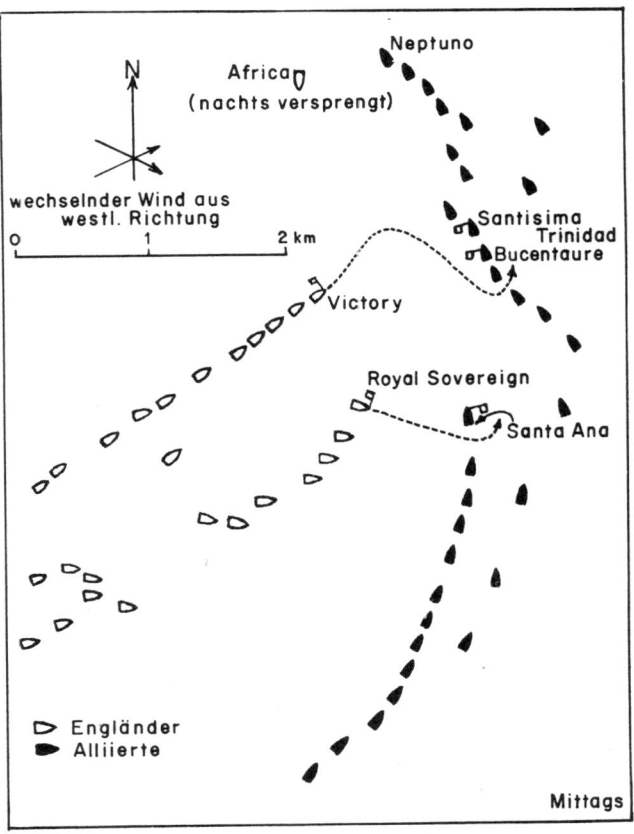

47

Admiral Nelsons letztes Signal:
„England erwartet, daß jeder Mann seine Pflicht erfüllt!"

Vor der Schlacht bei Trafalgar am 21. Oktober 1805.
Nach dem Gemälde von T. Davidson.

13
Von der Kolonie zur Kolonialmacht
Die USA

„Bei jeder Operation und unter allen Umständen ist eine entscheidende Überlegenheit zur See als grundlegendes Prinzip und als Basis anzusehen, von der schließlich jede Aussicht auf Erfolg abhängt." Das sagte George Washington, einer der Führer der Unabhängigkeitsbewegung in den amerikanischen Kolonien Englands, der spätere erste Präsident der Vereinigten Staaten von Amerika. Seit 1775 wurde in Nordamerika gekämpft, seit 1778 gab es das Bündnis zwischen den Nordamerikanern und den Franzosen, den Feinden Englands. In der Neuen Welt führten französische Truppen zusammen mit der Armee Washingtons Krieg. In der Chesapeake-Bucht zwischen Yorktown und Norfolk erwarteten die Engländer Nachschub durch ihre Flotte. Aber die französische Flotte, aus der Karibik herbeigerufen, verwickelte die englische in Gefechte, zwangen diese zum Rückzug. Das

englische Landheer mußte kapitulieren. Dieser Sieg bei Yorktown, ermöglicht durch den Sieg zur See, entschied am 19. Oktober 1781 den Unabhängigkeitskrieg, auch wenn er noch zwei Jahre dauern sollte.

Nur langsam entwickelte sich die Kriegsflotte der Vereinigten Staaten von Amerika. Die englische Kontinentalsperre gegen Frankreich traf auch die neutralen Handelsmächte. Noch härter für die US-Handelsflotte wirkte sich aus, daß England darauf bestand, daß der Warenverkehr mit der ehemaligen Kolonie nur auf englischen Schiffen durchgeführt werden durfte. Aber die USA konnten sich mit sieben Fregatten nicht gegen die Super-Seemacht England durchsetzen; also wurde beschlossen, Kanada anzugreifen. Dieser englisch-amerikanische Krieg 1812—1814 lief am Rande der Weltgeschichte ab. In den Urwäldern, an den Seeufern Nordamerikas

Das konföderierte Panzerschiff *Merrimac* oder *Virginia*.

fanden Scharmützel statt, die Engländer eroberten Detroit, die Amerikaner Toronto. Vor den Küsten Südamerikas und Afrikas lieferten sich die amerikanischen Kriegsschiffe Duelle mit den britischen. Die Engländer setzten Baltimore und Washington in Brand, verhängten eine Blockade. Fieberhaft rüsteten die Amerikaner Handelsschiffe um, bauten Kriegsschiffe. Auf den Werften von Baltimore entstanden die schnellen Schoner, Vorläufer der Klipper. Die amerikanischen Kaperer und Blockadebrecher hatten Erfolg. Im Frieden von Gent wurde der Besitzstand der USA bestätigt.

Ein stolzer Erfolg der amerikanischen Marine und ihrer Schiffe, die nun eine neue Betätigung fanden: den Sklavenhandel. An der Sklavenfrage entzündete sich der Funke des Widerspruchs zwischen dem industrialisierten Norden und dem sklavenhaltenden agrarischen Süden der Vereinigten Staaten. Elf Südstaaten erklärten ihre Sezession, ihre Trennung von der Union. 1861 begann der Sezessions- oder Bürgerkrieg, in der die Seestreitkräfte eine wichtige Rolle spielten. Die Nordstaaten verhängten eine Blockade, die Südstaaten setzten

Blockadebrecher und Kaperer ein. Die konföderierte Flotte ließ die abgebrannte Dampffregatte *Merrimack* panzern und mit 200-Millimeter-Geschützen, eins achtern und eins vorn, ausrüsten. Als *Virginia* fuhr sie in die Chesapeake-Bucht und vernichtete die hölzerne Flotte der Nordstaaten. Die ihrerseits bauten ein Panzerschiff mit drehbarem Turm, die *Monitor*. In einem Duell der beiden Panzerschiffe siegte die *Monitor*, die namensgebend wurde für eine ganze Serie von Monitoren.

Die Industriestaaten entschieden 1865 den Bürgerkrieg für sich. Die Expansion und Annexionen der USA konnten weitergeführt werden, das Staatsgebiet vergrößerte sich. Die Freiheitsbewegung auf Cuba gegen die spanische Kolonialmacht diente den USA als Vorwand, gegen Spanien Front zu machen. Am 15. Februar 1898 lag das amerikanische Linienschiff *Maine* vor Havanna, explodierte wie gerufen. Die USA erklärten Spanien den Krieg, besetzten die Insel, drängten die Freiheitskämpfer ins Abseits, errichteten eine ihnen hörige Herrschaft. Ähnlich erging es der spanischen Kolonie auf den Philippinen. Am 1. Mai 1898 vernichtete eine ame-

Die *Monitor,* das Panzerschiff der Nordstaaten.

rikanische Flotte die alten spanischen Kriegsschiffe vor Manila. Besatzungstruppen gingen an Land. Spanien trat nun auch Puerto Rico und Guam an die USA ab. Von Kolumbien holten sich die USA einen Landstreifen, um den Panamakanal zu bauen, Atlantik und Pazifik zu verbinden. Die USA waren jetzt eine große Weltmacht und eine große Seemacht, mit ihrer Flotte und ihrer Marineinfanterie konnten sie in aller Welt aufkreuzen und machtvoll ihre Interessen durchsetzen.

Seite 53 oben:
Das Linienschiff *Maine,* das am 15. Februar 1898 vor Havanna explodierte und den Anlaß zum Krieg gegen Spanien gab.
unten:
Die amerikanische Pazifikflotte.
Nach der Zeichnung von G. Martin.
Seite 54 und 55:
Die Seeschlacht in der Bucht von Manila, 1. Mai 1898.
Nach der Zeichnung von Alex Kircher.

Der neue Kriegsdampfer *Chicago* der US Navy, 1883.

53

14
Deutsche Wege zur Seemacht

Die erste deutsche Flotte entstand im Verlauf der bürgerlich-demokratischen Revolution des Jahres 1848. Aber so wie die Nationalversammlung in der Frankfurter Paulskirche scheiterte, aus den vielen deutschen Staaten ein Reich zu schaffen, so mußte die Flotte des Deutschen Bundes scheitern.

Dänemark wollte die Annexion Schleswigs durchführen und erklärte den deutschen Küstenstaaten am 29. April 1848 den Krieg. Dänische Kriegsschiffe kreuzten vor den deutschen Küsten, und das Frankfurter Parlament beschloß die Bildung einer deutschen Kriegsflotte. Die Marine-

kommission leitete Prinz Adalbert von Preußen, wichtigster Mitarbeiter war der in Leipzig geborene, in Chiles und Griechenlands Marine zu Ansehen gekommene Fregattenkapitän und Flaggoffizier Karl Rudolph Bromme; wegen der englischen Aussprache seines Namens nannte er sich auch so: Brommy. Ende 1848 wurden die ersten Schiffe, vor allem in England, gekauft. Kanonenboote wurden gebaut, Handelsschiffe umgerüstet. Aus dem Cunard-Dampfer *Britannia* wurde die Radfregatte *Barbarossa*, Brommys Flaggschiff. Weitere acht Dampfschiffe, zwei Großsegler und 27 Ruderkanonenboo-

Die Radkorvette *Hamburg*, ein Schiff der Brommy-Flotte. Gemälde von Günther Todt.

Admiral Brommy.

te umfaßte die erste deutsche Flotte, die unter den Farben Schwarz-Rot-Gold ein Machtorgan der deutschen Zentralgewalt war. Die Segelfregatte *Gefion* war am 5. April 1849 durch die Küstenbatterien im Hafen von Eckernförde zur Übergabe gezwungen worden.

Die einzige Seekriegshandlung der Flotte des Deutschen Bundes fand vor Helgoland statt. Die dänische Flotte blockierte die Mündungen von Weser und Elbe. Am 4. Juni 1849 lief Brommy mit seiner Flotte aus Bremerhaven aus. Beim Zusammentreffen mit den Dänen eröffnete er das Feuer auf die Korvette *Valkyrien*. Nach einigen Treffern suchte das dänische Schiff unter Helgoland Schutz, entging der *Hamburg*, die zum Entern anlaufen wollte. Ein Warnschuß von der englischen Festung Helgoland wies Brommy auf die Hoheitsrechte hin. Die deutsche Flotte mußte das Gefecht abbrechen, lief in die Wesermündung ein.

Die deutsche Revolution scheiterte. Am 10. April 1852 ging auf der *Barbarossa* die schwarz-rot-goldene Flagge nieder, Admiral Brommy übergab das Schiff der preußischen Marine, ebenso die *Gefion*.

Gefecht von Eckernförde, 5. April 1849.

Die anderen Schiffe wurden verkauft und versteigert, dienten zum Teil im Krimkrieg als Transporter. Am 31. März 1853 gab Brommy seinen letzten Tagesbefehl: die Flotte war aufgelöst.

Die preußische Flotte bestand 1849 aus nur 27 Kanonenbooten, einer Korvette und zwei Dampfschiffen; nur langsam erfolgte der Ausbau. Im Deutsch-Dänischen Krieg 1864 vertrieb die preußische Flotte dänische Blockadeschiffe vor der Odermündung. Ein vereinigtes preußisch-österreichisches Geschwader unter Kommodore Tegetthoff stellte eine dänische Flotte bei Helgoland zur Schlacht, befreite die Weser- und Elbemündungen von der Blockade. Tegetthoff wurde zum Konteradmiral der österreichischen Marine ernannt.

Zwei Jahre später waren aus Verbündeten Feinde geworden. Um die Vorherrschaft in Deutschland kämpften Preußen und Österreich. Preußen unterstützte, um Österreich zu schwächen, die Italiener, die Venetien von Österreich zurückgewinnen wollten. Auch der Seesieg des Admirals Tegetthoff bei Lissa in der Adria am 20. Juli 1866 konnte den Sieg

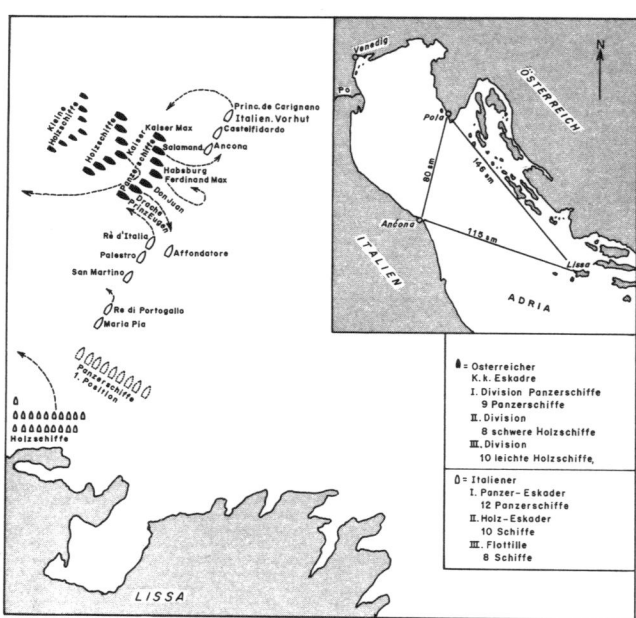

Die Schlacht bei Lissa, 20. Juli 1866.

Preußens nicht aufhalten. Die Schlacht bei Lissa war die erste Seeschlacht der Geschichte, die zwischen Panzerschiffen ausgetragen wurde. Der italie-

Richten des Geschützes. Nach der Zeichnung von F. Lindner.

nische Admiral di Persano formierte seine Schiffe in Kiellinie, Tegetthoff die seinen in drei Keilformationen. Sein Angriffssignal hieß: „Den Feind rammen und zum Sinken bringen!" Der italienische Flottenchef wechselte von der *Re d'Italia* auf das Turmrammschiff *Affondatore*. Eine Lücke entstand in der Kiellinie, die Tegetthoffs erste Staffel durchbrach. Beim dritten Versuch wurde die *Re d'Italia* gerammt und sank, die Panzerfregatte *Palestro* wurde in Brand geschossen und flog in die Luft. Die *Affondatore* wurde beschädigt. Das italienische Geschwader lief zurück nach Ancona, im Sturm sank ein beschädigtes Schiff.

Nach dem Sieg über Österreich konnte unter Führung Preußens der Norddeutsche Bund im Jahre 1867 entstehen. Aus der preußischen Marine war die Marine des Norddeutschen Bundes geworden. Im Krieg gegen Frankreich konnte diese Marine noch keine Rolle spielen. Nach dem Sieg 1871, als das Deutsche Reich entstanden war, wurde aus dieser Streitmacht im Aufbau die Kaiserliche Marine. In der Verfassung stand: „Die Kriegsmarine des Reiches ist eine einheitliche unter dem Oberbefehl des Kaisers. Die Organisation und Zusammensetzung derselben liegt dem Kaiser ob, welcher die Offiziere und Beamten der Marine ernennt und für welchen dieselben nebst der Mannschaft eidlich in Pflicht zu nehmen sind." Die Flotte blieb der Armee untergeordnet. 1888 wurde Wilhelm II. Kaiser der Deutschen. Admiral von Tirpitz, Staatssekretär des Reichsmarineamtes, brachte 1898 ein Flottengesetz ein, das die Schaffung einer Flotte vorsah, die zur Offensive fähig war. Der Reichstag stimmte zu. England erkannte dies als Herausforderung.

unten: Der Kampf zwischen dem deutschen Kanonenboot *Meteor* und der französischen *Bouvet* vor Havanna, das einzige größere Seegefecht während des deutsch-französischen Krieges von 1870/1871. Nach der Zeichnung von Willy Stöwer.
S. 60 und 61:
Aus dem Kieler Hafen auslaufendes Übungsgeschwader. Nach dem Gemälde von Hans Bohrdt.

15
Vor dem Abgrund

Im Krimkrieg 1853—1856 kämpften England und Frankreich gegen Rußland unter dem Vorwand, der Türkei zu helfen. Die Linienschiffe und Fregatten unter Dampf, die im Schwarzen Meer operierten, überzeugten. 1859 wurde das Panzerschiff eingeführt, 1866 fand bei Lissa die erste Schlacht mit Panzerschiffen statt. Die normalen Geschosse reichten nun nicht mehr aus, Sprenggranaten wurden erfunden. Im Jahr von Lissa wurde der Torpedo erfunden, auch wenn noch elf Jahre bis zu seinem ersten erfolglosen Einsatz vergehen sollten. Die ersten U-Boote wurden konstruiert. Durch das Siemens-Martin-Verfahren wurde der Baustoff Eisen durch Stahl verdrängt.

Die ungleichmäßige politische und ökonomische Entwicklung der Länder, ihre ungleiche Stärke bei der Ausdehnung ihrer Staatsgebiete, Herrschaftsbereiche, Rohstoffmärkte, Absatzgebiete mußte zwangsläufig in Krisen und Kriege führen. In aller Welt.

Japan hatte sich zu einer Industriemacht entwickelt, expandierte. So geriet es wegen Korea in Konflikt mit China. Japan landete Truppen bei Seoul. China landete Truppen in der Yalumündung, als die japanische Flotte in Sicht kam. Nach der Schlacht am 17. September 1894 war die chinesische Flotte vernichtet, Japan übte im Gelben Meer die Seeherrschaft aus. Chinas Schwäche nutzten

Die Beschießung der Taku-Forts, 1900. Nach der Zeichnung von Alex Kircher.

Eine japanische Darstellung der Schlacht bei Tsushima.

nun die europäischen Staaten aus. Am 14. November waren deutsche Kriegsschiffe in der Bucht vor Tsingtau, besetzten die Stadt und die umliegenden Höhen. An anderen Stellen verfuhren die Engländer, Franzosen und Russen ähnlich. Die Widerstandsbewegung in China führte den sogenannten Boxeraufstand durch, der 1900 durch die vereinten Handlungen der europäischen Flotten und Landungstruppen niedergeworfen wurde.

Die Gegensätze zwischen dem russischen und dem japanischen Imperium spitzten sich zu. In der Nacht zum 9. Februar 1904 überfielen japanische Torpedoboote das vor Port Arthur liegende russische Geschwader. Die Japaner hielten auch die anderen Schiffe der russischen Pazifikflotte in Schach. Im August wurde in Petersburg beschlossen, einen Teil der Ostseeflotte in Marsch zu setzen. Inzwischen belagerte Admiral Togo Port Arthur. Im Januar kapitulierte die russische Festung. Die russi-

sche Führung verzögerte den Marsch der Baltischen Flotte unter Admiral Roshdestwenski; nach acht Monaten hatte sie nach Umrundung der halben Welt die Straße von Korea erreicht. Am 27. Mai 1905 traf sie auf die japanische Flotte bei Tsushima. Das Feuer aus den schweren japanischen Schnellfeuergeschützen war vernichtend. Das russische Flaggschiff *Suworow* wurde getroffen, Torpedoboote griffen an und versenkten sie. Vor Anbruch der Nacht sank die russische *Borodino*, das letzte Linienschiff der russischen Flotte. In der Nacht jagten die japanischen Torpedoboote die verstreuten russischen Schiffe. Nur wenigen gelang es zu entkommen. Eines davon der Kreuzer *Aurora*, der noch eine weltgeschichtliche Aufgabe zu erfüllen hatte. Im Oktober (nach der alten Zeitrechnung) des Jahres 1917 gab sie den Signalschuß ab, der das Zeichen zum Sturm auf das Winterpalais in Petersburg war. In Rußland siegte die Revolution.

Der russische Kreuzer *Aurora*, Teilnehmer an der Schlacht bei Tsushima, Signalgeber für die Oktoberrevolution.

rechts:
Deutsches Torpedoboot.

DER ERSTE WELTKRIEG

Das deutsche Manövergeschwader mit dem Flottenflaggschiff *Kaiser Wilhelm II*, September 1903.

nächste Seite: Kaiser Wilhelm II. auf der Brücke der *Hohenzollern*. Nach dem Gemälde von H. Prell.

Schlachtschiff *Nassau,* die deutsche Antwort auf die englische *Dreadnought*. Gemälde von Günther Todt.

unten: Großer Kreuzer *Goeben* in der Straße von Gibraltar, 1912. Gemälde von Günther Todt.

Kleiner Kreuzer *Emden*.
vorige Doppelseite: Großer Kreuzer *Derfflinger*.

unten: Hilfskreuzer *Seeadler* unter Graf Luckner.
Alle Gemälde von Günther Todt.

16
„Der Dreizack gehört in unsere Faust!"

Die Lehren, die die Marinebefehlshaber aus der Schlacht von Tsushima zogen, waren unterschiedlich. Die einen lobten den Einsatz leichter schneller Geschütze, Minen und Torpedos. Die anderen waren vom Erfolg großer und schneller Schiffe mit starker Artillerie überzeugt. Die Aufrüstung ging voran. In England wurde die *Dreadnought* (Fürchtenichts) gebaut, Namensgeberin für alle gepanzerten Großkampfschiffe über 20000 tons. Die deutsche Antwort war die *Nassau*. Das Wettrüsten ging weiter. Deutschland war die größte Industriemacht Europas geworden, England aber war die größte Seemacht. Kaiser Wilhelm bestimmte: „Der Dreizack gehört in unsere Faust!" Im Jahr 1905 besuchte er

Marokko, landete in Tanger und demonstrierte deutsche Weltmacht. Auf den Vorschlag Englands, das Kriegsmarine-Wettrüsten zu begrenzen, erklärte er: „Mir ist ein gutes Verhältnis zu England um den Preis des Ausbaus der Flotte Deutschlands nicht erwünscht." Der deutsche Panthersprung: 1911 sandte Deutschland das Kanonenboot *Panther* nach Agadir, das die zweite Marokkokrise auslöste. Der Dreibund Deutschland, Österreich-Ungarn, Italien gegen Frankreich und Rußland bröckelte. Italien näherte sich Frankreich an, das mit Rußland verbündet war. Großbritannien schloß mit Frankreich die Entente cordiale, verbündete sich mit Rußland. Der Hauptgegensatz schwelte zwischen dem impe-

Die Ausschiffung Kaiser Wilhelms II. vor Tanger. Nach dem Gemälde von Willy Stöwer.

rialistischen Großbritannien und dem imperialistischen Deutschen Reich. Die anderen Staaten lauerten auf ihren Vorteil. Es bedurfte nur noch eines Funken. Und der blitzte auf, als ein Serbe den österreichischen Thronfolger Franz Ferdinand am 28. Juni 1914 in Sarajevo erschoß.

„Jetzt oder nie!" erklärte Wilhelm II. Ultimaten und Mobilmachungen überstürzten sich. Am 28. Juli 1914 begann der Krieg Österreich-Ungarns gegen Serbien. Am 1. August erklärte Deutschland Rußland den Krieg, am 3. August Frankreich. Am 4. August forderte England das Deutsche Reich auf, die belgische Neutralität zu achten. Das Ultimatum verstrich, und am selben Tag gab der Erste Lord der britischen Admiralität, Winston Churchill, bekannt, daß die britischen Schiffe auf allen Meeren den Befehl hätten, den Krieg gegen Deutschland zu eröffnen.

Die deutsche Flotte war seit dem 30. Juli in Alarmbereitschaft. In der Nordsee war die erste Kampfhandlung zu erwarten. Welche Schiffe standen auf deutscher Seite der mächtigen englischen Flotte gegenüber? 38 Linienschiffe; es waren die stärksten Einheiten, auch Schlachtschiffe genannt, die die schwersten Panzer hatten und die stärkste Bewaffnung mit der größten Feuerkraft nach den Breitseiten. Zu dieser Anzahl kamen noch 22 ältere Linienschiffe. Außerdem vier Schlachtkreuzer; diese auch Große Kreuzer oder Panzerkreuzer genannten Kampfschiffe waren den Linienschiffen ähnlich, aber ihre Panzerung war schwächer, ihre Bewaffnung leichter, dafür war ihre Geschwindigkeit höher. 19 Kreuzer, 88 Torpedoboote und 28 U-Boote vervollständigten die Kaiserliche Marine.

Aber bevor es am 28. August 1914 bei Helgoland zum ersten Gefecht kommen sollte, zogen im Mittelmeer der Schlachtkreuzer *Goeben* und der Leichte Kreuzer *Breslau* die Aufmerksamkeit auf sich.

Die Kreuzer *Goeben* und *Breslau*.

17
Durchbruch der Kreuzer Goeben und Breslau

Ende Juli hatte die Türkei, in der Hoffnung, England würde in den kommenden Krieg nicht eintreten, Deutschland ein Geheimbündnis vorgeschlagen. Im Schwarzen Meer wollte die Türkei auf Kosten Rußlands expandieren; dazu brauchte sie eine Flotte. In England waren zwei Schlachtschiffe bestellt worden, die fast fertig waren. Mit dem englischen Ultimatum an Deutschland erfolgte auch die Beschlagnahme der türkischen Schiffe. Um das Ottomanische Reich nicht abtrünnig werden zu lassen, versprach Deutschland Ersatz.

Im österreichischen Adriahafen Pola lagen die beiden deutschen Schiffe *Goeben* und *Breslau*. Hätten sie die Nordsee erreichen können? Sollten sie der österreichischen Marine eingegliedert werden? Die Schiffe erhielten Befehl, Konstantinopel zu erreichen! Die englische und die französische Mittelmeerflotte hatten den Auftrag, die *Goeben* zu be-

schatten, sie am Marsch durch die Straße von Gibraltar zu hindern. Unbemerkt hatten die deutschen Schiffe unter dem Kommando von Admiral Souchon die Adria verlassen, lagen am 4. August vor den französischen Nordafrikahäfen Bône und Philippeville, die beschossen wurden. Jetzt liefen die Kreuzer nach Messina, um Kohlen zu bunkern. Zwei britische Kreuzer begegneten ihnen, eröffneten aber nicht das Feuer — England war noch nicht im Krieg mit Deutschland. Zum Erstaunen der Engländer liefen die Deutschen nach Osten, sich widersprechende Befehle behinderten die Verfolger. Am 10. August hatten die *Goeben* und die *Breslau* die Dardanellen erreicht. Drei Tage später gab die türkische Regierung den Kauf der beiden Kreuzer bekannt. Die Besatzungen blieben unter Souchons Befehl an Bord. Ende Oktober führte der Admiral ein deutsch-türkisches Geschwader ins Schwarzmeer.

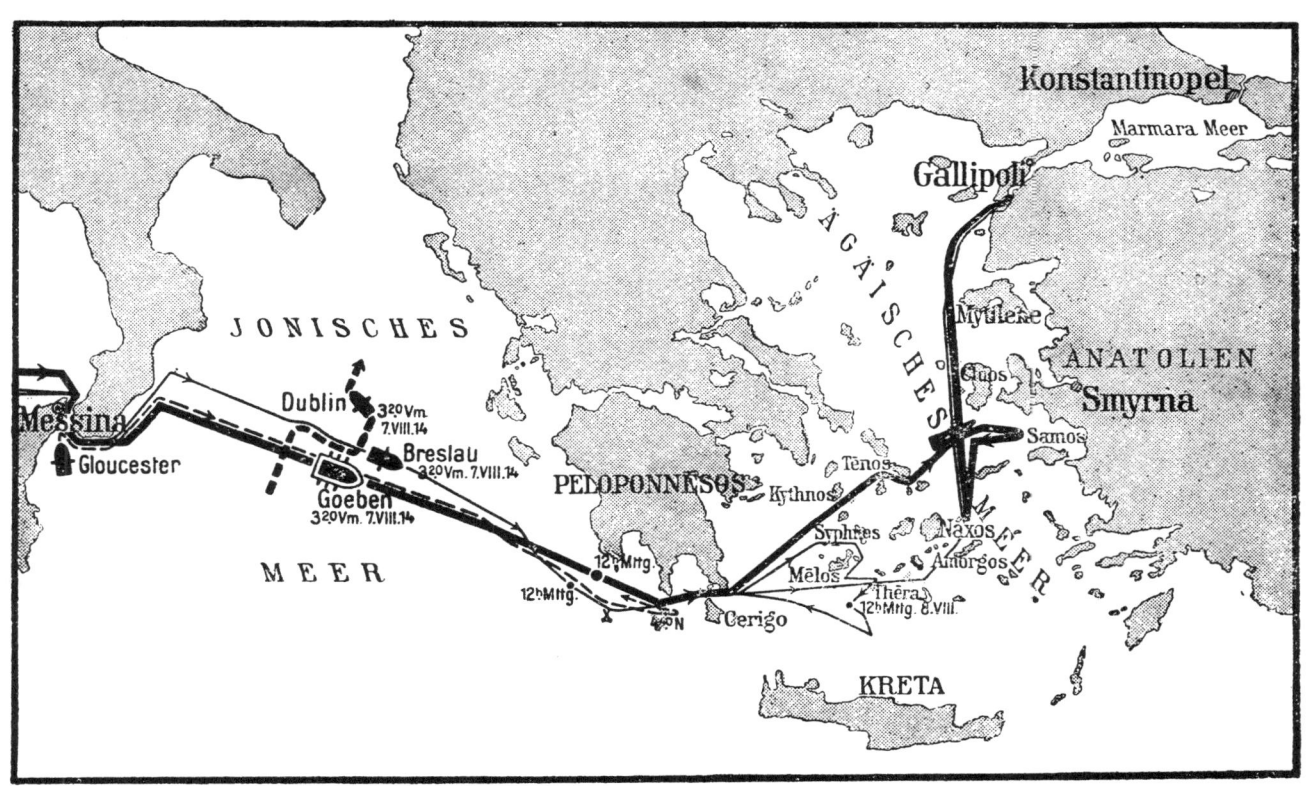

18
Das erste Gefecht vor Helgoland

Tag für Tag eskortierten Leichte Kreuzer die deutschen Torpedoboote, die in die Nordsee zu ihren Nachtpatrouillen ausliefen. Mit U-Booten wollten die Engländer die deutschen Schiffe in das Gebiet westlich von Helgoland locken, von Norden her sollten dann starke Verbände heranlaufen und die deutschen Kreuzer vernichten. Die Deutschen erfuhren von diesem Vorhaben und wollten ihrerseits den Engländern eine Falle stellen.

Der Morgen des 28. August 1914, glatte See und diesige Kimm. Kurz nach 6 Uhr sichtete der Kommandant des Torpedobootes *G 194* feindliche U-Boote. Alarm! Jagd auf die englischen U-Boote. Meldung gegen 8 Uhr: Feindliche Überwasserstreitkräfte sind eingebrochen! Von Nordwesten kamen

unter Commodore Tyrwhitts Kommando Zerstörer und die Leichten Kreuzer *Arethusa* und *Fearless*. Dahinter Commodore Goodenough mit sechs Leichten Kreuzern. 30 Meilen westlich fünf Schlachtkreuzer unter Vizeadmiral Beatty. 19 deutsche Torpedoboote und zwei Leichte Kreuzer standen bei Helgoland, vier Leichte Kreuzer östlich und südlich, und in den Jadefahrwassern ein deutsches Geschwader von Schlachtkreuzern.

Die deutschen Torpedoboote drehten nach Süden ab, von Helgoland stießen die Leichten Kreuzer *Frauenlob* und *Stettin* vor. Die *Fearless* nahm die *Stettin* unter Feuer, die *Arethusa* die *Frauenlob*, die sich angeschlagen nach Wilhelmshaven zurückziehen mußte. Die Engländer schwenkten nach We-

Die Kreuzer *Cöln*, *Dresden*, *Stuttgart*, *Mainz*.

76

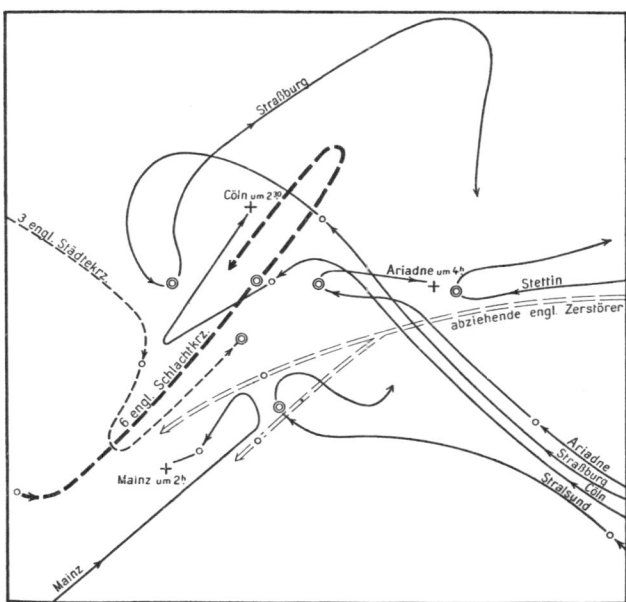

links: Sicherung der Deutschen Bucht, 28. August 1914; oben: Das Gefecht vor Helgoland.
unten: Laden der Geschütze. Gemälde von Claus Bergen; Gemeinde Lenggries.

sten, versenkten das Torpedoboot *V 187*. Die deutschen Schlachtkreuzer konnten noch nicht auslaufen, mußten erst auf die Flut das Nachmittags warten. Inzwischen herrschte unter den englischen Ge-

schwadern Verwirrung, die gegenseitig von ihrem Einsatz nicht unterrichtet worden waren. Fast hätten sie sich gegenseitig beschossen. Die *Stettin* und vier andere Leichte Kreuzer näherten sich Tyrwhitt. Die *Stralsund* griff die *Arethusa* an, die *Fearless* und englische Zerstörer eilten herbei, die *Stettin* traf ein und eröffnete das Feuer. Aus der Mündung der Ems war nun auch die *Mainz* eingetroffen und wurde mit einem Geschoßhagel empfangen. Beattys fünf Schlachtkreuzer hatten den Kampfplatz erreicht, die *Stralsund* beteiligte sich wieder am Gefecht. Die deutschen Kreuzer *Ariadne* und *Cöln* wurden von den feindlichen Schlachtkreuzern unter Feuer genommen, getroffen. Sie sanken. Und die Leichten Kreuzer schossen die *Mainz* zusammen.

Vier Schiffe der deutschen Flotte waren verloren gegangen. An diesem 28. August waren 712 Mann gefallen, 149 verletzt und 381 gefangen genommen worden.

Die Operationen der deutschen Hochseestreitkräfte beschränkten sich nun vor allem auf das Legen von Minen. Im eigenen Minensperrgürtel in der Jademündung aber lief der Panzerkreuzer *York* am 4. November auf zwei Minen und kenterte. Die Unternehmungen gegen die englische Küste dienten auch der Beschießung. Am 3. November wurde Yarmouth, am 16. Dezember wurden Hartlepool, Whitby und Scarborough beschossen. Die ersten Erfolge deutscher U-Boote bestärkten jetzt den Admiralstab, einen Kräfteausgleich mit England herbeizwingen zu können.

Das deutsche U-Boot *U 1*.

19
Der Beginn des U-Boot-Krieges

Noch 1910 hatte der Deutsche Flotten-Verein über das Unterseeboot festgestellt: „Das Hauptfeld seiner Tätigkeit werden enge Küstengewässer sein, die der Feind passieren muß und wo es auf der Lauer liegen kann, bis es zum Schuß kommt. Für den Kampf auf hoher See dagegen kommt es weniger in Betracht, und es ist daher auch nicht geeignet, das große oder Hochseetorpedoboot, geschweige denn die großen Schiffe zu ersetzen. Allerdings wird es eine große moralische Wirkung ausüben können, und diese wird um so größer sein, als es ein sicheres Abwehrmittel gegen den Angriff eines Unterseebootes zur Zeit noch nicht gibt. Das einzige Mittel für große Schiffe, sich zu schützen, ist schleunige Flucht und das Beobachten einer respektvollen Entfernung, sobald sich Unterseeboote gezeigt haben oder nur vermutet werden. Bei der geringen Geschwindigkeit des Unterseebootes kann von einem Verfolgen oder gar Einholen des Gegners nicht die Rede sein." Technische Entwicklung und das Geschehen im Seekrieg führten zu einer anderen Einschätzung.

Der erste Einsatz der deutschen U-Boote war vor Helgoland in der Sicherungslinie erfolgt. Vom 6. bis 12. August 1914 die erste U-Boot-Offensive in der nördlichen Nordsee; ohne Feindberührung gingen zwei der zehn Boote verloren. Dann, am 5. September, der erste Erfolg: *U 21* versenkte vor dem Firth of Forth den britischen Kreuzer *Pathfinder*. Einige Tage später eine Meldung des Admiralstabes: „*U 9* hat am Morgen des 22. September etwa 20 Seemeilen nordwestlich von Hoek van Holland die

drei englischen Panzerkreuzer *Aboukir*, *Hogue* und *Cressy* zum Sinken gebracht."

Sorglos war die Gruppe der Kreuzer auf Fahrt gewesen. *U 9* unter dem Kommando von Kapitänleutnant Otto Weddigen pirschte sich westwärts. 6 Uhr 12 Sichtung der Panzerkreuzer, *U 9* tauchte. 7 Uhr 20 Unterwasserangriff in einer Entfernung von 500 Metern, Treffer. Das Boot fuhr nach wenigen Minuten sein Sehrohr aus. Die anderen Kreuzer lagen mit gestoppten Maschinen auf der Stelle, um die Männer der kenternden *Aboukir* zu retten. Weddigen setzte zum zweiten Angriff an. Um 7 Uhr 55 trafen zwei Bugtorpedos die *Hogue*. 8 Uhr 20 dritter Angriff, die *Cressy* sank. Mit den Schiffen versanken 60 Offiziere und 1400 Mann.

An der Marne erlitten zur selben Zeit die deutschen Truppen die ersten Rückschläge. Um so mehr wurde der Erfolg von *U 9* gefeiert. Am 15. Oktober versenkte *U 9* den englischen Kreuzer *Hawke*. Neben die weiteren Erfolge der deutschen U-Boote traten nun auch die ersten Verluste. Und nachdem am 20. Oktober *U 17* das erste Handelsschiff vor der norwegischen Küste versenkt hatte, mehrten sich die Stimmen, mit der Waffe der U-Boote einen unbeschränkten Krieg zu führen.

Zeichnung von Oskar Theuer.

20
Graf Spee
Von Tsingtau zu den Falkland Inseln

Im chinesischen Tsingtau innerhalb des deutschen Pachtgebietes hatte ein Kreuzergeschwader unter Vizeadmiral Graf Spee seine Basis. Versorgungsstationen lagen auf den deutschen Kolonialbesitzungen der Karolinen und Marschallinseln. Bei Kriegsausbruch befand sich das Geschwader in der Südsee. Es bestand aus den Großen oder Panzerkreuzern *Scharnhorst* und *Gneisenau*, den Kleinen Kreuzern *Leipzig, Nürnberg, Emden* und *Dresden*. Am 23. August erklärte Japan Deutschland den Krieg, forderte die Übergabe von Tsingtau und den Abzug deutscher Kriegsschiffe aus den chinesischen und japanischen Gewässern.

Das Geschwader des Grafen Spee erhielt den Befehl, in die Nordsee zu dampfen, unterwegs Handelskriegsoperationen vorzunehmen. Doch der Weg in die Heimat war weit — und sie sollte nie erreicht werden. Bei den Marianeninseln, die zum Bunkern angelaufen worden waren, stieß die *Emden*, von Tsingtau kommend, zum Geschwader. Mitte August wurde sie zum Handelskrieg in den Indischen Ozean entlassen. Die *Leipzig* stieß, von Mexico herbeigeeilt, nun zum Geschwader. Am letzten Oktobertag tauchte unter wolkenlosem Himmel die amerikanische Küste auf. Von den Falkland Inseln her hatte sich Konteradmiral Crad-

links: Heimkehr von *U 9*. Gemälde von Oskar Theuer.   Großer Kreuzer *Gneisenau*.

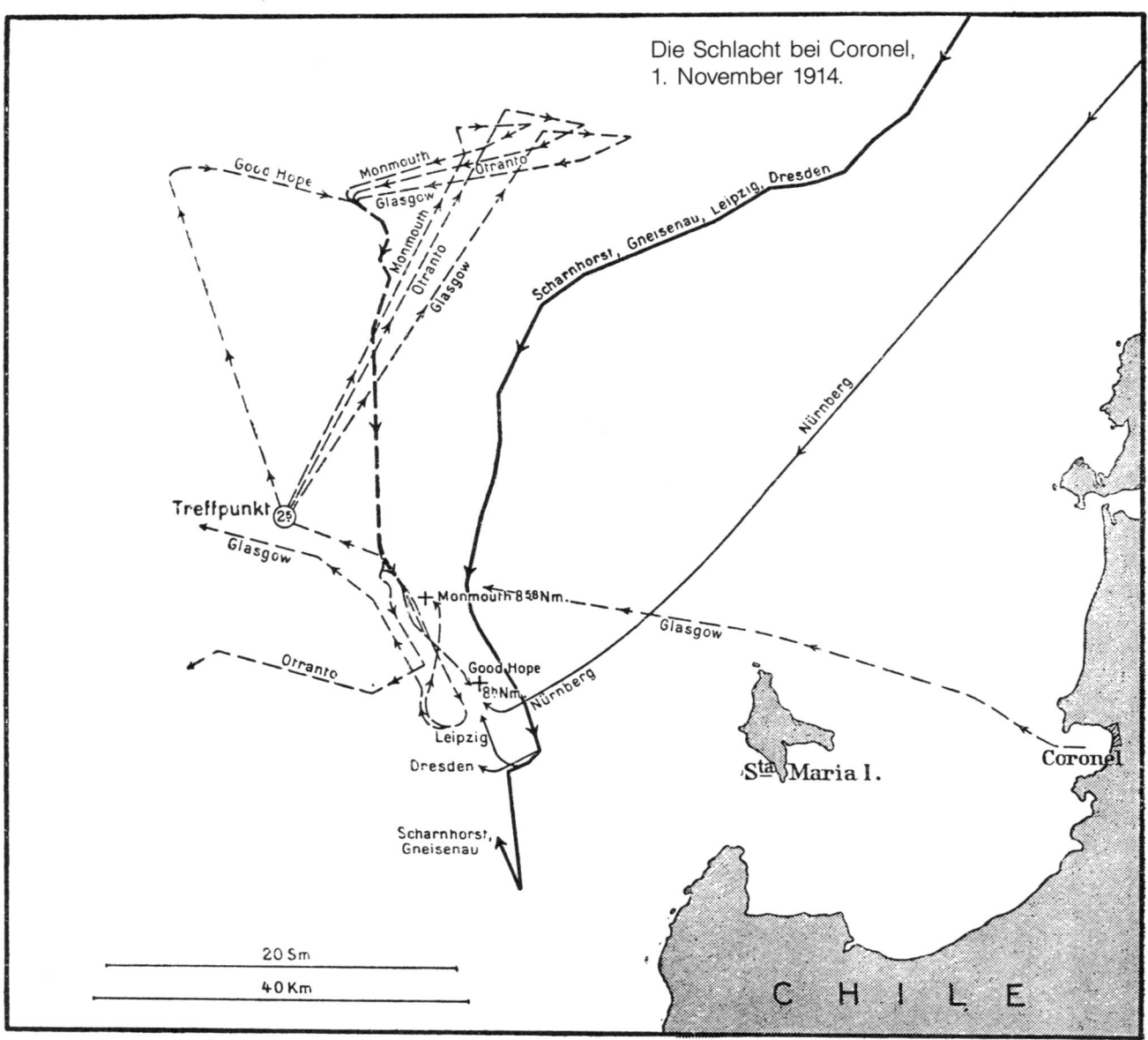

dock mit einer Gruppe von Kreuzern genähert, die die Aufgabe hatten, die Handelsschiffahrt zu sichern. Der Verband bestand aus dem alten Linienschiff *Canopus*, den Panzerkreuzern *Good Hope* und *Monmouth*, dem Leichten Kreuzer *Glasgow*, dem Hilfskreuzer *Otranto*. Sonntagmorgen, 1. November 1914. Ein deutsches Handelsschiff meldete dem deutschen Geschwader, daß die *Glasgow* vor der chilenischen Stadt Coronel vor Anker liege. Die deutschen Schiffe nahmen Fahrt auf. Die Engländer dampften nach Norden. Nach 16 Uhr kamen sich die Streitkräfte auf Sichtweite nahe. Bei Sonnenuntergang ging Graf Spee mit seinen Panzerkreuzern näher. Sie waren ihren Gegnern überlegen. Schwere Treffer schlugen auf der *Monmouth*

und der *Good Hope* ein. Um etwa 18 Uhr 50 verließ die *Monmouth* brennend die Kampfstätte. Regen, Dunkelheit, kaum noch Sicht. Die deutschen Geschütze stellten das Feuer ein. Niemand bemerkte das Ende der *Good Hope*; Granaten hatten sie getroffen, ihr Munitionsmagazin flog in die Luft, versenkte das Schiff. Verfolgungsjagd. Um 20 Uhr 58 vernichtete die *Nürnberg* die schwer angeschlagene *Monmouth*. *Otranto* und *Glasgow* waren nach Westen entkommen. Die langsame *Canopus* hatte den Ort der Schlacht vor Coronel nicht rechtzeitig erreicht.

Das deutsche Geschwader umrundete Kap Horn, hatte die Absicht, auf den Falkland Inseln zu bunkern, die Heimreise über den Atlantik anzutreten.

oben:
Großer Kreuzer *Scharnhorst*.

Seeschlacht bei Coronel, 1. November 1914.
Gemälde von Hans Bohrdt.

Doch die Engländer hatten in Erwartung des Geschwaders Admiral Sturdee befohlen, mit der *Invincible* und der *Inflexible*, schnellen Schlachtkreuzern, die Falkland Inseln anzulaufen. Zur Verteidigung der englischen Inseln vor der argentinischen Küste wurde die *Canopus* im Hafen von Port Stanley auf Grund gesetzt. Die Deutschen wollten die Telegraphenstation dort zusammenschießen und die Kohlenvorräte übernehmen. Als sie sich am 8. Dezember dem Hafen näherten, waren die britischen Schiffe gerade beim Bunkern. Um 9 Uhr 20 eröffnete die *Canopus* das Feuer. Die Deutschen zogen sich zurück, die Engländer nahmen die Verfolgung auf. Als sie auf Schußweite an das letzte deutsche Schiff, die *Leipzig*, herangekommen waren, beschloß Spee, daß die Kleinen Kreuzer im Schutz der *Scharnhorst* und *Gneisenau* entkommen sollten.

Glasgow, Cornwall und *Kent* folgten ihnen.

Um 13 Uhr 20 begann der Kampf. Um 15 Uhr Treffer auf der *Scharnhorst* und der *Gneisenau*. Um 16 Uhr 17 legte sich die brennende *Scharnhorst* nach Steuerbord und ging unter. Jetzt konzentrierten die *Invincible*, die *Inflexible* und der Panzerkreuzer *Carnavon* ihr Feuer auf die *Gneisenau*. In aussichtsloser Lage ließ der Kommandant die Flutventile öffnen, um 18 Uhr 02 versank die *Gneisenau* in den Fluten des eisigen Atlantik.

Die *Kent* hatte die *Nürnberg* verfolgt, eingeholt, versenkt. *Glasgow* und *Cornwall* hatten Jagd auf die *Leipzig* gemacht, in ihrem Feuer versank das Schiff. Nur der schnellen *Dresden* gelang das Entkommen; sie wurde im März 1915 bei den Juan-Fernandez-Inseln von der *Glasgow* versenkt. Bei den Falkland Inseln waren 112 Offiziere und 2200 Mann gefallen.

Die Falklandschlacht.
Ein britisches Dokumentarphoto.

rechts: Die Seeschlacht an der Doggerbank.
24. Januar 1915. Gemälde von Willy Stöwer.

21
Die Schlacht auf der Doggerbank

Am 23. Januar 1915 liefen hinter dem Großen Kreuzer *Seydlitz*, der die Flagge des Befehlshabers der Aufklärungsschiffe, Konteradmiral Hipper, führte, die Großen Kreuzer *Moltke, Derfflinger* und *Blücher* aus Wilhelmshaven aus. Der Kiellinie voraus die Kleinen Kreuzer *Kolberg* und *Stralsund*, Torpedoboote. Durch dechiffrierte Funksprüche wußten die Engländer von diesem Unternehmen, das das Ziel hatte, im Gebiet der Doggerbank britische Aufklärungskräfte zu vernichten. Beatty mit seinen Schlachtkreuzern und Goodenough mit seinen Kreuzern liefen aus dem Firth of Forth, um sich mit Tyrwhitts Leichten Kreuzern und Zerstörern 180 Meilen westlich von Helgoland zu vereinen —

dort, wo Hipper mit seinem Geschwader erwartet wurde.

Als die feindlichen Schiffe in Sicht kamen, trat Hipper den Rückzug an, sein Flaggschiff übernahm die Führung, den Schluß bildete der alte und langsame Panzerkreuzer *Blücher*. Die britischen Schlachtkreuzer *Lion, Princess Royal* und *Tiger* näherten sich, die *Lion* fing an zu feuern, landete bald die ersten Treffer auf der *Blücher*. Die *Lion* kam noch näher an das deutsche Geschwader heran, nahm sich die *Derfflinger* zum Ziel; die *Tiger* schoß sich auf die *Blücher* ein. Die deutschen Schlachtkreuzer konzentrierten ihr Feuer auf die *Lion*. Aber ein Treffer in den hinteren Turm der *Seydlitz*

Die Seeschlacht an der Doggerbank 24. Jan. 1915.

85

setze das Schiff in Brand, das Feuer breitete sich aus, 165 Mann starben darin. Das Feuer drohte die hinteren Munitionskammern zu ergreifen. Rasches Fluten rettete die *Seydlitz*. Die *Lion*, schwer getroffen, mußte aus der Schlachtordnung weichen. Verwirrung bei den Engländern, die nun ihr Feuer auf die *Blücher* konzentrierten. Die anderen deutschen Schiffe, auch die *Seydlitz*, konnten entkommen.

Einer der Überlebenden der *Blücher*, Kapitänleutnant Gebeschuß, schilderte den letzten Kampf der *Blücher*: „...und dann dieses Pfeifen, Heulen und Wirbeln, wenn die Salven ankommen, und dieses Klirren und Rasseln, wenn sie einschlagen... Einzelne Explosionen rühren fraglos von Torpedotreffern her, es ist, als ob das Schiff auseinanderberste, der Kommandostand schwingt sichtbar hin und her. Die Zerstörer sind also auch schon an der Arbeit, nun ist bald Schluß. Ich sehe sie nicht, Rauch, Sprenggase und Feuer vor den Sehschlitzen und riesenhafte Wassersäulen verhindern jeden Ausblick, jede Orientierung... Ein Blick durch den hinteren Sehschlitz zeigt ein Bild von unglaublicher Verwüstung: ein einziger wüster Trümmerhaufen, ein Gewirr von Stangen, zerbrochenen Trägern, aufgerollten Eisen- und Stahlplatten, über denen die Hälfte des vorderen Schornsteins liegt. Dahinter eine Wand von Qualm, Dampf und Feuer... Es mag jetzt etwa 12 Uhr 45 nachmittags sein, als wir einen Volltreffer auf die Panzerdecke bekommen, der Schmutz, Splitter und Gase durch die Sehschlitze und das BG.- Loch (Entfernungsmeßgerät) hereindringen läßt. Verschiedene sind durch Splitter schwer verletzt zusammengebrochen. Sie stöhnen und schreien anfänglich, bis sie schließlich ganz still sind... Nach dem in der Längsschiffsrichtung recht achteraus ziehenden Qualm zu schließen, liegen wir jetzt etwa Nordkurs an. Das in Rauch und Flammen gehüllte, arg zerschossene Schiff macht noch etwas Fahrt und krängt stark nach Backbord. Noch ab und zu feuern einige unserer Rohre. Auch das feindliche Feuer ist schwächer geworden. Der Grund hierfür ist uns bald

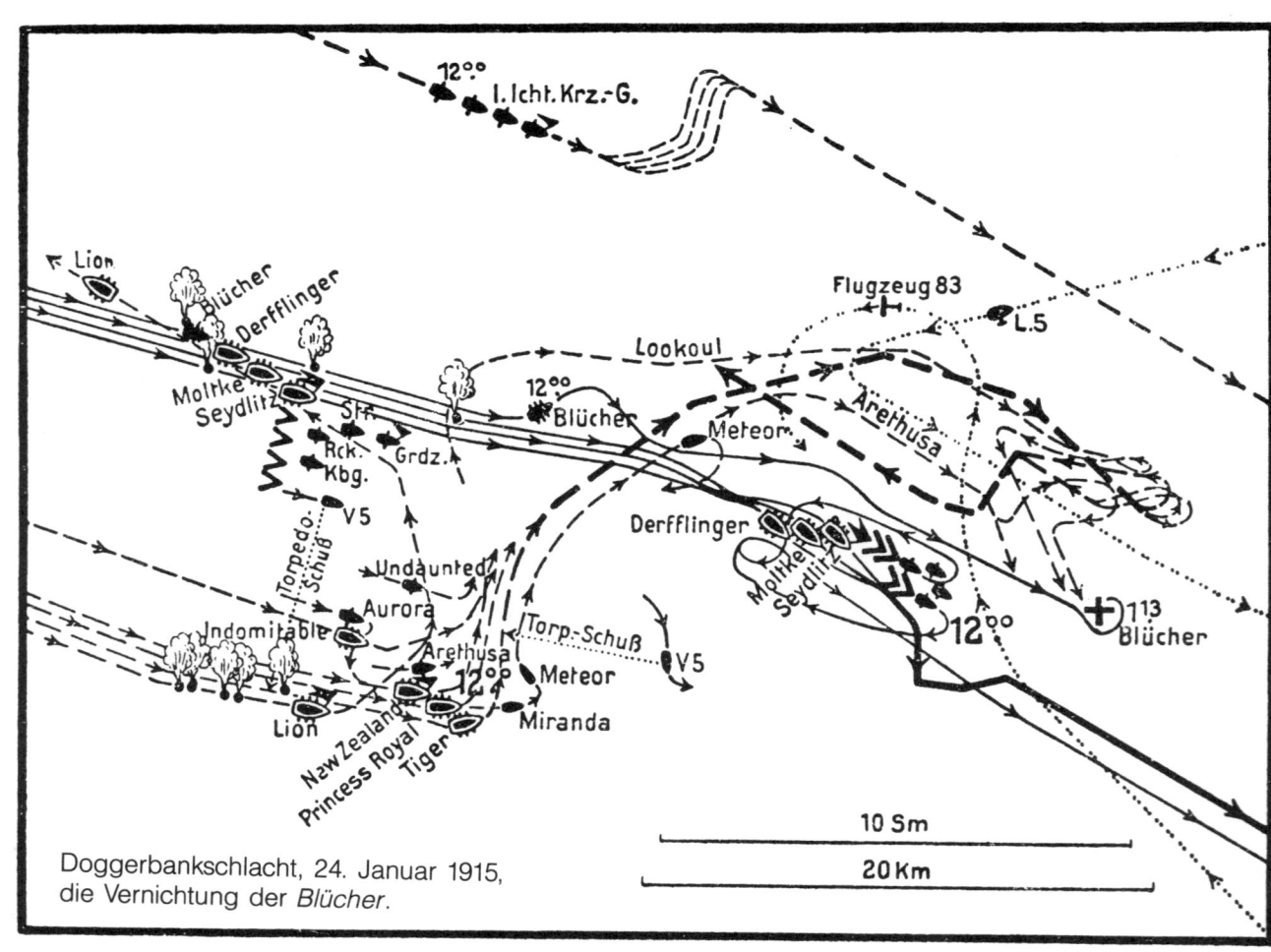

Doggerbankschlacht, 24. Januar 1915, die Vernichtung der *Blücher*.

klar; zwei der feindlichen Schlachtkreuzer ziehen sich eben mit höchster Fahrt in Kiellinie in etwa 30 — 40 hm Entfernung quer vor unserem Bug vorbei, schwenken nach Backbord, parallel zu unserer Kursrichtung und nehmen mit ihren achteren Geschützen nunmehr auch wieder die Steuerbordseite der *Blücher* unter Feuer. Mehrere der Leute, etwa 20 Mann, versuchen sofort, als sie das Mündungsfeuer und die braunen Rauchwolken der feindlichen Salven sehen, nach der Backbordseite durchzukommen. Ich rufe ihnen zu, daß auch von Backbord geschossen wird und das Schiff voraussichtlich nach Backbord kentern wird. Sie lassen sich nicht zurückhalten und klettern so schnell wie möglich an den zertrümmerten Aufbauten und Turm Bautzen hoch. Rumms — schlagen die Salven ein, ein Hagel von Granatsplittern, abgerissenen Eisen- und Holzteilen schlägt mehrere Leute tot, verletzt verschiedene, die in meiner Nähe stehen. Nur noch wenige Salven sind es, die über die unglückliche *Blücher* wegfegen, dann stellt der Feind das Feuer ein. Unsere Kanonen, von denen verschiedene mit abgeschossenen Mündungen in die Luft starren, sind nach dreistündiger Schlacht endgültig zum Schweigen gebracht... Plötzlich fällt aus einem unserer achteren Türme ein letzter Schuß. Einen Augenblick später beginnt noch einmal eine furchtbare Metzelei in dem wieder einsetzenden feindlichen Feuer. Ganze Gruppen der überlebenden Besatzung, deren größter Teil schon an Deck gekommen ist, werden von den Salven umgerissen oder über Bord gefegt. Nach oberflächlicher Schätzung sind in diesen letzten feindlichen Salven wohl allein 200 Mann gefallen..."

Die sinkende *Blücher*.

22
Der Kampf um Bosporus und Dardanellen

Aus dem Schlachtkreuzer *Goeben* war in der türkischen Marine die *Jawus Sultan Selim*, aus dem Kleinen Kreuzer *Breslau* die *Midilli* geworden. Mit den anderen Einheiten der Türken operierten sie im Schwarzen Meer gegen russische Stellungen und Schiffe.

Die französische Schlachtflotte war durch die Blockade der Adria gebunden. Die österreichisch-ungarische Flotte unter Admiral Anton Haus erzielte vor allem durch U-Boote, die immer wieder aus der Bucht von Cattaro vorstießen, Erfolge. Die zwei österreichischen Geschwader und die Kreuzer-flottille griffen nach dem Eintritt Italiens in den Krieg am 23. Mai 1915 die italienische Küste an.

Um Rußland zu entlasten, planten die Engländer einen Angriff auf die Dardanellen, um ins Marmarameer vorzustoßen, von dort Konstantinopel zu bedrohen. Die Dardanellen waren vermint, zahlreiche türkische Batterien beiderseits der Meerenge waren aufgestellt. Zwölf schwere englische Einheiten, unterstützt von vier französischen, sollten die

rechts: Linienschiffe der Reichsmarine, um 1926. Gemälde von Claus Bergen; Gemeinde Lenggries.

Das österreichische Turmpanzerschiff *Babenberg* in der Adria. Gemälde von Ernst Wobek.

S. 90 und 91: Schlachtschiff *Bismarck*. Gemälde von Günther Todt.

Leichter Kreuzer *Leipzig*.
Photo von Ferdinand Urbahns.

unten: Der letzte Kampf der *Bismarck*.
Gemälde von Claus Bergen; Marineschule Mürwik.

Operation durchführen. Am 19. Februar 1915 näherte sich Vizeadmiral Carden der Einfahrt der Meerenge zwischen der Halbinsel Gallipoli und der asiatischen Küste. Nach acht Stunden Schußwechsel zogen sich die Angreifer zurück. In den nächsten Tagen weitere Versuche, die zu keinem Ergebnis führten. Französische Minenräumboote wurden zurückgetrieben. Die türkischen Batterien konnten nicht alle ausgeschaltet werden. Carden erflehte Landungstruppen, die Gallipoli besetzen sollten. Am 7. März fuhren die Schlachtschiffe *Agamemnon* und *Lord Nelson* in die Dardanellen ein, feuerten gegen die feindlichen Forts ihre Salven, zogen sich wieder zurück. In der Nacht legten die Türken einen Minensperrgürtel. Die alliierten Räumboote erlitten schwere Verluste. Am 18. März sollte endlich der entscheidende Generalangriff erfolgen. Carden war inzwischen zurückgetreten, das Kommando hatte nun der zum Vizeadmiral beförderte de Roebeck. Als die Nacht dem Tag wich, liefen *Queen Elizabeth, Agamemnon, Inflexible* und *Lord Nelson* in die Dardanellen ein. Sie beschossen die Küstenforts an der Enge der Dardanellen, unter Konteradmiral Guépratte stießen die französischen Einheiten *Bouvet, Charlemagne, Gaulois* und *Suffren* vor, von den britischen Linienschiffen *Prince George* und *Triumph* gedeckt. Türkische Granaten erzielten Treffer, bei der *Gaulois* und *Suffren* auch unterhalb der Wasserlinie. Wie geplant, rief de Roebeck die Franzosen zurück, ließ seine Linienschiffe *Albion, Irresistible, Majestic, Ocean, Swiftsure* und *Vengeance* vorrücken. Beim Wenden liefen die französischen Schiffe in die Minen, die am 8. März gelegt worden waren. Die *Bouvet* sank an Ort und Stelle. De Roebeck hatte inzwischen befohlen, wie es von Churchill angeordnet war, daß die Räumboote die Kampfschiffe vorwärts geleiteten. Doch sie gerieten in das Vernichtungsfeuer der Küstengeschütze, konnten ihre Fahrt nicht fortsetzen. Die Kampfschiffe an der Spitze mußten sich zurückziehen. Und fuhren in den Minengürtel, die *Irresistible* sank sofort, die *Inflexible* wurde schwer beschädigt. Die *Ocean* eilte zur Hilfe, lief auch auf eine Mine und versank in den Wassern der Dardanellen. Jetzt blieb nur noch der Rückzug der Alliierten.

Am 25. April folgten die großen Landungen auf Gallipoli, deren Abwehr den Türken unter dem deutschen General Liman von Sanders oblag. Von Land her versuchten die Engländer und Franzosen, die türkischen Küstenfestungen und Batterien außer Gefecht zu setzen. Angriffe von Seestreitkräften verminderten diesen Druck. Am 13. Mai versenkte die *Muavenet* durch drei Torpedoschüsse das englische Linienschiff *Goliath*, am 25. Mai versenkte *U 21* die *Triumph*. Auch die *Majestic* wurde von Torpedos getroffen und sank. Das Unternehmen, die Dardanellen zu nehmen, Konstantinopel zu erobern, war gescheitert. Am 20. Dezember 1915 und am 9. Januar 1916 räumten Engländer und Franzosen die Halbinsel Gallipoli.

Welches Schicksal war der *Goeben (Jawus Sultan Selim*, später kurz *Yavuz* genannt) und der *Breslau (Midilli)* beschieden? Nach der Beendigung des Krieges im Schwarzen Meer, in dem beide gedient hatten, unternahmen die beiden Kreuzer am 20. Januar 1918 einen Vorstoß aus den Dardanellen. Bei der Insel Imbros vernichteten sie zwei englische Monitore, beim Rückmarsch lief die *Midilli* auf Minen und sank. Die *Jawus Sultan Selim* erhielt drei Minentreffer, setzte ihre Fahrt fort, kam fest auf einer Sandbank, überstand Fliegerangriffe und den Beschuß durch ein U-Boot. Am 2. November ging die deutsche Mannschaft von Bord. Die *Yavuz* war in den folgenden Jahren das wichtigste Schiff der türkischen Flotte, diente seit 1952 innerhalb der NATO, wurde in den siebziger Jahren verschrottet — war das Großkampfschiff, das am längsten aktiv im Dienst gewesen war.

23
Die Schlacht vor dem Skagerrak

Die englische Flotte war auf eine Seeschlacht mit der deutschen Hochseeflotte nicht erpicht. Die Fernblockade hatte den deutschen Seehandel empfindlich getroffen, die Versorgung mit Rohstoffen und Gütern für die Kriegswirtschaft und für die Bevölkerung fast zum Erliegen gebracht. Die Schlachtflotte, die nach Tirpitzens Willen eine Schlacht gegen England nicht zu weit von Helgoland schlagen sollte, lag meist untätig in der Jademündung. Der U-Boot-Krieg brachte keine Entscheidung. Die Kritik an der Seekriegführung nahm zu; am 24. Januar 1916 ernannte der deutsche Kaiser den Vizeadmiral und bisherigen Geschwaderchef der Großlinienschiffe, Reinhard Scheer, zum Chef der Hochseeflotte. Deutsche Kampfschiffe suchten die Gefechtsberührung, beschossen

am 25. April Lowestoft und Great Yarmouth. Solche Operationen wurden vom Einsatz der U-Boote und Luftschiffe begleitet. In Großbritannien wuchs die Unruhe. Admiral Jellicoe, Befehlshaber der Grand Fleet, mußte sich zu Aktionen bereit erklären. Gleichzeitig plante Scheer, Sunderland zu beschießen, um die englische Flotte stellen zu können. Dieses Unternehmen mußte verschoben werden, der Schlachtkreuzer *Seydlitz* war vor Lowestoft auf eine Mine gelaufen und wurde repariert. Ungünstiges Wetter verhinderte die Luftaufklärung. So wurde das Vorgehen gegen Sunderland aufgegeben. Nun wollte Scheer mit der Hochseeflotte an der Küste Jütlands nordwärts marschieren, Handelskrieg unter der norwegischen Küste führen, um die Engländer herauszulocken. Die *Seydlitz* meldete

Skagerrakschlacht. Linienschiffe der Kaiserklasse.

rechts: Schlachtkreuzer *Seydlitz*.

sich am 29. Mai verwendungsbereit. Die Entscheidung fiel, die Unternehmung begann unter dem Stichwort „31. Mai Gg 2490". U-Boote sicherten das Auslaufen der deutschen Hochseeflotte, die am 31. Mai morgens 4 Uhr die Jade verließ. Die Vorbereitungen konnten in England nicht unbemerkt bleiben. Schon am Mittag des 30. Mai warnte die englische Admiralität Jellicoe, nachmittags wurde das deutsche Operationssignal „31. Mai Gg 2490" aufgefangen, um 18 Uhr 40 erhielten Jellicoe und der Befehlshaber der Aufklärungsstreitkräfte, Beatty, den Befehl, sich auf See mit ihren Einheiten zu sammeln. In der Nacht zum 31. Mai verließen alle Verbände der Grand Fleet ihre Stützpunkte.

Die deutsche Hochseeflotte unter Admiral Scheer marschierte in Kiellinie auf das Skagerrak zu, voraus die Aufklärungsstreitkräfte unter Admiral Hipper mit ihren modernen Kreuzern. Ihnen folgten Schlachtkreuzer mit den Torpedobootflottillen. In weitem Abstand in Kiellinie das Gros, die Linienschiffgeschwader mit den älteren Torpedobootflottillen. 15 Uhr 27 erste Fühlungnahme durch das Torpedoboot *B 109*. Weit vor dem Gros

die Schlachtkreuzer *Lützow, Derfflinger, Moltke, Seydlitz, von der Tann.* Hippers Flagge wehte auf der *Lützow.* Ausgebreitet wie ein Schleier vor den Schlachtkreuzern die Kleinen Kreuzer *Elbing, Pillau, Frankfurt, Wiesbaden, Regensburg* unter Konteradmiral Bödicker. Auf der *Elbing* hatte man westlich einen Dampfer ausgemacht, den dänischen Frachter *U. Fjord, B 109* und *B 110* gingen längsseits. Scheinwerferspruch von *B 109*, dann Funkspruch, schon die ersten Aufschläge bei den Booten. Auf der *Elbing* wurde „Klar Schiff zum Gefecht!" angeschlagen, das Schiff brauste feindwärts, die anderen Kreuzer heranrufend. Die ersten Schiffe des englischen leichten Kreuzergeschwaders waren zu erkennen: *Galathea* und *Phaeton*, dann *Inconstant* und *Cordelia.* Um 15 Uhr 32 eröffnete die erste Salve die Schlacht vor dem Skagerrak. Die ersten Treffer schlugen auf der *Galathea* ein.

Die englischen Kleinen Kreuzer bogen nach Norden ab. Um 16 Uhr 20 wurden im Westen Kolonnen englischer Schlachtkreuzer gesichtet, die nach Süden schwenkten, um den Deutschen den Weg zur Deutschen Bucht zu verlegen. Noch wußten

Schlacht vor dem Skagerrak, 31. Mai 1916.
Gemälde von Hans Bohrdt.

rechts: „Ran an den Feind!" Durchbruch
der Torpedoboote. Gemälde von Hans Bohrdt.

Die zweite Gefechtskehrtwendung der deutschen
Flotte. Raster zeigt die Rauchwolken an.

Galatea
V.Schlr.G.   Acasta
              Barham
                          I.L.Krz.-G.
6.Div.   Inconstant
Marlborough
II.L.Krz.-G.
              Torpedolaufbahnen
Southampton   5.Div. 4. Invi   su
              Colossus Div. 3   perb
+Defence   Benbow Div. 2   1.Div.
                        Iron Duke Div.
                              Orion   King George V.
        +Wiesbaden +V48
                          IV.L.Krz.-G.
                                    Duke of
                                    Edinburgh
                          Caffiope
                    I.u.II. Schlachtkrz.-G.   Lion
                                              Falmouth
König   Inflexible   Canterbury
Kaiser   III.Schlachtkrz.-G.
Friedrich d.Gr.
Ostfriesland   Rostock mit III.Fl.
        III.G.   Derfflinger   Schlachtkrz.
Posen
        I.G.   G39
Westfalen   Regensburg   G39
Hannover   mit II.VI.u.IX.Fl.
II.G. Deutschland   Lützow
VII Fl.
v.Fl.   II.A.-Gr.   5 Sm
              Frankfurt   10 Km

96

die Engländer nicht, daß hinter den Aufklärungs-
kreuzern das deutsche Gros stand. Die englische Linie bestand aus den Schiffen des ersten und zweiten
englischen Schlachtkreuzergeschwaders: *Lion* unter
der Flagge von Beatty, *Princess Royal, Queen Mary,
Tiger, New Zealand, Indefatigable;* dem fünften
Schlachtgeschwader mit den schnellen Linienschiffen *Barham, Valiant, Warspite, Malaya* unter Admiral Thomas. Die deutsche Linie eröffnete um
16 Uhr 48 das Feuer, das nach einer halben Minute
erwidert wurde. Nach 15 Minuten sank die *Indefatigable,* nach 38 Minuten flog die *Queen Mary* in die
Luft. Beide Linien lagen unter schwerstem Feuer,
Zerstörer wurden eingesetzt, *Nomad* und *Nestor* auf
der englischen, *V 29* und *V 27* auf deutscher Seite
gingen verloren. Das deutsche Linienschiffsgros
kam in Sicht, Beatty ließ um 17 Uhr 43 seine Verbände nach Norden schwenken, Hipper folgte ihm.

Klar Schiff zum Gefecht! Das Flaggschiff des Admirals Behncke vom 3. Geschwader, die *König,* hatte um 17 Uhr 30 die kämpfenden Linien gesichtet.
Eröffnung des Feuers auf die schwenkenden englischen Verbände um 17 Uhr 46. Den englischen

Schlachtkreuzern gelang es, aus dem Gefecht zu laufen. Beatty und seine Verbände holten, immer
mehr aus Sicht laufend, um die Spitze der Hochseeflotte herum. Um 18 Uhr 36 griffen englische Kleine Kreuzer an, knapp zwanzig Minuten später eröffneten die Schlachtkreuzer *Invincible, Inflexible*
und *Indomitable* das Feuer. Der Kreuzer *Wiesbaden*
erhielt Treffer, blieb liegen und war verloren. Mit
diesem Schiff ging der Beobachter Hans Kinau unter, der als Dichter Gorch Fock berühmt war. Die
Pillau erhielt Treffer, konnte aber den Anschluß be-
halten. Die deutschen Flottillen griffen an, der englische Zerstörer *Shark* sank. Das englische Gros unter Jellicoe hatte sich von Nordwesten her entwickelt und in langer Linie an die Verbände Beattys
angehängt. Die Sicherung des Gros aus älteren Panzerkreuzern stieß auf die deutschen Linien. Das
Flaggschiff *Defence* wurde von der *Lützow* unter
Feuer genommen, flog um 19 Uhr 20 in die Luft.
Die *Warrior* wurde schwer beschädigt und sank
später. Die *Warspite* wurde außer Gefecht gesetzt.
Schlechte Sicht und Gefechtsqualm verhinderten,
daß die deutschen Schiffe das unaufhörliche Feuer

der nun versammelten gesamten britischen Flotte wirkungsvoll erwidern konnten. Erst um 19 Uhr 30 zerriß der Gefechtsqualm, *Lützow* und *Derfflinger* konnten gezielt feuern, die *Invincible* versank.

Das übermächtige englische Feuer wurde gefährlich, immer bedrohlicher. Um 19 Uhr 33 gab Scheer das Signal: „Gefechtskehrtwendung nach Steuerbord bis zur Herstellung der Kielwasserlinie in entgegengesetzter Richtung!" Er wollte sich von den englischen Verbänden absetzen, die eigenen für den nächsten Tag neu ordnen. Die *Lützow* wurde getroffen, mußte den Rückzug antreten und versenkte sich selbst.

Warum aber befahl Scheer nach dem mustergültigen Glücken der Kehrtwendung bereits um 19 Uhr 55 die zweite Gefechtskehrtwendung? Warum lief er jetzt wieder in den Feuersturm der englischen Geschütze? Er tat dies entgegen der Bedenken seines Stabes. Hatte er wirklich Angst, seine erste Kehrtwendung hätte bei den Briten als Flucht ausgelegt werden können? Um 20 Uhr 13 wehte vom Flottenflaggschiff *Friedrich der Große* das Signal: „Schlachtkreuzer ran an den Feind, voll einsetzen!" Auch die deutschen Torpedoboote schlossen zum Angriff auf, zogen Nebelwände. Die englischen Schiffe hatten Befehl, vor den anlaufenden Torpedos abzudrehen. Und die Nacht brach herein.

Außer Sicht der deutschen Flotte sammelte sich die britische. Die Hochseeflotte nahm in langer Kiellinie Kurs auf Horns Riff und die Deutsche Bucht, um sich im Morgengrauen wieder dem Feind zu stellen. In der Nacht stieß die Spitze der deutschen Kiellinie in die englische Rückendeckung. Im Verlauf der erbittert geführten Kämpfe gingen das Linienschiff *Pommern* und der Kleine Kreuzer *Frauenlob* verloren, die *Rostock* und die *Elbing* mußten selbst versenkt werden; auch der Zerstörer *V 4* sank, er wurde von Torpedos getroffen oder war auf Minen aufgelaufen. Die Engländer verloren den Panzerkreuzer *Black Prince* und die Zerstörer *Tipperary, Sparrowhawk, Fortune, Ardent, Turbulent.* Morgens um 6 Uhr 20 lief die *Ostfriesland*, vor dem deutschen Flottenflaggschiff marschierend, auf eine Mine. Dann erreichte die Hochseeflotte den Jadehafen. Auch die Engländer drehten ab und liefen in ihre Heimathäfen.

Die bisher größte Schlacht der Seekriegsgeschichte war geschlagen. 254 Schiffe mit einer Wasserverdrängung von 1 600 00 tons hatten daran teilgenommen. Die Verluste waren hoch, aber die Schlacht vor dem Skagerrak hatte nichts entschieden. 3039 Tote, Verwundete und Gefangene zählte die Hochseeflotte, 6784 die Grand Fleet. Die Deutschen hatten 1 Schlachtkreuzer, 1 Linienschiff, 4 Kreuzer und 5 Torpedoboote oder Zerstörer verloren; die Engländer 3 Schlachtkreuzer, 3 Panzerkreuzer und 8 Torpedoboote oder Zerstörer. Auf deutscher Seite waren beschädigt worden: 12 Großlinienschiffe, 5 Schlachtkreuzer, 5 Kreuzer, 5 Torpedoboote oder Zerstörer; auf englischer Seite: 4 Großlinienschiffe, 3 Schlachtkreuzer, 3 Kreuzer, 10 Torpedoboote oder Zerstörer.

Großer Kreuzer *von der Tann*, Teilnehmer der Schlacht.   rechts: *U 47.*

24
Der uneingeschränkte U-Boot-Krieg

Am 5. Juni 1916 traf Lord Kitchener, der englische Oberbefehlshaber, an Bord des Panzerkreuzers *Hampshire* in Scapa Flow ein, um die Flottenmannschaften, die vom Skagerrak zurückgekehrt waren, zu begrüßen. Nachmittags wollte er den Weitermarsch nach Archangelsk antreten. Doch die *Hampshire* lief auf eine Mine, die *U 77* am 29. Mai gelegt hatte. Der Kreuzer sank, nahm Lord Kitchener mit in die Tiefe.

Der nächste U-Boot-Schock traf England am 19. August. Die wiederhergestellte Hochseeflotte war auf dem Marsch zur englischen Ostküste; nur die *Derfflinger* und die *Seydlitz* waren noch auf der Werft. Englische Flottenteile liefen aus und steuerten entgegen. Den deutschen Verbänden voraus liefen U-Boote. Ihnen zum Opfer fielen die Kreuzer der Vorhut, *Birmingham* und *Nottingham*. Vor dem Sammeln zogen sich die Engländer zurück. Danach

kam es zu keinen Gefechtshandlungen mehr zwischen der Hochseeflotte und der Grand Fleet.

Der U-Boot-Krieg, seit 1915 vermindert geführt, war am 29. Februar 1916 wieder aufgenommen worden. Am 24. März wurde von *U 29* der französische Dampfer *Sussex* torpediert, an dessen Bord eine Kanone vermutet worden war. Das Achterschiff versank mit 80 Mann, das Vorschiff wurde in einen französischen Hafen geschleppt, drei verletzte US-Bürger an Bord. Vorausgegangen war ein Jahr früher die Versenkung der *Lusitania*, des britischen Passagierdampfers, mit 1200 Menschen an Bord, darunter 100 Amerikanern — und vermutlich einer Ladung Munition unter Deck. US-Präsident Wilson drohte mit einem Ultimatum, Deutschland sollte den Krieg gegen Passagier- und Frachtschiffe aufgeben. Die deutsche Regierung setzte beim Kaiser durch, den U-Boot-Krieg nach der Prisenord-

nung zu führen. Tirpitz nahm seinen Abschied. Doch Scheer legte Wilhelm II. nach der Schlacht vor dem Skagerrak einen Bericht vor, in dem er feststellte, daß nur der uneingeschränkte U-Boot-Krieg England niederzwingen könnte. Im Herbst mußte die Oberste Heeresleitung eingestehen, daß an den Landfronten der Krieg nicht gewonnen werden könne. Auch Hindenburg und Ludendorff forderten den uneingeschränkten U-Boot-Krieg, der am 1. Februar 1917 begann. Zwei Tage später brachen die USA die diplomatischen Beziehungen zum deutschen Kaiserreich ab, am 6. April erklärten sie den Krieg; sie hatten endlich den Vorwand gefunden, ihre imperialistischen Ziele in diesem Krieg auch militärisch durchzusetzen. Vor allem wollte nach dem Krieg die Siegermacht USA bei der Neuaufteilung der Welt eine wichige Rolle spielen. Die Verluste der US-Flotte hielten sich denn auch in Grenzen: 1 Panzerkreuzer, 2 Zerstörer, 2 U-Boote und etwa 50 kleinere Hilfsfahrzeuge.

Zwanzig Monate lang sollte der uneingeschränkte U-Boot-Krieg dauern. Die Boote waren verbessert worden. Die Hochsee-U-Boote waren mit sechs Torpedorohren für 16 mitgeführte Torpedos ausgerüstet. Aber nicht mehr als 30 Boote gleichzeitig standen in den wichtigen Operationsgebieten um England.

Kriegsschiffe und bewaffnete Handelsschiffe wurden jetzt ohne Warnung aus der Unterwasserstellung angegriffen. Außerhalb der von den Deutschen festgelegten Sperrgebiete angetroffene unbewaffnete Schiffe wurden nach der Prisenordnung aufgebracht, untersucht, und die feindlichen Schiffe durch Artilleriebeschuß versenkt, nachdem die Mannschaften sich in die Rettungsboote begeben hatten.

Der uneingeschränkte U-Boot-Krieg zeigte Wirkung, die Lage für Großbritannien schien bedrohlich zu werden. Aber dann sicherten Geleitzüge mit Erfolg die Fahrt von Handelsschiffen. Auf amerikanischen Werften wurden neue Schiffe gebaut, um den vernichteten Schiffsraum zu ersetzen. Die deutsche Marineführung war nicht in der Lage, die U-Boot-Operationen zu sichern. 9000 Schiffe, 2500 Flugzeuge und Luftschiffe mit insgesamt 700 000 Mann kämpften gegen die deutschen U-Boote. Diese vernichteten eine Handelstonnage von über 12 Millionen Bruttoregistertonnen, versenkten 5234 Handelsschiffe, 10 Schlachtschiffe, 18 Kreuzer, 20 Zerstörer und neun U-Boote. Von den 374 deutschen U-Booten gingen 199 verloren, mehr als die Hälfte der Besatzungen blieben auf See: 5132 Mann. Der uneingeschränkte U-Boot-Krieg zwang England nicht nieder, half nicht, den Krieg für Deutschland siegreich zu beenden. Der uneingeschränkte U-Boot-Krieg scheiterte.

25
Der Kampf um die Ostsee

Aus dem Operationsbefehl für die deutschen Ostseestreitkräfte: „1. Die Hauptaufgabe der Kriegführung ist, die etwaige Offensive der Russen soviel als möglich zu stören. Daneben ist die Kieler Bucht gegen englische und russische Seestreitkräfte zu sichern und der feindliche Handel in der Ostsee zu schädigen. 2. Minenunternehmungen gegen die russische Küste sind möglichst bald nach Kriegsanbruch anzusetzen. 3. Die vorübergehende Entsendung von Teilen der Hochseeflotte zur Führung eines Schlages gegen die russische Flotte bleibt nach Maßgabe der Kriegsereignisse vorbehalten."

Die Ostsee blieb während des ganzen Krieges ein Nebenkriegsschauplatz. Die russische Flotte, nach Tsushima im Wiederaufbau, hatte Minengürtel ausgelegt, in deren Schutz vier Panzerkreuzer und drei Linienschiffe operieren sollten. Die deutschen Ostseestreitkräfte stießen zu Beginn des Krieges mit den Kreuzern *Augsburg* und *Magdeburg* vor, beschossen am 4. August 1914 den Hafen von Libau. Um das Eindringen britischer Verbände in die Ostsee zu verhindern, wurden Skagerrak und Kattegat gesichert. Im Osten Vorstöße deutscher Kreuzer, Gefechte mit russischen Einheiten. Die *Magdeburg* lief am 26. August auf Grund und mußte gesprengt werden. Am 3. September unternahm der Oberbefehlshaber Prinz Heinrich auf dem Panzerkreuzer *Blücher* einen Vorstoß in den Finnischen Meerbusen. Sein Geschwader bestand aus sieben Linienschiffen, Kreuzern und Torpedobootflottillen. Am 6. September ein kurzes Gefecht mit russischen Einheiten. Ein zweiter Vorstoß zwei Wochen später.

Abbruch des Unternehmens nach dem Eintreffen von Nachrichten, daß englische Einheiten vor dem Kattegatt stünden. Weitere Vorstöße, Minenlegen, Winterpause durch das Eis im Finnischen Meerbusen.

Im Mai 1915 wieder ein deutscher Angriff gegen Libau, im August im Meerbusen von Riga. Die russische Baltische Flotte wurde von englischen U-Booten unterstützt, die aus den russischen Ostseehäfen heraus operierten, auch den deutschen Erztransport störten. Gefechtseinsätze für die deutschen Kampfschiffe, Auslegen von Minen, gegenseitige Verluste. Auf den Schiffen der Baltischen Flotte kam es zu revolutionären Unruhen, eine Widerspiegelung der Situation im Russischen Zarenreich. Anfang des Jahres 1917 Ausbruch der bürgerlichen Februarrevolution. Die Baltische Flotte war teils gelähmt, teils im Einsatz gegen die Deutschen oder im Bürgerkrieg.

Im Oktober 1917, einen Monat vor der bolschewistischen Revolution (die nach alter russischer Zeitrechnung im Oktober stattfand), unternahmen die deutschen Ostseestreitkräfte, unterstützt durch Einheiten der Hochseeflotte aus der Nordsee, den Angriff auf die vor dem Meerbusen von Riga liegenden Inseln Ösel und Dagö. Die Kreuzer *Kolberg* und *Straßburg* waren vorgedrungen, die Linienschiffe *König* und *Kronprinz* liefen gegen den Moonsund, hier stellten sich russische Schiffe zum Kampf. Die *Slawa* wurde getroffen und mußte selbst zerstört werden, die anderen liefen ab. Am 20. Oktober waren die baltischen Inseln besetzt.

Am 15. Dezember 1917 schlossen das revolutionäre Rußland und das kaiserliche Deutschland den Frieden von Brest-Litowsk. Doch es kam noch einmal zu einer deutschen Operation in der Ostsee. Im finnischen Bürgerkrieg riefen die Weißen die Deutschen gegen die Roten zu Hilfe. Am 12. April trafen die deutschen Verbände in Helsinki ein.

links: Der Kreuzer *Augsburg* auf dem Marsch durch den Kaiser-Wilhelm-Kanal von der Nordsee zur Ostsee. Eigens für die Durchfahrt der Großkampfschiffe war der Kanal vor dem Ersten Weltkrieg erweitert worden.

26
Der Seeteufel auf Kaperfahrt

Einzelne Schiffe führten auf allen Meeren der Welt einen Kreuzer- und Handelskrieg. Die *Karlsruhe* im Atlantik, die *Emden* im Indischen Ozean, die *Königsberg* vor der Ostküste Afrikas und vor Arabien. Ehemalige Handelsschiffe wurden zu Hilfskreuzern umgerüstet. So wurden aus den Schnelldampfern *Kaiser Wilhelm der Große, Kronprinz Wilhelm* und *Cap Trafalgar* die Großen Hilfskreuzer. Von den Kleinen Hilfskreuzern waren neben *Möwe, Greif, Wolf, Leopard* die *Seeadler* das berühmteste Schiff.

Am 24. Juli 1915 hielt *U 36* westlich der Hebriden das 1888 gebaute amerikanische Vollschiff *Pass of Balmaha* an. Die Ladung bestand aus Baumwolle, deshalb beschloß Kapitänleutnant Graeff, den Segler nach Deutschland bringen zu lassen. Ein Steuer-

mannsmaat, mit einer Pistole bewaffnet, ging an Bord des Schiffes, das nach Cuxhaven segelte. Hier staunte man nicht schlecht, als ein englisches Prisenkommando, sechs Mann und ein Offizier, die unter Bord gewesen waren, auftauchte. Der Leutnant zur See Kling hatte den Plan, dieses Schiff Kaperkrieg gegen andere Segelschiffe führen zu lassen. Auf der Tecklenborg-Werft in Geestemünde wurde es umgerüstet. Kommandant wurde Felix Graf Luckner, der auf der *Braunschweig* gedient hatte, auf der *Kaiser*, in Westafrika auf der *Panther*, während der Skagerrakschlacht auf der *Kronprinz*, der Artillerieoffizier auf der *Möwe* gewesen war.

Graf Luckner, als „Seeteufel" eine Berühmtheit in aller Welt, erzählt: „Ende 1916 wurde ich Kommandant des Hilfskreuzers *Seeadler*. Als Norweger

getarnt, durchflog er in einer stürmischen dunklen Dezembernacht die feindliche Blockade. Mit falschen Papieren und reinem Gewissen überstanden wir erfolgreich eine mehr als peinliche Untersuchung seitens eines englischen Kriegsschiffes. Dann flog die Tarnladung von Bord, und der *Seeadler*, das letzte Segelschiff, das im Weltkrieg Hilfskreuzer war, machte dem Feind auf dem Meer die Hölle heiß. Wir hatten nur dieses unmoderne Schiff und als Breitseite eine primitive Kanone, aber ich muß sagen, mit einer solch großartigen Besatzung, wie ich sie damals hatte, würde ich ein gleiches kühnes Unternehmen noch einmal wagen. hier bewährte sich das Wort: ‚Männer kämpfen, nicht Schiffe.‘

Bis Ende 1917 waren mit List und Tücke 86 000 Tonnen feindlicher Tonnage auf den Meeresgrund geschickt. Viele Schiffe hatte der Feind durch uns verloren.

Aber dennoch büßte kein einziger Mensch dabei sein Leben ein. Ich ließ sogar die Schiffskatze von jedem gekaperten Schiff holen, bevor ich den Befehl zur Versenkung gab.

links: Aufbringung eines britischen Dampfers durch die *Emden*. Gemälde von Oskar Theuer.

Groß war unser Erfolg schon gewesen, aber nun war es auch allerhöchste Zeit, daß wir wieder einmal festen Boden unter den Füßen spürten, um neue Kräfte zu sammeln. Wir gingen deshalb bei einer der Gesellschaftsinseln vor Anker und betraten nach langer Zeit endlich wieder Land. Die Inseln dort in der Südsee scheint Gott doch an einem Sonntag geschaffen zu haben, vielleicht so nebenbei, denn sie sind Wirklichkeit gewordene Märchen. Uns sollte jedoch das Märchen teuer zu stehen kommen. Ein tückisches Seebeben ließ unser braves Schiff auf den Korallenbänken vor der Insel Mopelia zerschellen.“

Mit einem Beiboot versuchte Luckner Hilfe auf die Insel zu bringen — mit einem Schiff, das er unterwegs kapern wollte. „Das kleine Segel wurde gesetzt, und los ging es in die unendliche Weite des Pazifischen Ozeans. 2300 Meilen segelten wir über das Meer — mit dem kleinsten Hilfskreuzer der Kaiserlichen Marine. Die *Kronprinzessin Cecilie* war sechs Meter lang!“ — Die Abenteuer des Seeteufels und seiner Mannschaft endeten in der Kriegsgefangenschaft.

Der Hilfskreuzer *Seeadler* unter dem Kommando des Seeteufels Felix Graf Luckner.

Linienschiff *Kaiser Wilhelm II.*
unten: Linienschiff *Braunschweig*.

rechts:
Linienschiff *Deutschland*.

27
Letzte Operationen der Hochseeflotte

Während die Flotte durch die Eroberung der baltischen Inseln aus der Nordsee ferngehalten wurde, erhielten die Minenkreuzer *Brummer* und *Bremse* den Befehl, eine Fahrt in die Verkehrsstraße zwischen den Shetlands und dem norwegischen Bergen zu unternehmen. Den Neutralen sollte gezeigt werden, daß die englische Flotte nicht die Sicherheit der Seefahrt gewährleisten könnte. Am 17. Oktober 1917 trafen die Kreuzer, deren Mineneinrichtungen von Bord gegeben worden waren, auf einen Geleitzug von zehn Dampfern in Begleitung von bewaffneten Dampfern und zwei Begleitzerstörern. Die *Strongbow* ging zum Angriff über und wurde versenkt. Die *Mary Rose*, der zweite Zerstörer, war ausgewichen, kehrte zurück und wurde auch durch Artilleriefeuer zerstört. Bis auf zwei Dampfer, die die in die Boote gegangenen Besatzungen und Passagiere aufnehmen konnten, wurden alle Schiffe versenkt.

Zu einer Erkundungsfahrt ging am 17. November 1917 Konteradmiral von Reuter in See, die Linienschiffe *Kaiser* und *Kaiserin* sollten die Stichfahrtsgruppe decken. Als der Kreuzer *Königsberg* Flottillen zum Sammelpunkt holen wollte, wurde die Gruppe mit Geschützfeuer überschüttet. Die *Nürnberg* stieß gegen den Feind vor, Torpedoboot *V 45* nahm Kurs auf die Angreifer. Die *Kaiserin* erzielte einen Treffer auf dem Spitzenschiff der feindlichen Kreuzer, aber auch die *Königsberg* erhielt einen Treffer. Die Schlachtkreuzer *Hindenburg* und *Moltke* erschienen auf dem Kampfplatz. Treffer auf den englischen Kreuzern und Zerstörern, Verlust des deutschen Vorpostendampfers *Kehdingen*.

Einzelne Einheiten der Hochseeflotte waren als Schutz des Minensuch- und U-Boot-Geleitdienstes an einem Gefecht bei Terschelling am 20. April 1918 beteiligt. Ein letzter Vorstoß der Hochseeflotte an die norwegische Küste vom 23. bis 25. April verlief ergebnislos.

Auf den Schlachtfeldern hatte sich das Schicksal entschieden. In den Materialschlachten, in denen Massen von Menschen umgekommen waren. Der deutsche Angriff vom 21. März 1918, unterstützt durch Truppen, die von der Ostfront herangeholt worden waren, konnte die Wende nicht bringen. Britische und amerikanische Truppentransporter landeten frische Truppen an, die deutsche Offensive kam zum Stillstand, brach zusammen. Am 4. Oktober machte die deutsche Regierung ein Waffenstillstandsangebot an die USA.

28
Kiel und Scapa Flow oder: Das Ende

An Bord der kaiserlichen Schiffe herrschte Unzufriedenheit, die bald in revolutionäre Stimmung umschlug. Die gesellschaftlichen Widersprüche waren notdürftig des Krieges wegen durch den „Burgfrieden" überdeckt worden. Hunger und Friedenssehnsucht aber wurden stärker als die Disziplin. In der Armee kam es wie in der Marine zu einzelnen Meutereien. Nach einem revolutionären Aufstand der Matrosen 1917 wurden die Anführer Köbis und Reichpietsch hingerichtet.

Die Türkei brach militärisch zusammen, Österreich-Ungarn war am Ende. Deutschland hungerte, der Krieg war verloren — aber noch nicht beendet. Um die Unruhe in der Flotte zu dämpfen, wurde für den November 1918 ein Vorstoß gegen die englische Küste geplant. Als der Operationsbefehl bekannt wurde, flammte die Unruhe am 27. Oktober auf vielen Schiffen auf. Die Mannschaften wehrten sich, sinnlos geopfert zu werden. Die Geschwader wurden wieder in die Heimathäfen zurückbefohlen, schwere Strafen drohten. Als die Schiffe in Kiel eingelaufen waren, riefen die Vertrauensmänner zu einer Demonstration für den 3. November in den Straßen der Stadt auf. Die Soldaten der Garnison solidarisierten sich. Offiziere schossen in die Menge, es gab Tote und Verwundete. Die Werftarbeiter riefen zum Generalstreik auf. Am 4. November war Kiel in der Hand der Matrosen, Arbeiter und Soldaten. Räte wurden gewählt, auf den Schiffen rote Flaggen gehißt. Die Revolution hatte begonnen, die von den Sozialdemokraten gedämpft und dann niedergeschlagen wurde.

Die Waffenstillstandsverhandlungen von Compiègne hatten begonnen; Abdankung und Flucht des letzten deutschen Kaisers Wilhelm II. In Compiègne wurde auch das Schicksal der deutschen Flotte bestimmt: „Die Kriegsschiffe der deutschen Hochseeflotte, welche die Alliierten und Vereinten Staaten bezeichnen, werden sofort abgerüstet

und alsdann in neutralen Häfen oder in deren Ermangelung in Häfen der alliierten Mächte interniert. Die Häfen werden von den Alliierten und Vereinigten Staaten bezeichnet werden. Sie bleiben dort unter der Bewachung der Alliierten und Vereinigten Staaten, es werden nur Wachkommandos an Bord gelassen. Die Bezeichnung der Alliierten erstreckt sich auf: 6 Panzerkreuzer, 10 Linienschiffe, 8 kleine Kreuzer (davon 2 Minenleger), 50 Zerstörer der neuesten Typen. Alle zur Internierung bezeichneten Schiffe müssen bereit sein, die deutschen Häfen sieben Tage nach der Unterzeichnung des Waffenstillstandsvertrages zu verlassen. Die Reiseroute wird ihnen durch Funkspruch vorgeschrieben." Die imperialistische Neuordnung der Welt hatte einen vorläufigen Abschluß gefunden. Deutschland hatte als Seemacht aufgehört zu bestehen.

Die Schiffe der deutschen Hochseeflotte wurden abgerüstet, sollten zur Überprüfung in einen englischen Hafen überführt werden. „Die Überführung ist von deutschen Offizieren unter der verantwortlichen Leitung eines deutschen Admirals durchzuführen!" Am Vormittag des 19. November sammelten sich auf der Schilligreede die Einheiten der Hochseeflotte, die jetzt „Überführungsverband" hieß. Nur der Kreuzer *Dresden* und das Linienschiff *König* fehlten. Unter dem Kommando von Vizeadmiral von Reuter setzte sich um die zweite Nachmittagsstunde die Flotte in Marsch Richtung Firth of Forth.

In der Nacht zum 20. November lief das Torpedoboot *V 30* auf eine Mine und sank; der Kreuzer *Köln* fiel aus. Am 21. November, dem von der englischen Admiralität festgelegten Datum, war der deutsche Verband bereit zum Einlaufen in den Firth of Forth, stieß auf die ersten britischen Seestreitkräfte, die alle klar zum Gefecht waren. Nach dem Ankern der deutschen Schiffe erließ der englische Flottenchef einen Funkspruch: „Die deutsche Flagge ist um 3 Uhr 57 nachmittags niederzuholen und darf ohne Erlaubnis nicht wieder gehißt werden!" Tage später ein neuer Befehl: „Die deutschen Schiffe sind nach Scapa Flow zu überführen!" Aus der deutschen Hochseeflotte war der Überführungsverband geworden, nun der „Internierungsverband Scapa Flow".

Die Waffenstillstandsverhandlungen schienen zu einer Wegnahme der deutschen Flotte zu führen. Die deutsche Regierung bot die Schiffe zum Ankauf an, aber die bedingungslose Übergabe wurde gefordert. Flottenchef von Reuter gab den lange vorbereiteten Befehl: „Schiffe sofort versenken!" Es war der 21. Juni 1918. Ein wolkenloser Himmel, spiegelglatt die See. Die Schiffsglocke auf *Friedrich der Große* befal: „Alle Mann aus dem Schiff!" Mit wehender Kriegsflagge ging das Schiff um 12 Uhr 16 in die Tiefe.

In Abständen von Minuten folgten: *König Albert, Brummer, Moltke, Kronprinz Wilhelm, Kaiser, Prinzregent Luitpold, Großer Kurfürst, Dresden, Seydlitz, Köln, Kaiserin, König, von der Tann, Bremse, Bayern, Derfflinger, Karlsruhe, Markgraf, Hindenburg.*

Die *Baden, Emden, Frankfurt, Nürnberg* wurden in sinkendem Zustand an Land geschleppt, zwei Torpedoboote auch. Das Schicksal von zwei weiteren Torpedobooten blieb ungewiß, die anderen 46 Torpedoboote waren schon auf dem Grund des Meeres.

Der letzte Mann.
Dieses Gemälde von Hans Bohrdt, unter dem Eindruck der Berichte von der Falklandschlacht gemalt, ist verschollen.

29
Die friedlose Zeit zwischen den Kriegen

Der große Krieg, der später der Erste Weltkrieg genannt wurde, war beendet. Siebeneinhalb Millionen Tote und neunzehn Millionen Verwundete waren zu beklagen. Es gab kein deutsches Kaiserreich und keine österreichisch-ungarische Doppelmonarchie mehr, das russische Zarenreich war im Feuer der Revolution untergegangen. Die europäischen Siegermächte — Großbritannien, Frankreich, Italien — standen vor dem Ruin. Am 28. Juni 1919 wurde der Versailler Vertrag zwischen den alliierten und assoziierten Mächten und dem Deutschen Reich unterzeichnet. Die Deutschen mußten große Gebietsverluste hinnehmen. 90 Prozent der Handelsmarine mußten abgeliefert werden, die Kriegsmarine wurde bei geringem Schiffsbestand auf 15 000 Mann reduziert.

Nach dem Ersten Weltkrieg gab es keinen Frieden: 1918—1922 Interventionskrieg gegen Sowjetrußland; seit 1927 Interventionen Japans in China; 1936—1939 Spanischer Bürgerkrieg; 1935 überfiel Italien Abessinien und unterjochte das afrikanische Land, 1939 erlitt Albanien das gleiche Schicksal.

In Rußland kämpften die Weißen, die zaristischen und bürgerlichen Gegner der Revolution, gegen die Bolschewisten. Briten, Franzosen, Amerikaner und Japaner kamen den Weißen zu Hilfe. Im März 1918 landete eine englisch-amerikanische Flotte in Archangelsk. Eine englische Flotte kam über den Meerbusen von Riga und durch den Finnischen Meerbusen den Weißen im Kampf gegen die Roten zu Hilfe. Eine englisch-französische Flotte operierte 1918—1920 im Schwarzen Meer. Die Japaner landeten 1918 in Wladiwostok. Erbittert wurde an Land gekämpft und im Kaspischen und im Asowschen Meer, auf dem Onegasee und auf dem Ladogasee und auf den großen russischen Flüssen. Nach Beendigung des Interventionskrieges sicherten die Sowjetrussen ihre Küsten nur notdürftig durch Minensperren, Kanonenboote, U-Boote, Tor-

pedoboote und Küstenbatterien.

Im Jahr 1927 griff Japan Shanghai an, überfiel 1931 die Mandschurei, errichtete den Marionettenstaat Mandschuko. 1932 wieder ein Angriff auf Shanghai und Besetzung der chinesischen Provinz Joho. 1937 begann der erklärte Krieg gegen China. 1940 verbündete sich das inzwischen faschistische Japan mit Hitler-Deutschland und Mussolini-Italien. Der Zweite Weltkrieg hatte bereits im Pazifik begonnen, bevor er in Europa ausbrach.

Die Weltwirtschaftskrise zeigte Ende der 20er Jahre die allgemeine Krise der Welt auf. Die ungleichmäßige Entwicklung der Staaten auf ökonomischem und politischem Gebiet hatte ein Kräfteverhältnis geschaffen, das nicht mehr im Einklang mit dem Versailler Vertrag war. Der Kampf um Rohstoffe und Absatzmärkte, um Machterhalt und Ausdehnung wurde immer erbitterter. Regierungen stürzten. 1933 erhielten in der Weimarer Republik, die sich gerade von der Weltwirtschaftskrise zu erholen begann, Hitler und seine NSDAP von den führenden Kreisen in Wirtschaft und Politik die Macht im Deutschen Reich übertragen. Um die Ergebnisse des Ersten Weltkrieges zu korrigieren, um Deutschland einen führenden Platz in der Welt zu erkämpfen, um Siedlungsraum im Osten und die Bodenschätze Rußlands zu gewinnen, begann eine mächtige Aufrüstung. Deutschland trat aus dem Völkerbund aus.

Im Spanischen Bürgerkrieg, in dem von 1936 bis 1939 sich die spanische Republik gegen den Putsch des Generals Franco wehrte, griffen deutsche und italienische Verbände ein. Die Seekontrolle an Spaniens Mittelmeerküsten wurde von deutschen und italienischen Kräften ausgeübt, die den Nachschub für die Republik verhinderten. Die Briten kontrollierten den Golf von Gibraltar und die Bucht von Biskaya, die Franzosen den Atlantik um La Coruña und an der Küste Spanisch-Marokkos. Die spanische Republik ging nach vierjährigem Kampf unter.

Die beiden deutschen Panzerschiffe *Admiral Scheer* und *Deutschland* wurden 1936 nach Spanien beordert, um deutsche und andere Flüchtlinge aus den umkämpften Gebieten zu retten. Das Deutsche Reich zeigte Flagge.

1935 wurde die Wiedereinführung der allgemeinen Wehrpflicht beschlossen. Und die Reichsmarine wurde ihrer Bedeutung gemäß umbenannt in: Kriegsmarine. Aus der Marineleitung wurde das Oberkommando der Kriegsmarine, ihr Chef Raeder wurde zum Generaladmiral befördert und war nun Oberbefehlshaber der Kriegsmarine. Die

Kriegsflagge zeigte jetzt auf rotem Grund die weißem Feld das Hakenkreuz und das Eiserne Kreuz in der Ecke.

Der Schiffbau für die Kriegsmarine wurde vorangetrieben. 1936 liefen von Stapel die Schlachtschiffe *Scharnhorst* und *Gneisenau*, im folgenden Jahr die Schweren Kreuzer *Admiral Hipper* und *Blücher*. Im September 1939 bestand die deutsche Kriegsmarine aus zwei Schlachtschiffen, drei Panzerkreuzern, zwei Schweren Kreuzern, sechs Kreuzern, 34 Torpedobooten und Zerstörern, 57 U-Booten. Noch im Bau befanden sich die Schlachtschiffe *Tirpitz* und *Bismarck*, der Schwere Kreuzer *Prinz Eugen*.

Das Panzerschiff *Admiral Scheer* beim Beschuß der spanischen Stadt Almeria am 31. Mai als Vergeltung für den Bomberangriff republikanischer Flugzeuge auf die *Deutschland* vor Ibiza am 27. Mai 1937.

30
Deutschlands Weg zur Seemacht

Die Reichsflagge des Deutschen Reiches nach 1919 war Schwarz-Rot-Gold. Die Handels- und Kriegsflagge blieb Schwarz-Weiß-Rot und erhielt eine schwarz-rot-goldene Gösch. Die deutschen Seestreitkräfte waren durch den Versailler Vertrag auf sechs Schlachtschiffe, sechs Kleine Kreuzer, zwölf Zerstörer und zwölf Torpedoboote beschränkt; der Bau oder Erwerb von U-Booten war verboten.

Auch die führenden kapitalistischen Staaten beschränkten ihre Seerüstung. Im Jahr 1921 fand in Washington eine Konferenz über Fragen der Seerüstung und des pazifischen Raumes statt; weder Deutschland noch Sowjetrußland durften daran

teilnehmen. Das anläßlich dieser Konferenz beschlossene Washingtoner Flottenabkommen legte fest:

Schlachtschiffe: Gesamttonnage je 525 000 tons für die USA und Großbritannien, 315 000 für Japan, je 175 000 für Italien und Frankreich; die Gesamtverdrängung je Schiff nicht über 35 000 tons.

Flugzeugträger: Gesamttonnage je 135 000 tons für USA und Großbritannien, 81 000 für Japan, je 60 000 für Italien und Frankreich; Gesamtverdrängung je Schiff nicht über 27 000 tons.

Panzerkreuzer: je Schiff nicht über 10 000 tons, Gesamtverdrängung unbegrenzt.

Das Segelschulschiff *Niobe* der Reichsmarine unter Felix Graf Luckner. Gemälde von Günther Todt.

Für U-Boote und andere Schiffe wurden keine Beschränkungen vereinbart.

Das Deutsche Reich war an diesem Abkommen nicht beteiligt, fühlte sich auch nicht daran gebunden. Der Völkerbund in Genf versuchte vergeblich, die Verpflichtungen von Washington auf andere Staaten zu übertragen. Deutschland mußte sich offiziell an die Bestimmungen des Versailler Vertrages halten. Die finanziellen Klauseln dieses Vertrages wurden unter Einwirkung der USA teilweise aufgehoben, auch Frankreich und Großbritannien hatten Interesse an einem starken Deutschland, das seine Macht gegen die Sowjetunion richten könnte. Deutschland rüstete auf. Dazu diente auch der geheime Rüstungshaushalt der Marine, den Kapitän zur See Lohmann verwaltete. Lohmann, der als Chef der Seetransportabteilung direkt dem Chef er Marineleitung unterstand, bediente sich mehrerer Firmen, um den Bau von Kriegsschiffen — auch von U-Booten — zu veranlassen. Im Jahr 1928 beschloß die Reichsregierung gegen den Widerstand breiter Kreise des deutschen Volkes, den Bau des Panzerschiffes *A*, das später *Deutschland* und noch später *Lützow* heißen sollte. In diesem Jahr wurden die Aktivitäten Lohmanns in der Öffentlichkeit bekannt, der Reichswehrminister mußte zurücktreten, der Chef der Marineleitung seinen Abschied nehmen. Neuer Chef der Marineleitung wurde der zum Admiral beförderte Erich Raeder.

Raeders Plan zum Um- und Ausbau der Reichsmarine forderte: „1. Indienststellung von sechs Linien- bzw. Panzerschiffen, einem Flugzeugträger, sechs Kreuzern, sechs Zerstörer- bzw. Torpedo-Halbflottillen, drei Schnellboot-Halbflottillen, drei U-Boot-Halbflottillen, einem Segelschulschiff, einem Sperrverband.

2. Schaffung einer Marine-Luftwaffe mit den dazugehörigen Formationen, neun Marine-Fliegerstaffeln.

3. Schaffung einer U-Boot-Waffe mit den dazugehörigen Formationen, sechzehn U-Booten.

4. Umarmierung bzw. Armierung von Schiffen über das bisher zugestandene Maß.“

Seit dem 30. Januar 1933 war Hitler an der

Das Panzerschiff *Deutschland* der Reichsmarine, später der Schwere Kreuzer *Lützow* der Kriegsmarine.

Macht. Die Remilitarisierung und Aufrüstung des Deutschen Reiches begann offen durchgeführt zu werden. Viele Offiziere, noch aus der kaiserlichen Marine herkommend und konservativ eingestellt, mögen so empfunden haben wie Graf Luckner, Kommandant des Segelschulschiffes *Niobe* der Reichsmarine: „1933 kam Hitler an die Regierung und Deutschland erlebte eine Scheinblüte, auf die auch ich für kurze Zeit hereinfiel."

Am 15. Juli 1933 einigten sich Großbritannien, Frankreich, Italien und Deutschland auf eine Zusammenarbeit, die von den USA begünstigt wurde.

Hitler rief zu einem Bündnis mit Großbritannien gegen die Sowjetunion auf. Am 18. Juni 1935 wurde ein deutsch-britisches Flottenabkommen geschlossen, das die Stärke der deutschen zur britischen Flotte im Verhältnis von 35:100 festlegte, für U-Boote 45:100. Admiral Raeder erklärte: „Deutschland hat nicht die geringste Absicht, eine Kriegsflotte aufzubauen, die gegen England oder Frankreich gerichtet wäre... Deutschland braucht eine Flotte für die Verteidigung seiner ausgedehnten Küstenlinien gegen eine mögliche Bedrohung von seiten Rußlands."

Die Flotte der Kriegsmarine in der Parade 1938: *Admiral Graf Spee, Admiral Scheer, Deutschland.*

DER ZWEITE WELTKRIEG

31
Die Schüsse auf die Westerplatte

Das Oberkommando der Wehrmacht gab bekannt: „Freitag, den 1. September 1939, 11.35 Uhr — Auf Befehl des Führers und Obersten Befehlshabers hat die Wehrmacht den aktiven Schutz des Reiches übernommen. In Erfüllung ihres Auftrages, der polnischen Gewalt Einhalt zu gebieten, sind Truppen des deutschen Heeres heute früh über alle deutsch-polnischen Grenzen zum Gegenangriff angetreten. Gleichzeitig sind Geschwader der Luftwaffe zum Niederkämpfen militärischer Ziele in Polen gestartet. Die Kriegsmarine hat den Schutz der Ostsee übernommen.“

Am Abend des gleichen Tages: „...Teile der deutschen Seestreitkräfte haben Positionen vor der Danziger Bucht eingenommen und sichern die Ostsee. Das in Neufahrwasser liegende Schulschiff *Schleswig-Holstein* nahm die von den Polen besetzte Westerplatte unter Feuer. In Gdingen wurde der Kriegshafen durch die Luftwaffe bombardiert.“

Die Schüsse des Schul-Linienschiffes *Schleswig-Holstein* im Morgengrauen um 4 Uhr 45 waren die ersten Schüsse des Zweiten Weltkrieges. Diese Schüsse waren nicht die Antwort auf schwere Grenzzwischenfälle, wie Hitler am 1. September vor dem Reichstag behauptete. Auch seine Zeitangabe stimmte nicht: „Seit 5 Uhr 45 wird zurückgeschossen!“ Die Nazis hatten das Sarajevo des Zweiten Weltkrieges selbst inszeniert. Am Vorabend hatte die SS den

Überfall angeblich polnischer Aufständischer auf den Sender Gleiwitz durchgeführt und in polnischen Uniformen Anschläge auf ein Zollhaus und ein Forsthaus verübt. Nun wurde also „zurückgeschossen". Und das große Deutschland hatte das kleine Polen bald niedergekämpft.

Die direkten Vorbereitungen zum Krieg hatten aber schon früher begonnen. Am 31. März 1939 hatte die britische Regierung die Garantie für die Unabhängigkeit Polens übernommen; daraufhin hatte Deutschland am 28. April das Flottenabkommen mit Großbritannien gekündigt. Seit dem August waren die Panzerschiffe *Deutschland* und *Admiral Graf Spee* und 18 U-Boote in den Atlantik gesandt worden, befanden sich nun auf Warteposition. Sie warteten auf den Ausbruch des Krieges. Die Weisung Nr. 1 des Oberkommandos der Wehrmacht vom 31. August befahl: „Die Kriegsmarine führt Handelskrieg mit Schwerpunkt gegen England." Der Operationsplan der Kriegsmarine besagte: „1. Unterbrechung der feindlichen Seeverbindungen und Vernichtung des Handelsverkehrs; 2. feindliche Seestreitkräfte werden, auch wenn sie unterlegen sind, nur angegriffen, wenn es der Hauptaufgabe dienlich ist; 3. das Operationsgebiet muß häufig gewechselt werden."

Am 3. September, als England und Frankreich ihre Garantien für Polen einlösen mußten, nachdem Verhandlungen gescheitert waren, und Deutschland den Krieg erklärten, schrieb Erich Raeder, Oberbefehlshaber der Kriegsmarine: „Was die Kriegsmarine anbetrifft, so ist sie selbstverständlich im Herbst 1939 noch keinesfalls für den großen Kampf mit England hinreichend gerüstet. Sie hat zwar in der kurzen Zeit seit 1935 eine gut ausgebildete, zweckmäßig aufgebaute U-Boot-Waffe geschaffen, von der z. Z. 26 Boote atlantikfähig sind, die aber trotzdem noch viel zu schwach ist, um ihrerseits kriegsentscheidend zu wirken. Die Überwasserstreitkräfte sind aber noch so gering an Zahl und Stärke gegenüber der englischen Flotte, daß sie — vollen Einsatz vorausgesetzt — nur zeigen können, daß sie mit Anstand zu sterben verstehen und damit die Grundlage für einen späteren Wiederaufbau zu schaffen gewillt sind..."

Seit diesem 3. September waren alle U-Boote über Funk davon unterrichtet worden, daß Deutschland mit England im Kriegszustand war. Keines der U-Boote bekam ein feindliches Schiff an diesem Tage in Sicht. Nach Sonnenuntergang traf der Kommandant von *U 30* auf ein Schiff, das er als britischen Hilfskreuzer zu erkennen glaubte. Nach dem er-

links: Hitler beim Besuch seiner Kriegsmarine.

Die *Schleswig-Holstein* beim Beschuß der Westerplatte. Nach einem Gemälde von Claus Bergen.

sten Torpedotreffer aber sah er, daß er das britische Passagierschiff *Athenia* angegriffen hatte, das mit 120 Menschen an Bord in die Tiefe gerissen wurde. Die Goebbelspropaganda behauptete, die Engländer selbst hätten das Schiff zur Detonation gebracht.

Dönitz, der Führer und Befehlshaber der U-Boote, erhielt den Befehl, das Kriegstagebuch von *U 30* zu fälschen. Der deutsche Verstoß gegen das U-Boot-Abkommen von London war für die Briten Veranlassung, ihre Handelsschiffe zu bewaffnen, das Konvoi-System wieder einzuführen. Weitere Bestimmungen, den U-Boot-Krieg einschränkend, wurden von beiden Seiten nach und nach aufgehoben.

Ein anderes U-Boot-Unternehmen sorgte für Aufmerksamkeit und Begeisterung — ähnlich wie *U 9* im Ersten Weltkrieg.

Torpedo, auch „Aal" genannt.   unten: *U 47.*

32
Der Stier von Scapa Flow

Die deutschen U-Boote waren im Kriegseinsatz. Am 14. September 1939 traf *U 39* auf den englischen Flugzeugträger *Ark Royal*. Ein Dreierfächer wurde geschossen, alle Torpedos explodierten. Dann machten feindliche Zerstörer Jagd auf das U-Boot, beschädigten es, zwangen es zum Auftauchen. Die Besatzung stieg aus und stellte fest, daß die *Ark Royal* unbeschädigt ihre Fahrt fortsetzte, während *U 39* sank. Der erste Verlust eines U-Bootes in diesem Krieg.

Mehr Erfolg hatte *U 29* am 17. September. Es schoß drei Torpedos ab, und fünfzehn Minuten später kenterte der Flugzeugträger *Courageous* und versank mit 518 Mann; 682 konnten von einem Passagierdampfer gerettet werden.

Nach Besprechungen mit Dönitz lief *U 47* unter Kapitänleutnant Günther Prien am 8. Oktober aus Kiel aus. Am 12. Oktober hatte das Boot die Gegend um die Orkneys erreicht. Eine Luftaufklärung zur gleichen Zeit ergab, daß in Scapa Flow fünf schwere Panzerschiffe und zehn Leichte Kreuzer lagen. Die Funkmeldung erreichte *U 47* nicht, das getaucht fuhr. Um 4 Uhr 37 des 13. Oktober wurde das Boot auf Grund gelegt, dann wurde die Mannschaft in Kenntnis gesetzt, daß *U 47* in die Bucht von Scapa Flow, den Kriegshafen der englischen Flotte, eindringen sollte. Schlafen wurde befohlen und für 16 Uhr Wecken. Um 19 Uhr 15 hob das Boot vom Boden ab, tauchte auf und trieb mit der Meeresströmung auf Scapa Flow zu. Alle Durchfahrten zwischen den vorgelagerten Inseln waren durch versenkte Schiffe gesperrt, nur die Hauptdurchfahrt, der Holmsund, war passierbar. Mit der Flut trieb *U 47* über Wasser durch den Sund, kam an der engsten Stelle fest, befreite sich mit voller Maschinenkraft — und war in der Bucht von Scapa Flow. Aber das Gros der Schiffe hatte den Stützpunkt an diesem Tag verlassen. Prien konnte nur zwei Schlachtschiffe ausmachen und weiter unter

Land Zerstörer vor Anker. Um 00 Uhr 58, die Schlachtschiffe waren 3000 Meter vom U-Boot entfernt, ließ Prien Torpedos abschießen. Einer traf das hinter dem Schlachtschiff *Royal Oak* liegende Schiff, das Prien irrtümlicherweise für die *Repulse* hielt. Nachladen der Torpedorohre. Angriff auf die *Royal Oak*, Abfeuern von drei Torpedos aus der Entfernung 500 Meter. Es war 1 Uhr 23, nach dreizehn Minuten sank das Schlachtschiff, riß 833 Mann mit in die Tiefe. Jetzt wurde der Hafen lebendig. Alarm! *U 47* nahm Kurs auf den Kirksund. Wasserbomben.

Günther Prien erzählt selbst: „Endlich...dort ...ganz dicht unter Land...die wuchtige Silhouette eines Schlachtschiffes! Hart, klar, wie mit schwarzer Tusche in den leuchtenden Himmel eingezeichnet: die Brücke, der mächtige Schornstein, und dahinter, wie zierliche Filigranarbeit, der lange, hohe Mast. Näher heran — näher... In solchen Stunden setzt das Gefühl aus. Man denkt mit dem Boot, man ist das Hirn dieses stählernen Tieres, das sich da an das große, übermächtige heranschleicht. In solchen Sekunden muß man in Eisen und Stahl denken — oder untergehen. Immer näher! Jetzt kann man deutlich die Kuppeln der Geschütztürme erkennen, aus denen sich drohend die Rohre recken. Wie ein schlafender Riese liegt das Schiff mit abgeblendeten Lichtern da. ‚Ich glaube, ein Schiff von der Royal Oak-Klasse‘, flüstere ich, und Endraß nickt stumm. Noch näher. Und plötzlich wuchtet hinter dem ersten die Silhouette eines zweiten Schlachtschiffes empor, ebenso groß, ebenso mächtig wie das erste. Am Vordersteven der *Royal Oak* vorbei können wir seine Deckaufbauten erkennen: die Brücke, den vorderen Geschützturm. Es ist die *Repulse*. Sie müssen wir zuerst angreifen, denn die *Royal Oak*, dicht vor uns, ist uns ohnehin sicher. ‚Alle Rohre klar!‘

Wie ein Echo pflanzt sich das Kommando unten

Das britische Schlachtschiff *Royal Oak*.

Günther Prien, Kommandant von *U 47*, und seine Mannschaft.

im Boot fort. Sonst hören wir nichts. Nur den gurgelnden Laut, mit dem das Wasser in die Rohre schießt, nur das scharfe Zischen der Preßluft, nur das harte, metallische Klicken, mit dem der Fertighebel wieder einschnappt. Dann, sekundenschnell, kommt's zurück: ‚Rohr eins ist fertig!' ‚Rohr... Achtung! Rohr...los!' befiehlt Endraß. Ein Stoß läuft zitternd durch das Boot: der Torpedo hat das Boot verlassen. Wenn er es doch treffen würde... er muß ja treffen...der Vordersteven war ja mitten im Fadenkreuz...Und von unten zählt Spahrs dunkle Stimme langsam: ‚Fünf Sekunden...zehn Sekunden...fünfzehn...' Die Zeit wächst zur Ewigkeit. Kein Laut im ganzen Boot. Nur Spahrs Stimme, die schwer in die Stille tropft: ‚Zwanzig Sekunden...' Die Augen saugen sich am Ziel fest. Aber noch immer ragt die stählerne Festung starr und unbeweglich empor. Plötzlich steigt am Bug der *Repulse* eine Wassersäule auf, und gleich darauf erreicht uns das dumpfe Dröhnen einer Detonation. Es klingt, als wenn fern in den Bergen irgendwo gesprengt würde. ‚So, der hat sein Teil', sagt Endraß. Ich habe keine Zeit, zu antworten. ‚Nächstes Rohr...Fertig!' kommandiere ich. Dann manövrie-

re ich das Boot auf die *Royal Oak* ein. Wir müssen uns beeilen, sonst haben wir sie auf dem Halse, ehe wir den nächsten Schuß abgeben können. ‚Backbord V!' Das Boot drehte sich langsam nach Backbord. ‚Mittschiffs!' ‚Recht so!' Wir halten gerade auf die *Royal Oak* zu. Immer gewaltiger wächst sie vor uns auf mit den hohen Decksbauten...ihr Schatten scheint auf uns zuzukommen, nach uns zu greifen. Schmidt steuert, als wenn er selbst das Ziel sähe. Immer zeigt der Visierfaden ganz genau mittschiffs. Jetzt ist's soweit. ‚Rohr...los...!' kommandiert Endraß. Wieder zittert der Rückstoß des Abschusses durch das Boot, und wieder beginnt Spahrs Stimme monoton zu zählen: ‚Fünf... zehn...' Dann aber geschieht etwas, was keiner ahnte, was keiner, der es gesehen hat, je wieder im Leben vergessen wird. Drüben wallt ein Wasservorhang auf. Es ist so, als ob das Meer plötzlich aufstünde. Dumpfe Schläge ertönen rasch hintereinander wie Trommelfeuer einer Schlacht und wachsen zusammen zu einem einzigen ohrenzerreißenden Krachen. Flammengarben sprühen auf — blau — gelb — rot. Der Himmel verschwindet hinter diesem höllischen Feuerwerk. Schwarze Schatten fliegen wie riesige Vögel durch die Flammen, fallen aufklatschend aufs Wasser. Meterhohe Fontänen springen auf, wo sie niederfallen. Mächtige Brocken sind's von den Masten, von der Brücke, von den Schornsteinen. Wir müssen direkt in eine Munitionskammer getroffen haben, und die todbringende Ladung hat diesmal den Leib des eigenen Schiffes zerrissen. Ich nehme die Augen nicht vom Glas weg. Es ist, als wäre das Tor zur Hölle plötzlich aufgerissen, und ich sähe mitten hinein in das flammende Inferno. Ein Blick nach unten in mein Boot. Dort ist's dämmerig und still. Man hört nur das Arbeiten der Maschinen, Spahrs gleichmütige Stimme und die Antworten des Rudergängers. Und ich fühle wie nie zuvor die Verbundenheit mit den Männern da unten, die ihre Pflicht tun, stumm und blind, die den Tag nicht sehen und nicht das Ziel,

das sie bekämpfen, und die, wenn es sein muß, im Dunkel sterben."

Um 2 Uhr 15 war U 47 aus der Bucht von Scapa Flow entkommen. Südkurs. Der Erste Wachoffizier Endraß griff sich Farbe und Pinsel und bemalte den Turm von U 47 mit einem Bild — dem „Stier von Scapa Flow".

Am 17. Oktober lief U 47 in Kiel ein, Dönitz und Generaladmiral Raeder waren zum Empfang gekommen. Dönitz wurde zum Konteradmiral befördert. Prien erhielt in Berlin von Hitler das Ritterkreuz des Eisernen Kreuzes. Und der Befehl wurde ausgegeben, daß nun alle feindlichen Handelsschiffe ohne Warnung torpediert werden sollten. Wenige Wochen später durften alle feindlichen Passagierschiffe ohne Einschränkungen angegriffen werden.

Die Rückkehr von Scapa Flow. Begrüßung durch einen Kreuzer.

120

33
Ende in Montevideo
Panzerschiff Admiral Graf Spee

Die Panzerschiffe *Deutschland* und *Admiral Graf Spee* erhielten am 26. September 1939 den Befehl zum Handelskrieg, sollten mit allen Mitteln die Störung und Vernichtung des feindlichen Handels vornehmen. Die Beute der *Deutschland* blieb bescheiden: ein britischer Dampfer und zwei neutrale Schiffe. Die *Deutschland* erhielt den Befehl, in die Heimat zurückzukehren. Hitler hatte Angst um dieses Schiff, *Deutschland* durfte nicht untergehen. Es wurde umbenannt in *Lützow* — nach dem Flaggschiff des Schlachtkreuzergeschwaders in der Schlacht vor dem Skagerrak.

Erfolgreicher war der Krieg der *Admiral Graf Spee*, benannt nach dem Sieger von Coronel und dem Verlierer von den Falklands. Das Schicksal dieses Schiffes sollte sich auch vor der Küste Südamerikas erfüllen. Seine erste Versenkung war die des britischen Dampfers *Clement* am 30. September vor Pernambuco. Weitere Versenkungen auf der Route zwischen dem Kap der guten Hoffnung und England. Insgesamt hatte die *Admiral Graf Spee* unter ihrem Kapitän zur See Langsdorff neun feindliche Handelsschiffe aufgebracht, das Leben der Besatzungen aber respektiert. Langsdorff erhielt aus Berlin einen Funkspruch, daß am 10. Dezember vier britische Handelsschiffe aus Montevideo auslaufen sollten.

Eine der Kriegsschiffgruppen, die die Handelsschiffe schützen und deutsche Handelsstörer auch angreifen sollten, war die Force G unter dem Kommando von Commodore Harwood, bestehend aus den Schweren Kreuzern *Cumberland* und *Exeter* und den Leichten Kreuzern *Ajax* und *Achilles*. Die *Cumberland* sollte in Port Stanley bleiben und die Falkland Inseln schützen, die anderen drei Schiffe suchten die *Admiral Graf Spee*. Am 13. Dezember traf Langsdorff, der nur mit einzelnen feindlichen Schiffen gerechnet hatte, auf *Exeter*, *Achilles* und *Ajax*. Um 6 Uhr änderte die *Admiral Graf Spee* ih-

ren Kurs, ging mit voller Fahrt auf die Gegner. 6 Uhr 17, Gefechtsentfernung 18 000 Meter, nach Backbord, Feuer mit beiden schweren Türmen auf die *Exeter*. Das Gefecht vor dem La Plata hatte begonnen. Die *Exeter* drehte nach Backbord, um von Süden anzugreifen, die Leichten Kreuzer hielten ihren Kurs. Um 6 Uhr 20 eröffnete die *Exeter* das Feuer, wenig später schossen auch *Achilles* und *Ajax*. Die *Exeter* erhielt einen Treffer, der den Turm B außer Gefecht setzte. Die *Admiral Graf Spee* nahm nun die Leichten Kreuzer unter Beschuß, drehte unter Schwarzqualmen ab. Die *Ajax* nahm die Verfolgung auf, die Deutschen schossen wieder auf die *Exeter*, deren Türme getroffen wurden. Auch zwei Türme der *Ajax* waren außer Gefecht. Harwood beschloß, das Gefecht vorerst abzubrechen. Die *Exeter* marschierte auf die Falklands zu, die *Admiral Graf Spee* nahm Kurs auf Montevideo, verfolgt von den beiden Leichten Kreuzern. Feuerwechsel während des ganzen Tages. Kurz nach Mitternacht lief die *Admiral Graf Spee* nach Montevideo ein. Langsdorff hoffte, hier die nötigen Reparaturen durchführen lassen zu können. Ein diplomatisches Tauziehen begann, wie lange die *Admiral Graf Spee* im Hafen bleiben dürfe. Die Engländer hatten inzwischen Verstärkungen herbeibefohlen, die im Anmarsch waren. Nach 72 Stunden sollte die *Admiral Graf Spee* den schützenden Hafen verlassen. Langsdorff funkte nach Berlin, berichtete, daß ein Ausbruch in freie See und der Durchbruch in die Heimat aussichtslos wäre. Großadmiral Raeder überließ Langsdorff die Entscheidung, schloß aber eine Internierung aus. Für einen Durchbruch fehlte es an Munition. Die meisten Besatzungsmitglieder gingen von Bord, die *Admiral Graf Spee* lief am Nachmittag des 17. Dezember aus, begleitet von dem deutschen Handelsschiff *Tacoma*. Tausende von Zuschauern verfolgten das dramatische Geschehen. Außerhalb des Hafens änderte das Panzerschiff den Kurs. „Klar Schiff zum Gefecht!" auf den britischen Kreuzern vor Montevideo. Die *Admiral Graf Spee* ankerte. Die vorbereiteten Zeitzünder wurden eingestellt. Langsdorff und die verbliebene Besatzung von etwa 40 Mann gingen von Bord, wurden von der *Tacoma* übernommen. Um 20 Uhr explodierte die *Admiral Graf Spee*.

Ein uruguayisches Kriegsschiff verhinderte den Durchbruch der *Tacoma*, die nach Buenos Aires auslaufen wollte. Langsdorff und seine Männer wurden interniert.

Über der Flagge, die während des Gefechts über seinem Schiff geweht hatte, erschoß sich der Kommandant.

Panzerschiff *Admiral Graf Spee*.

unten: Schlachtschiff *Gneisenau*.

122

34
Operationen im Nordatlantik

Gneisenau und *Scharnhorst* waren kleine Schlachtschiffe, benannt nach den Panzerkreuzern des Ostasiengeschwaders unter Admiral Graf Spee im Ersten Weltkrieg.

Die Schlachtschiffe hatten die Aufgabe, britische Einheiten im Norden zu binden, während deutsche Handelsstörer im Südatlantik operierten. Vom 8. bis zum 10. Oktober sollte die *Gneisenau* im Zusammenwirken mit dem Leichten Kreuzer *Köln*, neun Zerstörern und 148 Flugzeugen vor dem südlichen Norwegen einen Vorstoß gegen britische Flottenstreitkräfte und Handelsschiffe unternehmen. Dieses Unternehmen verlief ohne jegliche Gefechtsberührung.

Unter Vizeadmiral Wilhelm Marschall ging die *Gneisenau* am 21. November in Begleitung der *Scharnhorst* in See, um das Panzerschiff *Admiral Graf Spee* von britischem Druck zu entlasten. Die beiden Schlachtschiffe liefen nach Norden, am 23. trafen sie in der Enge zwischen Island und den Faröern auf ein großes Schiff, das auf die Aufforderung beizudrehen, das Feuer eröffnete. Es war der britische Hilfskreuzer *Rawalpindi*, den die *Scharnhorst* unter Beschuß nahm. Das Schiff brannte bereits, als die *Gneisenau* sich näherte und auch feuerte. Nach 14 Minuten sank der Hilfskreuzer. Die beiden deutschen Schlachtschiffe verbrachten fast zwei Stunden mit der Bergung der Besatzung. Der einzige Fall einer solchen Rettungsaktion durch schwere deutsche Einheiten während des Krieges. Ein Schatten recht achteraus! Die deutschen Schlachtschiffe liefen mit Höchstfahrt nach Osten ab. Der Leichte Kreuzer *Newcastle* konnte die Fühlung nicht halten. Die Home Fleet (wie die Grand Fleet seit geraumer Zeit hieß) lief aus, machte mit drei Schlachtkreuzern, einem Flugzeugträger, drei Schweren Kreuzern, sechzehn Kreuzern und zahlreichen Zerstörern und U-Booten Jagd. Die *Gneisenau* und die *Scharnhorst* liefen nach Nordosten, um

den Briten auszuweichen, verbrachten zwei Tage in den nördlichen Breiten und kehrten bei sehr schwerer See unbehelligt am 27. November nach Wilhelmshaven zurück.

Gegen die britischen Konvois zwischen England und Norwegen unternahm Admiral Marschall vom 18. bis zum 20. Februar 1940 mit den Schlachtschiffen *Scharnhorst* und *Gneisenau*, dem Schweren Kreuzer *Admiral Hipper* und Zerstörern einen Vorstoß gegen Bergen. Die Briten waren durch einen ihrer Bomber gewarnt worden, die Deutschen bekamen keine Feindberührung; doch auch der britischen Flotte gelang es nicht, den deutschen Verband abzufangen.

Nach Norwegen hatte sich auch die *Altmark*, der Versorger der *Admiral Graf Spee*, durchgeschlagen. An Bord 299 britische Gefangene aus den Unternehmungen des inzwischen versenkten Panzerschiffes. Die *Altmark* wurde von britischen Einheiten gesichtet. Kapitän Vian vom Zerstörer *Cossack* wollte die *Altmark* entern, norwegische Torpedoboote geleiteten aber das deutsche Schiff in den Jössingfjord. Vian forderte das Recht, nach den Gefangenen zu suchen, doch die norwegischen Torpedorohre richteten sich gegen die *Cossack*. Der englische Kapitän erbat Anweisungen von seiner Admiralität, der Befehl Churchills wurde ihm übermittelt: die Norweger sollten überzeugt werden, der Übermacht zu weichen, dann sollte die *Altmark* genommen werden. So geschah es. Eine Entermannschaft stürmte das Schiff, einige Männer der Wachmannschaft wurden getötet, andere konnten verwundet entkommen. Mit dem Ruf „Die Navy ist hier!" wurden die Gefangenen befreit. Norwegen protestierte schärfstens gegen das britische Vorgehen in seinen Gewässern. Die Lage Norwegens war seit geraumer Zeit gefährdet. Sowohl in London als auch in Berlin wurde überlegt, die günstige Lage des Landes auszunutzen.

35
Operation Weserübung
Die Invasion Norwegens

Der Sieg über Polen, die verminderte Kriegführung der Westmächte im Westen — ein immer wiederkehrender Satz in den Berichten des Oberkommandos der Wehrmacht: „Im Westen keine besonderen Ereignisse" — und die weitere Verstärkung der deutschen Streitkräfte erlaubten die nächste große Unternehmung, die Operation Weserübung, eingeteilt in Süd: die Besetzung Dänemarks, Nord: Die Besetzung Norwegens.

Großadmiral Raeder hatte seit Beginn des Krieges die Besetzung Norwegens gefordert. Drontheim sollte deutsche Marinebasis werden. Die Erztransporte aus Skandinavien wären dann auch nicht mehr gefährdet, dafür könnte Englands Handelsschiffahrt empfindlich getroffen werden. Winston Churchill, englischer Marineminister, erkannte diese Gefahr; so beschloß der Alliierte Oberste Kriegsrat am 5. Februar 1940, britische und französische Truppen in Narvik zu landen. Die deutsche Operation Weserübung, für den Sommer 1940 vorgesehen, mußte vorgezogen werden. Neuer Termin: 9. April 1940. Das Oberkommando berichtete an diesem Tag: „Um dem im Gang befindlichen britischen Angriff auf die Neutralität Dänemarks und Norwegens entgegenzutreten, hat die Deutsche Wehrmacht den bewaffneten Schutz dieser Staaten übernommen. Hierzu sind heute morgen in beiden Ländern starke deutsche Kräfte aller Wehrmachtsteile eingerückt bzw. gelandet. Zum Schutze dieser Operationen sind umfangreiche Minensperren gelegt worden."

Motorisierte Truppen und Panzerkräfte überschritten die deutsch-dänische Grenze. „Im Morgengrauen sind deutsche Truppen im Kleinen Belt bei Middelfahrt gelandet und haben sich in den Besitz der dortigen Beltbrücke gesetzt. Deutsche Seestreitkräfte sind im Großen Belt eingedrungen und haben Truppen in Korsör und Nyborg gelandet."

Das Unternehmen gegen Norwegen war die erste gemeinsame Operation von Armee, Kriegsmarine und Luftwaffe — allerdings ohne gemeinsamen Oberbefehl. Schon seit dem 3. April war die Ausfuhrstaffel, sieben Handelsschiffe mit Kriegsmaterial, aus Hamburg in Richtung Norwegen ausgelaufen. Sie sollte mit den Kriegsschiffgruppen zusammen in den Zielhäfen eintreffen. Alle Überwasserschiffe wurden für die Weserübung herangezogen; Raeder erwartete, die Hälfte dieser Schiffe zu verlieren. Dönitz hatte den U-Boot-Krieg im Atlantik vorübergehend aufzugeben, um die Operation zu sichern. In elf Gruppen wurden die Schiffe aufgeteilt:

Gruppe I, Narvik: Kommodore Bonte mit den Zerstörern *Wilhelm Heidkamp, Georg Thiele, Wolfgang Zenker, Bernd von Arnim, Erich Giese, Erich Koellner, Dieter von Roeder, Hans Lüdemann, Hermann Künne, Anton Schmitt*; 2000 Mann; als Deckungsgruppe Vizeadmiral Lütjens mit den Schlachtschiffen *Scharnhorst* und *Gneisenau*.

Gruppe II, Drontheim: Kapitän zur See Heye mit dem Schweren Kreuzer *Admiral Hipper*, den Zerstörern *Paul Jacobi, Theodor Riedel, Bruno Heinemann, Friedrich Eckoldt*; 1700 Mann.

Gruppe III, Bergen: Konteradmiral Schmundt mit den Leichten Kreuzern *Köln* und *Königsberg*, dem Artillerieschulschiff *Bremse*, den Torpedobooten *Leopard* und *Wolf* und Schnellbooten; 900 Mann.

Gruppe IV, Kristiansand und Arendal: Kapitän zur See Rieve mit dem Leichten Kreuzer *Karlsruhe*, mit Torpedobooten und Schnellbooten.

Gruppe V, Oslo: Konteradmiral Kummetz mit

rechts: Ein U-Boot vom Typ VII C auf Patrouille.
S. 126 und 127: *U 473* (gesunken am 5. Mai 1944).
Gemälde von Günther Todt.
S. 128: Ein U-Boot vom Typ IX B im Atlantik.
Gemälde von Claus Bergen; Marineschule Mürwik.

den Schweren Kreuzern *Blücher* und *Lützow*, dem Leichten Kreuzer *Emden*, mit Torpedobooten und Räumbooten.

Gruppe VI bis XI: Minensuchboote, Räumboote, Vorposten, Transporter, Eisbrecher und das Linienschiff *Schleswig-Holstein*.

Am 7. April verließen die Gruppen die Häfen, die Landungstruppen unter Deck gezwängt, um die Tarnung und die Gefechtsbereitschaft nicht zu gefährden. Die sieben Schiffe der Ausfuhrstaffel wurden alle aufgebracht oder versenkt; für den Nachschub waren acht Seetransportstaffeln aufgestellt worden. Das polnische U-Boot *Orzel* versenkte zwei von den zehn Schiffen der ersten Staffel. Das Unternehmen war jetzt bekannt, wurde aber erfolgreich durchgeführt. Das Oberkommando der Wehrmacht konnte am 9. April 1940 bekanntgeben: „Am Ende des heutigen Tages befinden sich alle militärisch wichtigen Stützpunkte Norwegens fest in deutscher Hand. Insbesondere sind unter anderem Narvik, Drontheim, Bergen, Stavanger, Kristiansand und Oslo von starken Kräften besetzt."

Zu Gefechtsberührungen auf See kam es nur am 8. April, als der deutsche Zerstörer *Bernd von Ar-* *nim* auf den britischen Zerstörer *Glowworm* traf. Ehe beide Schiffe das Feuer eröffnen konnten, dampfte der Schwere Kreuzer *Admiral Hipper* heran, der von Torpedos der *Glowworm* angegriffen wurde, denen er aber ausweichen konnte. Schwerer Kreuzer und Zerstörer wollten sich nun gegenseitig rammen; *Glowworm* verlor das Vorschiff und sank, hatte aber der *Admiral Hipper* die Außenhaut auf einer Länge von 40 Metern aufgerissen.

Das nächste Gefecht fand am frühen Morgen des 9. April statt, als der britische Schlachtkreuzer *Renown* auf die *Gneisenau* und die *Scharnhorst* stieß. Treffer auf der *Gneisenau* und dem Schlachtkreuzer, dann verloren sich die Schiffe bei schwerem Seegang aus Sicht. Am 10. April gab das Oberkommando bekannt: „Die Kriegsmarine hat die ihr gestellte Aufgabe gelöst. Sie bestand darin, die Gesamtoperation gegen die um ein Vielfaches überlegenen britischen und französischen Seestreitkräfte zu sichern und die Transporte und Landungen unter vollem Einsatz zu ermöglichen. Die Landung der deutschen Truppen ist an allen Stellen von Oslo bis Narvik gelungen, eine in der Seekriegsgeschichte bisher einzig dastehende Leistung. Bei Einlaufen in

Zerstörer *Glowworm* brennend nach dem Gefecht mit *Admiral Hipper*.

die Häfen wurde von der Kriegsmarine anfänglicher Widerstand gebrochen. Vor Oslo brachten unsere Schiffsgeschütze schwerste Küstenbatterien zum Schweigen. Beim Niederkämpfen einer 28-cm-Batterie erhielt der Kreuzer *Blücher* schwere Beschädigungen. Er stieß beim weiteren Vordringen auf eine von den Norwegern gelegte Sperre und ging durch mehrere Minentreffer verloren. Der Kreuzer *Karlsruhe* wurde nach Überwindung ähnlichen starken Widerstandes in Kristiansand, nachdem er die Landung der Truppen sichergestellt hatte, schwer beschädigt und sank."

Als die deutschen Schiffe zurück marschierten, wurden sie das Ziel der im Skagerrak und Kattegat operierenden britischen U-Boote. Der Schwere Kreuzer *Lützow* wurde getroffen, erhielt schwere Schäden im Achterschiff und mußte lange Monate repariert werden. Die Briten vermuteten in dem wichtigen Hafen Narvik noch ein deutsches Kriegsschiff; Kapitän Warburton-Lee, Chef einer Zerstörerflottille, erhielt den Befehl zur Versenkung dieses Schiffes. Auf der *Hardy*, begleitet von den Zerstörern *Hunter, Havock, Hotspur* und *Hostile*, lief er am 10. April in den Ofotfjord ein, passier-

te die Vorposten im Schneegestöber, eröffnete vor dem Hafen aus allen Rohren das Feuer. Die *Wilhelm Heidkamp* mit Kommodore Bonte an Bord sank, die *Anton Schmitt* ging schwer getroffen auf Grund, andere deutsche Zerstörer erlitten Treffer, Handelsschiffe sanken. Vom Gefechtslärm alarmiert, trafen aus dem nördlichen Herjangsfjord die deutschen Zerstörer *Wolfgang Zenker, Erich Giese* und *Erich Koellner* ein, aus dem Ballangenfjord die Zerstörer *Georg Thiele* und *Bernd von Arnim*. Die Brücke der *Hardy* wurde getroffen, Warburton-Lee getötet, das Schiff lief brennend auf Strand. Die *Hunter* wurde getroffen und sank, die *Hotspur* beschädigt. Drei englische Zerstörer liefen nach Westen ab und versenkten das Munitionsschiff *Rauenfels*.

Am 13. April lief eine starke britische Kampfgruppe mit dem Schlachtschiff *Warspite* und neun Zerstörern in den Fjord ein. Die deutschen Zerstörer wurden versenkt oder zogen sich zurück und versenkten sich selbst. Die Engländer landeten Truppen bei Narvik und Drontheim, Narvik fiel in britische Hände. Aber gegen den starken feindlichen Druck konnten sich die Truppen nicht halten.

Der britische Angriff auf Narvik.

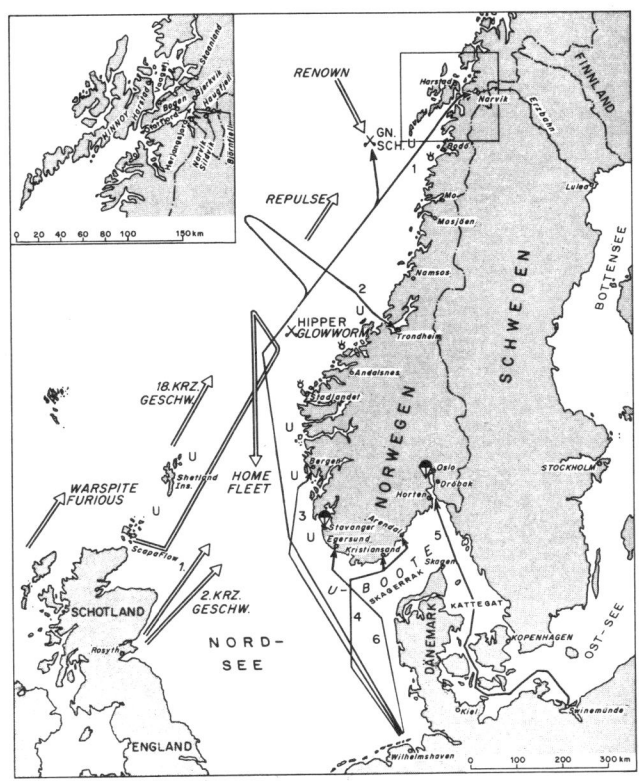

Die Operation Weserübung, 8. und 9. April 1940.
rechts: Schwerer Kreuzer *Admiral Hipper*.
unten: Schwerer Kreuzer *Lützow*.

Die Evakuierung begann und sollte bis zum 8. Juni beendet sein. Auf deutscher Seite begann die Operation Juno: die Schlachtschiffe *Scharnhorst* und *Gneisenau* und der Kreuzer *Admiral Hipper* marschierten mit vier Zerstörern nach Norden. *Scharnhorst* und *Gneisenau* versenkten im Nordmeer den Flugzeugträger *Glorious* und zwei ihn begleitende Zerstörer. Aber die Evakuierungskonvois liefen unbehelligt von Norwegen ab. Die beiden Schlachtschiffe erhielten Treffer in späteren Gefechten des Unternehmens und mußten für Monate auf die Werft.

36
Handelskrieg auf allen Meeren

Das Mißlingen der alliierten Norwegen-Unternehmung brachte in England einen Regierungswechsel; Winston Churchill wurde Premierminister. An diesem 10. Mai 1940 griffen die deutschen Truppen im Westen an, stießen bis zur Kanalküste vor. Unter Einsatz von 861 Schiffen, von denen 243 verloren gingen, wurden 338 226 Mann von Dünkirchen nach Englands Häfen hinüber gerettet. Am 10. Juni erklärte Italien den Krieg gegen Frankreich und England, Mussolini wollte unter den Siegern sein. Am 14. Juni marschierten deutsche Truppen in Paris ein. Frankreich wurde in zwei Zonen geteilt: das Besatzungsgebiet im Norden unter Einschluß von Paris und die gesamte Atlantikküste; unter Marschall Pétain ein unbesetztes faschistisches Frankreich, das mit dem Deutschen Reich sympathisierte, in Vichy residierte. Aber es gab noch ein drittes Frankreich im Exil, dessen Führer General Charles de Gaulle war. Ihm unterstellten sich die meisten Schiffe der französischen Atlantikflotte.

Im Rausch des Erfolges befahl Hitler, die Operation Seelöwe vorzubereiten. Am 28. September sollte die Invasion Englands erfolgen. Das Landungsunternehmen bereitete aber größere Schwierigkeiten, mußte verschoben und dann aufgegeben werden. Dafür lief die Operation Barbarossa an, der Überfall auf die Sowjetunion, mit der ein Nichtangriffspakt bestand. Als die deutschen Truppen am 22. Juni 1941 die russische Grenze überschritten, war das Schicksal des Deutschen Reiches entschieden. Das Scheitern der größenwahnsinnigen Weltmachtpläne war nur noch eine Frage der Zeit. Die Erfolge der Handelsstörer auf allen Meeren der Welt vermochten daran nichts zu ändern.

Wie im Ersten Weltkrieg sollten deutsche Hilfskreuzer Handelskrieg führen. Mit Planung und Bau dieser Schiffe wurde verspätet angefangen. Als der Krieg schon begonnen worden war, war noch nicht abzusehen, wann die Hilfskreuzer in See gehen könnten. Im März 1940 endlich war die *Atlantis* bereit zum Auslaufen. In den nächsten Monaten folgten die Hilfskreuzer *Orion*, *Widder*, *Thor* und *Pinguin*. Die Schiffe liefen an der norwegischen Küste nach Norden, umrundeten Island und gingen nach Süden. Die *Widder* versenkte im Mittelatlantik neun Schiffe und brachte einen Tanker auf. Die *Thor* versenkte acht Schiffe und beschädigte in Gefechten vor der südamerikanischen Küste die britischen Hilfskreuzer *Alcantara* und *Carnarvon Castle*. Die *Atlantis* verlegte ihr Operationsgebiet in den Indischen Ozean und versenkte hier 13 Schiffe, die *Pinguin* folgte und 11 Schiffe fielen ihr zum Opfer. Die *Atlantis* legte vor Südafrika Minensperren, die *Pinguin* vor Australien. Die *Orion* operierte gemeinsam mit der *Komet* im Pazifik, 12 Schiffe wurden aufgebracht oder versenkt.

Das Panzerschiff *Admiral Scheer* stand im Nordatlantik, um gegen die Konvois auf der Route zwischen Halifax und England zu operieren. Am 5. November 1940 traf sie auf ein einzeln fahrendes Handelsschiff, das versenkt wurde. Da kam ein Konvoi aus 37 Schiffen in Sicht, nur durch den Hilfskreuzer *Jervis Bay* gesichert. Unter Schwarzqualmen löste sich der Geleitzug auf, die *Jervis Bay* machte Feindmeldung und lief auf die *Admiral Scheer* zu. Nach dem einstündigen Gefecht sank der britische Hilfskreuzer, die *Admiral Scheer* konnte nur noch fünf Schiffe versenken und mußte dann vor den anrückenden Kampfschiffen nach Süden ausweichen. Nach Fahrten im Indischen Ozean kehrte sie im April 1941 nach Kiel zurück; 16 Handelsschiffe waren ihre Beute gewesen. Nicht so erfolgreich operierte der Kreuzer *Admiral Hipper*, der auf einen stark gesicherten Truppentransport-Konvoi stieß und nach einem kurzen Gefecht den Schweren Kreuzer *Berwick* beschädigte und wieder nach Brest marschierte; auf dem Weg wurde ein britischer Dampfer versenkt.

Ende Dezember liefen die *Scharnhorst* und die *Gneisenau* unter dem Kommando von Admiral Lütjens zum Handelskrieg im Nordatlantik aus. Seeschäden auf der *Gneisenau* zwangen zum Abbruch der Operation, die im nächsten Jahr, am 22. Januar 1941 neu begonnen wurde. Nach dem Auslaufen aus Kiel, dem Passieren der Belte, besetzte die Home Fleet mit den Schlachtschiffen *Nelson* und *Rodney*, dem Schlachtkreuzer *Repulse*, acht Kreuzern und elf Zerstörern eine Auffangposition südlich Island. Die beiden deutschen Schlachtschiffe wurden von dem britischen Zerstörer *Naiad* gesichtet, drehten ab, passierten in der Nacht zum 4. Februar die Dänemarkstraße zwischen Grönland und Island. Östlich vor Neufundland kam ein Konvoi in Sicht, der durch das Schlachtschiff *Ramillies* gesichert wurde. So unterblieb ein Angriff. Aus einem anderen Konvoi in diesem Gebiet wurden fünf Schiffe versenkt. Die beiden deutschen Schlachtschiffe gingen nun vor die westafrikanische Küste, wo sie am 7. März Fühlung mit einem Konvoi hatten, der auch durch ein Schlachtschiff gesichert war. Nachts versenkten zwei deutsche U-Boote fünf Schiffe aus diesem Konvoi. Wieder auf dem Marsch in den Nordatlantik trafen die *Gneisenau* und die *Scharnhorst* Mitte März auf die Schiffe eines aufgelösten Konvois, wovon sie 16 versenkten. Einem Vorstoß der Force H mit dem Schlachtkreuzer *Renown*, dem Flugzeugträger *Ark Royal*, dem Leichten Kreuzer *Sheffield* wichen die beiden Schlachtschiffe aus. Am 22. März waren sie im Atlantikhafen Brest, der seit dem Fall Frankreichs ein deutscher Kriegshafen war.

Von hier aus war auch die *Admiral Hipper* wieder in See gegangen. Am 11. Februar versenkte sie ein Schiff eines Konvois, aus dem durch *U 37* und Bomber schon acht Schiffe versenkt worden waren. Dann gewann der Kreuzer Fühlung mit einem anderen Konvoi, der ungesichert war; sieben Schiffe wurden versenkt, zwei beschädigt. Im März kehrte die *Admiral Hipper* von Brest über die Dänemarkstraße nach Deutschland zurück.

Nur durch ein Netz von Versorgungsschiffen und Stationen waren die weltweiten Einsätze der Handelsstörer möglich und erfolgreich. Auch die Hilfs-

Panzerschiff oder Schwerer Kreuzer *Admiral Scheer*.

kreuzer waren im Frühjahr 1941 im Einsatz. Im Mittelatlantik versenkte die *Thor* drei Schiffe und den britischen Hilfskreuzer *Voltaire*. Die *Atlantis* war im Indischen Ozean und im Südatlantik unterwegs, versenkte vier Schiffe und nahm zwei Tanker als Prisen. Die *Pinguin* hatte im Südatlantik norwegische Walfänger aufgebracht, war zu den Seychellen vorgestoßen, wo sie am 7. Mai nach der Versenkung von drei Schiffen durch den Kreuzer *Cornwall* gestellt und nach einem Gefecht versenkt wurde. Die *Kormoran* hatte im Atlantik sieben Schiffe versenkt und einen Tanker aufgebracht.

Nun plante Großadmiral Raeder die größte Handelskriegoperation.

37
„Die Bismarck muß versenkt werden..."

„Klar zum Ankerlichten!" hieß das Signal, das über die Decks der zwei neuen Schiffe gellte. Die Maschinen hatten schon Dampf aufgemacht, die Kommandanten gaben ihre Befehle, Kapitän zur See Lindemann auf dem großen Schlachtschiff *Bismarck*, Kapitän zur See Brinkmann auf dem Schweren Kreuzer *Prinz Eugen*. Die Schiffe nahmen Fahrt auf, verließen Gotenhafen an der Ostsee zur Operation Rheinübung. Es war der 18. Mai 1941.

Die *Bismarck* war das kampfstärkste Schiff ihrer Zeit. Als Schlachtschiff *F* war es am 1. Juli 1936 bei Blohm & Voss in Hamburg auf Kiel gelegt worden, am 14. Februar 1939 war im Beisein Hitlers der Stapellauf erfolgt, das Schlachtschiff hatte den Namen *Bismarck* erhalten.

Nun marschierte die *Bismarck* im Verband mit der *Prinz Eugen* durch die Ostsee, um den Atlantik zu erreichen und dort unter dem Kommando von Admiral Günther Lütjens Handelskriegoperationen durchzuführen, danach zu den in Brest liegenden Schlachtschiffen *Scharnhorst* und *Gneisenau* zu stoßen. Am 20. Mai Marsch durch das Kattegat, begleitet von drei Zerstörern zur U-Bootsbekämpfung. Der schwedische Kreuzer *Gotland* sichtete den Verband — britische Agenten erfuhren davon. Am 21. Mai liefen die *Bismarck* und die *Prinz Eugen* in den Korsfjord bei Bergen ein, um Brennstoff zu bunkern. Aufklärungsflieger des Coastal Command beobachteten die Schiffe. Am Abend liefen sie aus. Am nächsten Morgen stellte ein britischer Aufklärer fest, daß der Liegeplatz der Schiffe jetzt leer lag.

Alarm in England! Elf Konvois, darunter ein Truppentransport-Konvoi, standen schon im Nordatlantik oder waren vor dem Auslaufen. Admiral Sir John Tovey, Oberbefehlshaber der britischen Home Fleet, wußte, welche Folgen der Einsatz des starken deutschen Verbandes haben mußte. Es bedurfte nicht erst der Anweisung Churchills: „Die

Bismarck muß versenkt werden, koste es, was es wolle." Und die Jagd auf die *Bismarck* begann.

Admiral Tovey setzte die Schweren Kreuzer *Norfolk* und *Suffolk* in Marsch, die *Bismarck* und die *Prinz Eugen* zu beschatten. Der Schlachtkreuzer *Hood*, das größte Kriegsschiff der Welt, aber schon aus dem Jahr 1918 stammend und kaum modernisiert, und das Schlachtschiff *Prince of Wales*, gerade in Dienst gestellt, liefen aus Scapa Flow aus. Mit einem stärkeren Verband lauerte Tovey südlich von Island. Am 22. Mai hatten die deutschen Zerstörer den Befehl erhalten, den Verband zu verlassen. Am nächsten Tag wurde die Eisgrenze erreicht, die *Bismarck* und die *Prinz Eugen* marschierten durch die Dänemarkstraße zwischen Island und Grönland. An Bord der *Suffolk*: „Um 19 Uhr 22 sichtete einer unserer Ausguckleute plötzlich, wie aus einer kleinen Schneebö zwischen uns und dem Packeis der Dänemarkstraße die *Bismarck* und die *Prinz Eugen* hervorkamen. Die feindlichen Schiffe liefen mit hoher Geschwindigkeit Richtung Südwest, parallel zu uns." Die *Suffolk* änderte den Kurs, zog sich in den Nebel zurück, hielt Radarkontakt. „Ungefähr eine Stunde danach schloß sich uns die *Norfolk* an. Wir fingen an, den Gegner zu beschatten. Die Verfolgungsjagd dauerte bei hoher Fahrtgeschwindigkeit die ganze Nacht."

Mehrmals versuchte die *Bismarck* mit schweren Salven die Kreuzer abzudrängen, doch sie hielten Fühlung, gaben ihre Fühlunghaltermeldungen. Admiral L. E. Holland auf der *Hood* berechnete seinen Abfangkurs, kam mit seinem Schiff und der *Prince of Wales* in Höchstfahrt von Süden heran. Diese beiden Schiffe sollten die *Bismarck* unter Feuer nehmen, die *Prinz Eugen* sollte den Kreuzern überlassen bleiben, die unter dem Kommando von Konteradmiral Wake-Walker standen.

24. Mai, 5 Uhr 53 und schon heller Tag. Die Entfernung zwischen dem deutschen und dem briti-

schen Verband belief sich auf etwa 24 000 Meter. Leicht nach Backbord drehend eröffneten die britischen Kriegsschiffe das Feuer, die deutschen antworteten, schossen sich auf die *Hood* ein. Die *Prinz Eugen* erzielte einen Treffer auf der *Hood*, der einen Brand backbord achtern auslöste. Die *Bismarck* gab eine Vollsalve auf die *Hood* ab. Lieutenant Esmond Knight, der auf der *Prince of Wales* diente, erinnert sich: „Ich sah plötzlich den ungestümen Brand auf dem Bootsdeck der *Hood*. Und dann passierte das Unvorstellbare: Mittschiffs erhob sich eine ungeheure Explosionswolke, Flammenzungen schossen blaßrot in die Höhe, Wolken weißgelben Qualms wirbelten in die Luft, riesige Wrackteile schleuderten lodernd herum. Eine Explosion hatte die *Hood* in Stücke zerfetzt." Nur drei Mann überlebten die Versenkung des Stolzes der britischen Marine, 95 Offiziere und 1324 Mann gingen mit dem Schiff unter.

Das Feuer konzentrierte sich nun auf die *Prince of Wales*, die einige Treffer erhielt, zwei Gefechtstürme fielen aus. Um 6 Uhr 13 entschloß sich

Captain Leach, unter Schwarzqualmen abzudrehen und das Schiff in Sicherheit zu bringen. Doch auch die *Bismarck* hatte zwei Treffer erhalten. Wassereinbruch im Vorschiff, Beschädigung im Backbord-Kesselraum, Brennstoffverlust, verminderte Geschwindigkeit, Ölspur im Meer. Um 18 Uhr 30 entließ Admiral Lütjens die *Prinz Eugen*, die jetzt allein Handelskrieg führen sollte; mit der *Bismarck* wollte der Flottenchef den Hafen von St-Nazaire erreichen, wo es ein großes Trockendock gab.

Admiral Tovey hatte inzwischen den Flugzeugträger *Victorious* und vier Kreuzer auf die *Bismarck* angesetzt; *Suffolk, Norfolk* und *Prince of Wales* hielten Radarkontakt. Von Süden, von Gibraltar, lief die Force H mit dem Schlachtkreuzer *Renown*, dem Träger *Ark Royal* und dem Kreuzer *Sheffield* unter Admiral Somerville nach Norden. Die Schlachtschiffe *Rodney* und *Ramillies* und der Kreuzer *Edinburgh* verließen ihre Konvois, steuerten den mutmaßlichen Treffpunkt mit der *Bismarck* an. Das Schlachtschiff *Revenge* lief mit höchster Geschwindigkeit aus Halifax aus. Neunzehn große Schiffe

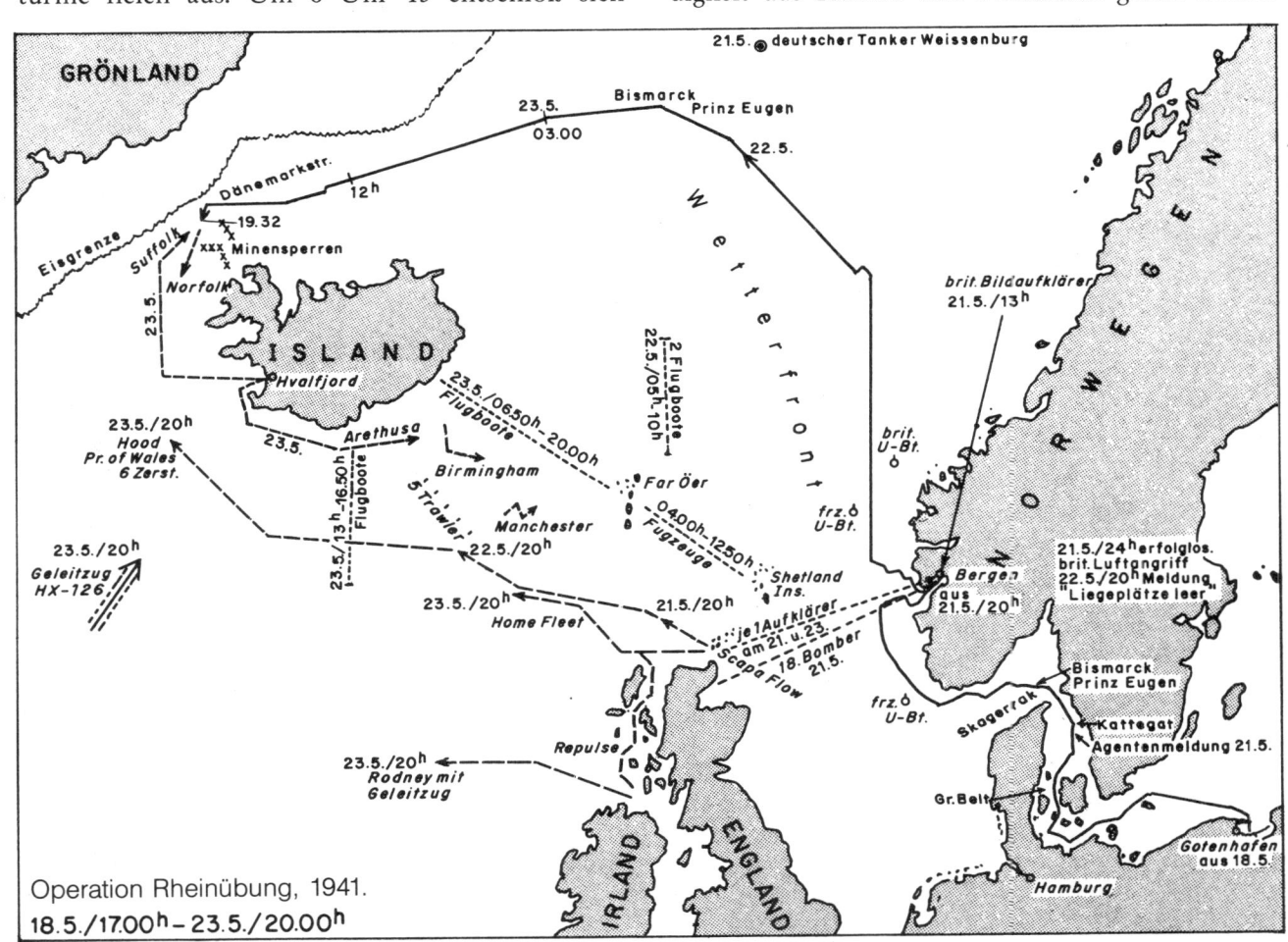

Operation Rheinübung, 1941.
18.5./17.00ʰ – 23.5./20.00ʰ

auf der Jagd, auch die *King George V* mit Admiral Tovey an Bord.

Am 25. Mai, 00 Uhr 20 griffen die Flugzeuge der *Victorious* die *Bismarck* an, aber in dem undurchsichtigen Wetter entkam das Schiff, die Fühlunghalter verloren den Kontakt. Erst am nächsten Tag um 10 Uhr 30 wieder Kontakt durch ein Catalina-Flugboot des Coastal Command. Die Jagd ging weiter. Die *Bismarck* stand nun 700 Meilen westlich von Brest, sie könnte den sicheren Hafen am Abend des folgenden Tages erreichen. Um 14 Uhr 50 starteten von der *Ark Royal* 14 Torpedoflugzeuge, verwechselten den Fühlunghalter *Sheffield* mit der *Bismarck* und schossen ihre Torpedos ab, denen das britische Schiff aber ausweichen konnte. 19 Uhr 10 eine zweite Angriffswelle von der *Ark Royal*. Trotz des Fla-Feuers der *Bismarck* fanden von den 13 Torpedos zwei ihr Ziel. Ein Treffer mittschiffs, der wirkungslos blieb, ein anderer traf die Ruderanlage, das Ruder verklemmte sich. Funkspruch von Admiral Lütjens, 23 Uhr 40: „Schiff manövrierunfähig. Wir kämpfen bis zur letzten Granate." Inzwischen hatten fünf Zerstörer unter Kapitän Vian auf der *Cossack* die *Bismarck* umstellt, folgten ihr, die nur mit Maschinenmanövern einen Schlingerkurs halten konnte — dem Feind entgegen. Alle deutschen U-Boote im Gebiet wurden zur Hilfe für die *Bismarck* herbeigerufen; doch sie hatten bei den Operationen vorher alle ihre Torpedos verschossen.

Ein neuer Tag hatte begonnen. Um 8 Uhr hatten *King George V* und *Rodney* an die *Bismarck* herangeschlossen. 8 Uhr 47 eröffnete *Rodney* das Feuer. 8 Uhr 48 begann *King George V* zu feuern. 8 Uhr

48 antwortete die *Bismarck*. Der letzte Kampf des großen Schiffes. 9 Uhr 12 Treffer in den Vormars, Ausschaltung des vorderen Gefechtsleitstandes. 9 Uhr 18 Treffer in den achteren Leitstand. Dann ließ sich der vorderste 38-cm-Turm, Anton, nicht mehr bewegen. Treffer in den zweiten Turm Bruno. Turm Cäsar stellte das Feuer ein. Turm Dora noch im Gefecht; Ausfall des einen Geschützes, durch Rohrkrepierer auch des zweiten. Um 10 Uhr war die deutsche schwere Artillerie außer Gefecht. Die Mittelartillerie feuerte weiter, schwieg um 10 Uhr 10. Salve auf Salve schlug ein. Die *Bismarck* war ein brennendes Wrack, eine heiße Hölle auf dem Meer. 10 Uhr 15: „Schiff klarmachen zum Versenken!" Admiral Tovey drehte mit der *King George V* ab, die *Rodney* folgte. Kreuzer gingen zum Torpedoangriff über, die *Dorsetshire* landete Treffer. Einer der noch lebenden Offiziere an Bord der *Bismarck*, Flottenchef und Kommandant waren gefallen, gab nach einem dreifachen „Sieg Heil" den Befehl: „Schiff verlassen!" Die *Bismarck* kenterte nach Backbord, ging mit dem Heck voran in die Tiefe. Es war 10 Uhr 36 am 27. Mai 1941.

Nicht weniger als 2300 Mann hatten zur Besatzung der *Bismarck* gezählt. 115 davon wurden gerettet.

Großadmiral Raeder: „Die Folgen des Untergangs der *Bismarck* waren für die Führung des Seekrieges einschneidend. Auch das Verhalten Hitlers auf die von mir vorgeschlagenen Maßnahmen für den Seekrieg wurde jetzt anders. Während er mir bis dahin im allgemeinen freie Hand gelassen hatte, soweit sich nicht Rückwirkungen auf die anderen

Die *Bismarck* im Gefecht mit der *Hood*.

Wehrmachtteile oder die Politik ergaben, wurde er jetzt sehr viel kritischer und bestand mehr auf seinen eigenen Ansichten als vorher. Schon früher hatte er um die großen Schiffe immer besondere Sorge gehabt und war im Grunde zufrieden, wenn ich ihm das Inseesein von großen Schiffen erst nachträglich meldete, wodurch ihm unruhige Stunden und Nächte erspart wurden. Nun schränkte er durch seine Anweisungen an mich die Verwendung der großen Schiffe erheblich ein. Das Entsenden weiterer Überwasserstreitkräfte nach dem Atlantik wurde als erstes von ihm untersagt. Hierdurch mußte der Seekrieg, der bisher auf der Grundlage einer kühnen Initiative aufgebaut war und beträchtliche Erfolge gehabt hatte, wie sie bei der Unterlegenheit unserer Streitkräfte kaum zu erwarten waren, ein anderes Gesicht erhalten.

Auch stellten sich die Befürchtungen der Seekriegsleitung, daß die Aussichten der ozeanischen Kriegführung laufend geringer werden mußten, als berechtigt heraus. Gleich nach der Versenkung der *Bismarck* leitete die britische Admiralität eine umfangreiche Suchaktion ein, um unsere Versorgungs-

organisation, die wir im Atlantik aufgebaut hatten, zu zerschlagen. Die Engländer hatten dabei Erfolg; nicht weniger als sechs deutsche Nachschubdampfer wurden erfaßt und versenkt. Bei der zunehmenden Dichte der Flugzeugaufklärung über dem Atlantik war es nicht möglich, unser Versorgungssystem noch einmal in der alten Form und Wirkung aufzubauen oder gar für längere Zeit aufrechtzuerhalten. Damit kamen größere und länger dauernde Operationen im Atlantik nicht mehr in Frage. Trotzdem gaben wir in der Seekriegsleitung den Gedanken an kürzere Ozeanoperationen noch nicht endgültig auf. Schon im Juni 1941 sollte das Panzerschiff *Lützow* nach Norwegen gehen mit dem Ziel, von dort aus in den Atlantik vorzustoßen. Aber bereits in der Nordsee erhielt es bei einem Angriff feindlicher Torpedoflugzeuge einen Treffer, der zu einer langen Werftliegezeit führte.

Die neue Lage auf dem Atlantik konnte nicht ohne Rückwirkung auf die Schlachtschiffe *Scharnhorst* und *Gneisenau* bleiben, die zur Durchführung von Reparaturen noch immer in dem nordfranzösischen Hafen Brest lagen."

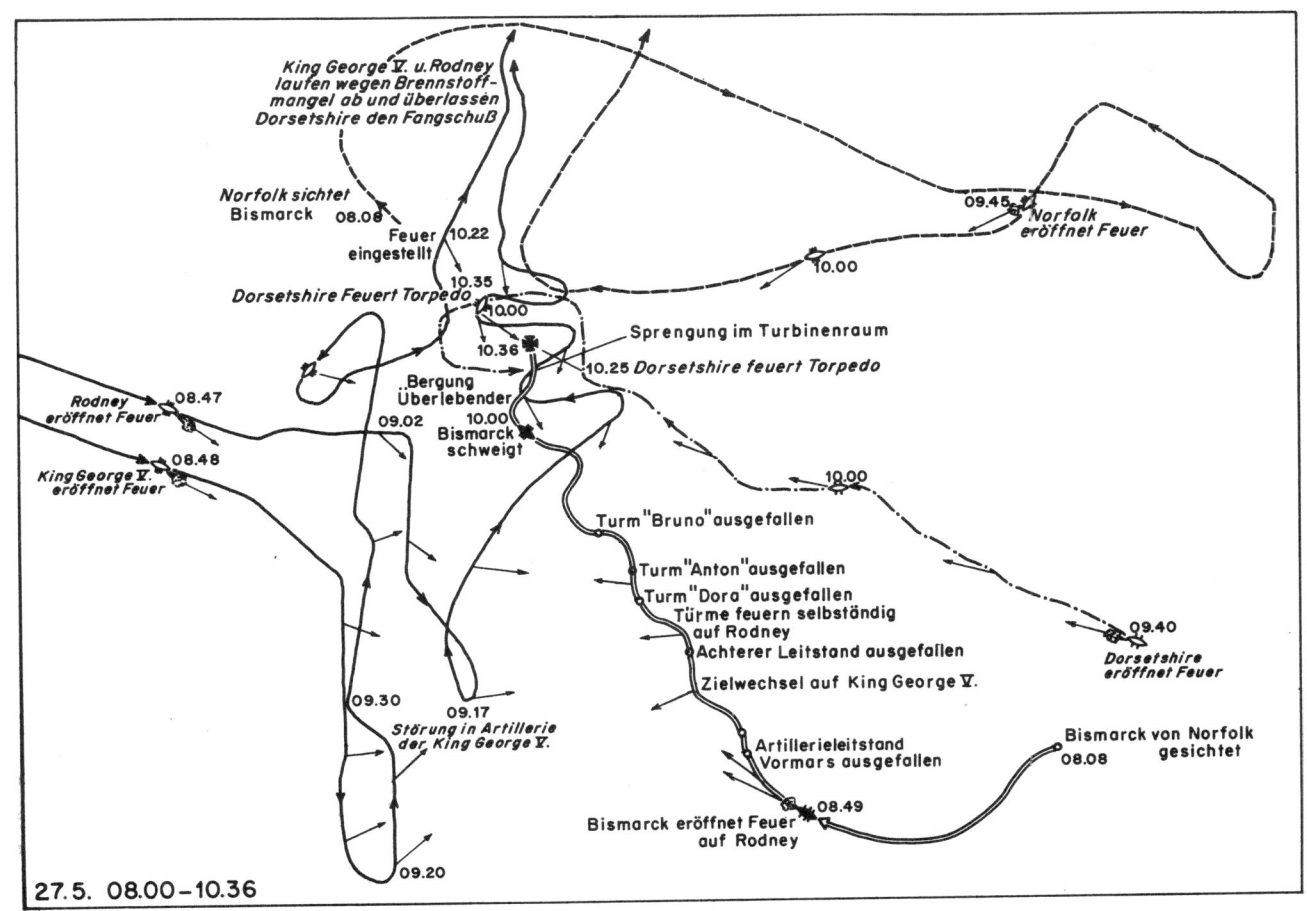

38
Die Schlacht im Atlantik
Der Beginn des U-Boot-Krieges

Das erste U-Boot der deutschen Kriegsmarine wurde am 28. Juni 1935 in Dienst gestellt. Schon am 28. September bestand die erste deutsche U-Flottille *Weddigen* — benannt nach dem erfolgreichen Kommandanten des *U 9* des Ersten Weltkrieges. Diese Flottille wurde dem Kapitän zur See Karl Dönitz unterstellt, der gerade als Kommandant des Kreuzers *Emden* von einer Auslandsfahrt zurückgekehrt war. In wenigen Monaten kamen weitere neun U-Boote zur Flottille.

Woher kamen diese Boote, nachdem doch erst seit dem Flottenabkommen mit Großbritannien deutsche U-Boote zugelassen worden waren? Seit 1922 bauten deutsche Konstrukteure eines holländischen Konstruktionsbüros, das unter deutscher Leitung stand, U-Boote für Finnland und die Türkei. Deutsche Mannschaften wurden bei den Probefahrten und Überführungen ausgebildet. Der Bau deutscher U-Boote wurde seit 1932 vorbereitet, seit 1933 durchgeführt.

Bei Beginn des Krieges standen schon 17 große und 12 kleinere U-Boote in den Wartepositionen von Island bis nach Gibraltar. Sechs Boote mittlerer Größe sperrten das Gebiet zwischen den Orkney Inseln und Island. Diese 35 U-Boote erhielten am 3. September, dem Tag, an dem England und Frankreich den Krieg gegen Deutschland erklärten, einen Funkspruch: „Vom Befehlshaber der U-Boote: An alle in See befindlichen U-Bootkommandanten. Die Gefechtsbefehle für die U-Bootwaffe der Kriegsmarine sind in Kraft getreten. Truppentransporter und Handelsschiffe sind gemäß Prisenordnung der Haager Konvention anzugreifen. Passagierschiffe, die nur Passagiere befördern, dürfen nicht angehalten werden. Diese Schiffe sind auch dann nicht anzugreifen, wenn sie in militärisch gesicherten Geleitzügen fahren. gez. Dönitz." Der Einsatz begann etwa zwei Stunden später, als um 13 Uhr 30 der Funkspruch empfangen wurde: „Beginn der Feindseligkeiten gegen England sofort!"

Vom Einsatz der Boote *U 29, U 30* und *U 47* unter dem Kommando von Günther Prien in Scapa Flow ist schon berichtet worden. Und während in der Ostsee die Schiffe der polnischen Marine versenkt wurden, auch einige der U-Boote — anderen polnischen U-Booten gelang der Durchbruch nach England —, hatte der Handelskrieg im Atlantik begonnen. Am 5. September versenkte *U 48* den britischen Dampfer *Royal Sceptre, U 47* den britischen Dampfer *Bosnia*. Am nächsten Tag versenkte Prien die *Rio Claro, U 38* die *Manaar*. Die kleineren U-Boote verlegten Minen vor den Häfen Englands.

Nach dem Verlust von *U 39*, dem ersten Verlust eines U-Bootes der deutschen Kriegsmarine in diesem Krieg (Kapitel 32), vernichteten die britischen Zerstörer *Fortune* und *Forester* am 20. September *U 27*. Nach einem Monat Krieg hatten die deutschen U-Boote insgesamt 52 Schiffe versenkt, darunter einen Flugzeugträger. Die Beschränkungen des U-Boot-Krieges wurden immer mehr aufgehoben, seit Mitte November wurde der uneingeschränkte U-Boot-Krieg geführt. 1939 gingen neun U-Boote Deutschlands verloren, zwei durch Minen, sechs durch Wasserbomben, ein Boot durch ein feindliches U-Boot. Den Verlusten stand der Neubau von sieben Einheiten gegenüber. In den ersten Monaten des Jahres 1940 standen sechs Boote im Atlantik und neun in der Nordsee.

Während der Invasion Norwegens hatten die U-Boote Sicherungsaufgaben zu übernehmen. Nach dem Fall Frankreichs standen nun die französischen Atlantikhäfen auch den deutschen U-Booten zur Verfügung. Brest und Lorient wurden Stützpunkte. Aus dem Schlußbericht des Oberkommandos der Wehrmacht über den Verlauf der Operationen in Frankreich vom 5. bis 25. Juni 1940: „Die Kriegsmarine wurde durch die Besetzung der holländischen, belgischen und französischen Kanalküste vor neue Aufgaben gestellt. Den Operationen des Heeres folgend, wurden die Häfen zu Stützpunkten für leichte Streitkräfte ausgebaut und zur Verteidigung eingerichtet. Von hier aus konnten die Schnellboote in Seegebieten eingesetzt werden, die für sie bisher nicht erreichbar waren und die bei ihrem Charakter als Küstenvorfeld besonders gute Erfolgsmöglichkeiten boten. In laufendem Einsatz gelang es den Schnellbooten, eine Anzahl feindlicher Zerstörer und Transportschiffe zu vernichten und hierdurch die Wirkung unserer Luftwaffe auf die zur Räumung Dünkirchens eingesetzte feindliche Transportflotte durch Nachtangriffe zu steigern und zu ergänzen. Am 6. Juni konnte die von unserer Marineartillerie übernommene Küstenverteidigung bereits den ersten Erfolg mit der Versenkung eines britischen Schnellbootes melden. Minensuchstreitkräfte säuberten die Hafeneinfahrten und Schiffahrtswege an der eroberten Küste von Minen. Schon am 8. Juni war es möglich, der neutralen Schiffahrt das Auslaufen aus holländischen, belgi-

schen und nordfranzösischen nach deutschen, dänischen, schwedischen und den übrigen Ostseehäfen zu gestatten. Unsere Unterseeboote waren während dieser Zeit vor den britischen Inseln und der französischen Küste mit beträchtlichem Erfolg tätig."

Regelmäßig berichteten die deutschen U-Boote von ihren Erfolgen, die Zahl der versenkten Handelsschiffe erhöhte sich. Der neue britische Flugzeugträger *Illustrious* wurde Anfang Juli durch einen Torpedo getroffen. Das Oberkommando gab am 6. Juli bekannt: „Kapitänleutnant Prien hat mit seinem Unterseeboot auf der soeben beendeten Fahrt gegen den Feind insgesamt 66 587 BRT feindlichen Handelsschiffsraums versenkt. Dies ist das bisher höchste Ergebnis einer einzigen Feindfahrt." Am 9. Juli wurde gemeldet, daß ein U-Boot mehrere bewaffnete Handelsschiffe und den Zerstörer *Whirlwind* vernichtet hatte. Geleitzüge wurden angegriffen, einzelne Schiffe daraus versenkt, kleinere Geleitzüge völlig vernichtet. Kapitänleutnant Kretschmer übernahm am 1. Mai *U 99*, ein Boot

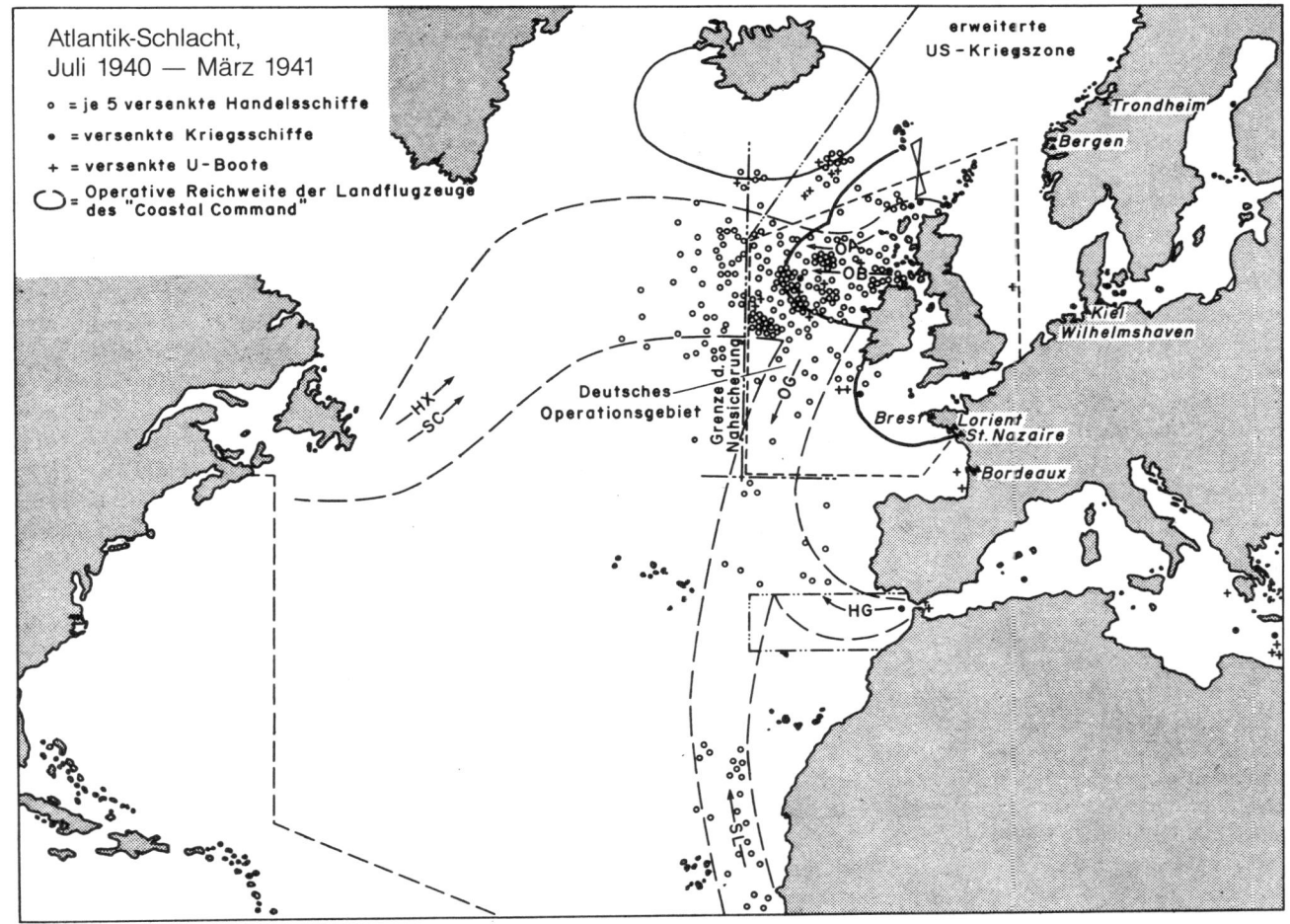

U 99 unter Kapitänleutnant Kretschmer.

tischen Geleitzug mit größtem Erfolg angegriffen. Wie bereits durch Sondermeldung bekanntgegeben, sind nach bisher vorliegenden Meldungen aus diesem Geleitzug in einer einzigen Nacht 17 feindliche Handelsschiffe mit insgesamt 110 000 BRT versenkt worden. An dieser Versenkungsziffer ist das Unterseeboot des Kapitänleutnants Prien mit acht Schiffen von zusammen 50 500 BRT beteiligt. Kapitänleutnant Prien hat damit als erster der Unterseebootskommandanten die 200 000 Tonnen-Grenze überschritten. Mit einer Gesamtversenkungsziffer von 202 000 BRT feindlichen Handelsschiffsraums steht er weitaus an der Spitze aller Unterseebootskommandanten. Das Unterseeboot des Oberleutnants zur See Endraß hat durch seinen Anteil an den Erfolgen der letzten Nacht das bisherige Versenkungsergebnis seiner laufenden Unternehmung auf 44 000 BRT gesteigert. Andere Unterseeboote melden die Versenkung von insgesamt 43 000 BRT aus weiteren Geleitzügen. Innerhalb von zwei Tagen sind damit durch die Vernichtung von zwei großen Geleitzügen und durch einige Einzelerfolge 327 000 BRT feindlichen Handelsschiffsraums von unseren Unterseebooten versenkt worden."

Am 28. Oktober versenkte *U 32* das große britische Transportschiff *Empress of Britannia*, das vorher von deutschen Flugzeugen bombardiert worden war und brannte. Zwei Tage später versenkten die Zerstörer *Harvester* und *Highlander* Boot *U 2* nordwestlich von Irland. Fünf weitere deutsche U-Boote gingen im Oktober verloren. Die erste Phase der Schlacht im Atlantik ging zu Ende.

Großadmiral Dönitz: „Bei uns gab es nicht, wie bei der englischen Staats- und Wehrmachtführung und im englischen Volk, den Begriff und das Bewußtsein von der ‚Schlacht im Atlantik'. Bei uns war der Blick mehr auf die Landschlachten des Kontinents gerichtet. Dadurch, daß man diese gewann, glaubte man auch die Seemacht England besiegen zu können. Daß draußen im Atlantik die wenigen deutschen U-Boote den entscheidenden Kampf gegen England zu kämpfen hatten, war der leider immer nur kontinental denkenden deutschen Staats- und Wehrmachtführung nicht klar."

des neuen Typs VII B; C sollte dann zum meistgebauten deutschen U-Boot werden. Aus dem Bericht vom 3. August: „Ein Unterseeboot unter Führung von Kapitänleutnant Kretschmer hat auf einer Fernfahrt sieben bewaffnete feindliche Handelsschiffe mit 56 118 BRT versenkt, darunter drei in Geleitzügen fahrende Tanker. Damit hat dieses Unterseeboot bisher insgesamt 117 367 BRT feindlichen Handelsschiffsraums und den britischen Zerstörer *Daring* versenkt." Vereinzelt wurden andere britische Zerstörer durch U-Boote angegriffen und vernichtet. Und immer wieder Handelsschiffe und Geleitzüge. Ausführlich die Meldung des Oberkommandos der Wehrmacht: „Sonntag, den 20. Oktober 1940. Deutsche Unterseeboote haben in der Nacht vom 19. zum 20. Oktober wieder einen bri-

39
Die Schlacht im Atlantik
Die zweite Phase

„Unterseeboote haben am 2. Dezember einen nach England bestimmten großen Geleitzug mit besonderem Erfolg angegriffen und zersprengt. Trotz stärkster Sicherung durch Kreuzer und Zerstörer und sofort einsetzender heftiger Abwehr wurden 15 Schiffe mit über 110 000 BRT und der zur Sicherung des Geleitzuges gehörende britische Hilfskreuzer *Caledonia* von 17 046 BRT aus dem Geleitzug herausgeschossen und versenkt. Die Versenkung zweier weiterer Schiffe des Geleitzuges von zusammen 16 000 BRT ist wahrscheinlich." Das gab das Oberkommando der Wehrmacht nach langer Zeit als Erfolgsmeldung bekannt, außerdem die Versenkung von zwei anderen Handelsschiffen. Am nächsten Tag wurden sechs versenkte Schiffe gemeldet. Am 6. Dezember vier Dampfer, am 8. Dezember vier Schiffe, zwei Tage später zwei Schiffe, am 12. Dezember vier. Mitte des Monats überschritt Kretschmer als erster die 250 000-BRT-Grenze; dieser Kommandant hatte nun insgesamt 252100 BRT versenkt. Vereinzelt wurden U-Boot-Erfolge gemeldet, an den Weihnachtstagen herrschte Ruhe.

Im Jahr 1940 hatten die Deutschen 471 Schiffe versenkt, stolz meldete das Oberkommando die Anzahl der feindlichen Kriegsschiffe, die Opfer der Kriegsmarine geworden waren: 12 Zerstörer, 8 Unterseeboote, 9 Hilfskreuzer, 3 Kanonenboote, 63 kleinere Kriegsfahrzeuge. Aber dem Befehlshaber der U-Boote Dönitz standen nur noch 18 Boote zur Verfügung. Diese geringe Zahl wurde durch den Einsatz italienischer U-Boote, die in Bordeaux stationiert waren, nicht aufgehoben. Insgesamt 29 italienische U-Boote nahmen an den Operationen im Atlantik teil.

Spärlich waren die Erfolgsmeldungen in den ersten Wochen des Jahres 1941. Erfolgreicher als die Seestreitkräfte waren die Angriffe der deutschen Luftwaffe auf Schiffe und Geleitzüge. Erst Ende Februar und Anfang März konnten die U-Boote wie auch die Schnellboote wieder größere Erfolge melden.

U 47 mit seinem Kommandanten Prien versenkte am 26. Februar vier Schiffe aus einem Konvoi, dann wurde das Boot durch Wasserbomben abgedrängt. *U 99* unter Kretschmer erhielt von *U 47* Funkmeldung, beide trafen sich zwei Tage später am Geleitzug. *U 47* versenkte einen Dampfer durch Artilleriebeschuß. Im Operationsgebiet südlich Island formierten sich nun *U 47*, *U 95*, *U 99* und *U 100*, um den Geleitzug abzufangen. *U 47* sichtete einen anderen Konvoi, auch *U 99* lief darauf zu, beschoß einen Walkocher und versenkte einen Tanker. *U 70* meldete Schäden am Turm, wurde von zwei Zerstörern angegriffen. *U 99* entging den Wasserbomben, *U 70* wurde getroffen und vernichtet. *U 47* meldete sich nicht! Der britische Zerstörer *Wolverine* war in Begleitung des Konvois. An Bord um 00 Uhr 23 U-Boot-Alarm, vier Minuten später wurde ein U-Boot gesichtet, wieder vier Minuten später Abschuß von Leuchtgranaten. Um 00 Uhr 48 Abwurf von Wasserbomben. Öl auf dem Meer, erneut Abwurf von Wasserbomben. Eine neue Ölspur um 4 Uhr 03, Verfolgung der Spur, Schraubengeräusche achteraus. Die *Wolverine* ging auf Gegenkurs und sichtete um 5 Uhr 18 ein aufgetauchtes U-Boot. Ein Rammversuch lief ins Leere, das U-Boot tauchte weg. Ein Teppich von Wasserbomben. Am Morgen des 8. März war *U 47* vernichtet.

Den Verlust gab das Oberkommando der Wehrmacht erst am 23. Mai 1941 bekannt: „Das von Korvettenkapitän Günther Prien geführte Unterseeboot ist von seiner letzten Fahrt gegen den Feind nicht zurückgekehrt. Mit dem Verlust dieses Bootes muß gerechnet werden. Korvettenkapitän Günther Prien, der Held von Scapa Flow, der vom Führer in Anerkennung seiner überragenden Verdienste mit dem Eichenlaub zum Ritterkreuz des Eisernen

Kreuzes ausgezeichnet worden war, und seine tapfere Besatzung leben im Herzen aller Deutschen weiter."

Einen Tag nach dem Untergang von *U 47*, am 9. März 1941, lief Kapitänleutnant Lemp mit einem neuen Boot, *U 110*, zur ersten Feindfahrt aus. Am 14. März meldete Lemp einen Konvoi, *U 99* und *U 100* schlossen zum Geleitzug auf. *U 110* wurde immer wieder abgedrängt, schoß dann endlich einen Viererfächer, zwei Torpedos trafen den Petroleumdampfer *Erodona*, brennend versank er im Meer. Die Geleitfahrzeuge, mit Asdic, einem U-Boot-Ortungsgerät ausgerüstet, zeigten keinen Feind an, Lemp war mit seinem Boot auf große Tiefe getaucht. Am nächsten Morgen, es war inzwischen der 16. März, tauchte er auf, stand aber so weit achtern des Konvois, daß er nicht mehr aufschließen konnte. Das war *U 100* gelungen. Das Boot wurde gesichtet, von Zerstörern unter Wasser gedrückt. Überraschend griff *U 100* an, schoß ein Schiff aus dem Konvoi heraus. *U 99* stieß zwischen zwei geleitsichernden Zerstörern durch und torpedierte einen Tanker. Kapitän Macintyre, Kommandeur der begleitenden Zerstörer, drehte mit seiner *Walker* auf *U 100* zu. Das U-Boot tauchte weg, der Zerstörer warf Wasserbomben. *U 99* war auch weggetaucht, tauchte wieder auf und griff den Konvoi an, traf zwei Tanker, stieß zur Spitze des Geleitzuges vor, versenkte zwei Dampfer. Jetzt tauchte *U 99*

wieder weg, griff noch einen Tanker an. Dann hatte es alle Torpedos verschossen und lief ab.

U 100 hatte durch die Wasserbomben von der *Walker* schwere Schäden erlitten, mußte um 3 Uhr des 17. März auftauchen. Das Boot wurde gesichtet, der Zerstörer *Vanoc* rammte es mittschiffs. Das Boot sank, Kommandant Schepke wurde verwundet und ging über Bord; fünf Mann nur konnten von der *Vanoc* gerettet werden.

Doch der Kampf war noch nicht zu Ende. Der Asdic-Offizier auf der *Walker* meldete Kontakt mit einem U-Boot. Sechs Wasserbomben wurden geworfen. Meldung von der *Vanoc* an die *Walker*: ein U-Boot war aufgetaucht! Die Scheinwerfer der *Vanoc* erfaßten *U 99*, die Geschütze der *Walker* feuerten. Signal von *U 99*: „Wir sinken!" Bis auf drei Mann wurde die Besatzung gerettet und gefangen genommen, auch Kapitänleutnant Kretschmer.

Das fünfte U-Boot, das die Deutschen in diesem März 1941 verloren, war *U 551*, das am 23. März südöstlich von Island durch einen britischen Zerstörer versenkt wurde.

Inzwischen war der U-Boot-Krieg auf den Südatlantik ausgeweitet worden. Als erste Boote waren *U 105*, *U 106* und *U 124* vom neuen Typ IX Anfang März im Gebiet um Freetown. Der Bericht des Oberkommandos der Wehrmacht faßte zusammen: „Die Hauptaufgabe der Kriegsmarine, die Störung der feindlichen Lebenslinien durch den Handels-

U 110 vom Typ IX B, aufgebracht am 9. Mai 1941.

krieg, wurde in pausenlosem Einsatz von Unter- und Überwasserstreitkräften geführt. Unterseeboote griffen im atlantischen Raum von den Küsten Großbritanniens bis hinunter zur Westküste Afrikas neunzehn Geleitzüge an, zersprengten sie in oft mehrtägiger zäher Verfolgung und rieben sie zum Teil bis auf wenige Schiffe auf. Dabei wurde das britische Schlachtschiff *Malaya*, das einen Geleitzug im mittleren Atlantik zu sichern suchte, durch Torpedotreffer (von *U 106*) schwer beschädigt. Schlachtschiffe und Kreuzer führten in demselben Seegebiet erfolgreiche Unternehmungen gegen stark gesicherte Geleitzüge durch. Schnellboote versenkten in kühnen Vorstößen vor der englischen Ostküste und im Kanal feindliche Handelsschiffe, Hilfskreuzer trugen den Handelskrieg bis in die entferntesten überseeischen Gewässer."

Im Mai ging *U 110* verloren. Dieses Boot war zusammen mit *U 201, U 96* und *U 556* auf einen Ge-

leitzug angesetzt worden. Am 9. Mai hatten die ersten Boote den Konvoi gesichtet. Kapitänleutnant Lemp hatte schon die ersten Dampfer aus dem Konvoi versenkt, als ein Begleitzerstörer sein Boot zum Tauchen zwang. Wasserbomben detonierten. Das Boot wurde beschädigt, war nicht mehr zu halten, mußte auftauchen, wurde unter Beschuß genommen.

34 Mann wurden gerettet; die anderen, auch Lemp, blieben in See. Der Zerstörer *Bulldog* versuchte, *U 110* nach Reykjavik einzuschleppen; unterwegs begann das Boot zu sinken und mußte aufgegeben werden.

Im südlichen und mittleren Bereich des Atlantik ließ die Konvoi- und somit die Handelskrieg-Aktivität nach. Dönitz verlegte im September das Operationsgebiet in den nördlichen Atlantik, an die Ostküste Grönlands. Die zweite Phase der Schlacht um den Atlantik war beendet.

Brennendes Frachtschiff.

40
Kampf ums Mittelmeer
Die Schlacht bei Kap Matapan

Der ungehinderte Weg durch das Mittelmeer war für Großbritannien lebenswichtig, es brauchte den freien Zugang zum Suezkanal, zum Fernen Osten. Den Franzosen war das Mittelmeer Verbindungsstraße zu seinen Kolonien in Afrika. Italien unternahm von hier seine Angriffe gegen Abessinien und Albanien. Deutschland und Italien hatten sich bereits gegenseitig militärische Hilfe zugesichert. Am 10. Juni 1940 erklärte Italien den Krieg gegen England und Frankreich. Schon am 22. Juni trat der Waffenstillstand zwischen Frankreich einerseits und Italien und Deutschland andererseits in Kraft. Die Aufgabe der britischen Flotte im Mittelmeer bestand zunächst darin, den Weg zu den eigenen Stützpunkten in Gibraltar, Malta und Alexandria freizuhalten und den Italienern den Weg durch das Mittelmeer zu versperren.

Dem mit Deutschland sympathisierenden Regime des Marschall Pétain unterstand die französische Mittelmeerflotte. Den Befehlshabern im Kriegshafen Mers-el-Kebir bei Oran in Algerien überreichten die Engländer am 3. Juli 1940 Vorschläge: in den Kampf gegen die Achsenmächte Deutschland und Italien einzugreifen, die Flotte nach England zu bringen oder zu internieren; als Alternative bliebe sonst nur die Selbstversenkung, damit die Schiffe nicht der Achse in die Hände fiele. Die Franzosen lehnten die Vorschläge mit dem Hinweis auf den Waffenstillstand ab. Als über See französische Verstärkung sich dem Kriegshafen näherte, eröffneten die Engländer das Feuer. Ihrer Flotte aus den zwei Schlachtschiffen *Valiant* und *Resolution*, dem Schlachtkreuzer *Hood*, dem Flugzeugträger *Ark Royal*, zwei Kreuzern und elf Zerstörern standen von französischer Seite vier Schlachtschiffe, sechs große Zerstörer und ein Flugzeugtender gegenüber. Das Gefecht endete mit der Versenkung der französischen Schiffe, einige wurden auch auf Sand gesetzt. Nur das Schlachtschiff

Strasbourg und einige Kreuzer konnten nach Toulon entkommen. Zur Vergeltung griffen französische Flugzeuge am 5. Juli Gibraltar an, ohne großen Schaden zu verursachen.

Die beiden britischen Befehlshaber im Mittelmeer, Vizeadmiral Somerville mit seiner Kampfgruppe Force H in Gibraltar und Admiral Cunningham in Alexandria, erwiesen sich als geschickte Seekriegsführer. Ihre Streitkräfte zählten zusammen fünf Schlachtschiffe, zwei Flugzeugträger und zehn Leichte Kreuzer. Dieser Flotte im Mittelmeer standen von italienischer Seite vier Schlachtschiffe, sieben Schwere Kreuzer und vierzehn Leichte Kreuzer gegenüber; dazu kamen jeweils Zerstörer und U-Boote.

Am 7. Juli 1940 marschierte Admiral Cunningham mit seinem Flaggschiff *Warspite*, den zwei Schlachtschiffen *Malaya* und *Royal Sovereign*, dem Flugzeugträger *Eagle*, fünf Leichten Kreuzern und siebzehn Zerstörern von Alexandria nach Malta. Am folgenden Tag sichtete ein U-Boot östlich vor Malta die beiden italienischen Schlachtschiffe *Giulio Cesare* und *Conte di Cavour*, die Geleitschutz für fünf italienische Versorgungsschiffe nach Libyen leisteten. Admiral Cunnigham griff sofort an. Nach verschiedenen Attacken drehten die Italiener unter Schwarzqualmen ab. Die *Warspite* suchte Gefechtsberührung, fand Kontakt zur *Giulio Cesare*. Cunnigham ließ das Feuer eröffnen und ein Schornstein auf dem italienischen Schiff wurde getroffen. Doch das Schiff drehte wieder ab.

Am 19. Juli kam es zum Gefecht bei Kap Spada. Ein Verband britischer Zerstörer stieß nördlich von Kreta auf zwei italienische Kreuzer. Nachdem die Italiener das Feuer eröffnet hatten, kam den Briten

rechts: Deutsche Geleitboote.
S. 146 und 147: Deutsche Zerstörer im Nordmeer. Gemälde von Günther Todt.

Todt

Schwerer Kreuzer *Prinz Eugen*.
Die achteren Zwillingstürme.

unten: Das Vorschiff des Schweren Kreuzers.
Photos von Ferdinand Urbahns.

der australische Kreuzer *Sydney* zu Hilfe. Die Italiener drehten ab.

Auf Anforderung Admiral Cunninghams wurde seine Flotte verstärkt: der Flugzeugträger *Illustrious*, die Schlachtschiffe *Valiant* und *Barham*, zwei Schwere Kreuzer und ein Leichter Kreuzer stießen zur britischen Mittelmeerflotte. Am 6. November lief Admiral Cunnigham mit drei Schlachtschiffen, einem Flugzeugträger, sieben Kreuzern und dreizehn Zerstörern von Alexandria aus. Der italienische Vizeadmiral Campioni deutete die Lage nach den Meldungen der Flugaufklärung falsch; seine Flotte blieb im Hauptkriegshafen Tarent. Der britische Angriff am 11. des Monats kam überraschend. Die Torpedoflugzeuge reduzierten die italienische Flotte empfindlich. Nur drei Schlachtschiffe blieben von den großen Einheiten einsatzbereit.

Den Italienern halfen Verbände der deutschen Luftwaffe, Kampfflugzeuge griffen britische Schiffe an. Sturzkampfbomber trafen die *Illustrious* und beschädigten sie schwer. Der Flugzeugträger mußte durch die eben fertiggestellte *Formidable* ersetzt werden.

Südlich der Straße von Messina traf sich am 23. März Vizeadmiral Iachino mit seinen Schweren und Leichten Kreuzern mit einem Verband von Zerstörern. Beabsichtigt war, einen britischen Geleitzug anzugreifen. Admiral Cunningham war durch den Nachrichtendienst informiert worden. Vizeadmiral Pridham-Wippel erhielt den Befehl, mit seiner Force B, einer Gruppe von Kreuzern und Zerstörern, sich südlich Kreta mit der Hauptmacht zu vereinigen. Cunningham lief mit der *Warspite* in Begleitung der Schlachtschiffe *Valiant* und *Barham*, des Flugzeugträgers *Formidable* und neun Kreuzern am 27. März aus Alexandria aus. Am nächsten Tag entdeckten Flugzeuge von der *Formidable* die drei italienischen Geschwader unter Sansonetti, Legnani und Catteneo. Pridham-Wippel bekam einen italienischen Verband in Sicht. Die Italiener eröffneten das Feuer auf den Leichten Kreuzer *Gloucester*. Pridham-Wippel zog nun die Italiener auf Cunningham, Iachino versuchte die Briten in die Reichweite der Geschütze des Schlachtschiffes *Vittorio Veneto* zu ziehen. Mit Funksprüchen unterrrichtete Pridham-Wippel den Admiral Cunningham. Die *Formidable* kam mit ihren Torpedoflugzeugen zu Hilfe. Die *Vittorio Vene-*

to verließ das Kampffeld, wurde von den Briten verfolgt und eingeholt. Von 12 Uhr 24 bis 15 Uhr 30 griffen die Flugzeuge an, trafen das Schiff achtern, das schneller ablief, als die Briten dachten. Neuer Angriff von den Flugzeugen der *Formidable*, die nun den italienischen Kreuzer *Pola* manövrierunfähig schossen. Cunningham wollte nun südlich von Kap Matapan die *Vittorio Veneto* stellen und vernichten. Sechs italienische Kreuzer sollten inzwischen der *Pola* zu Hilfe kommen, vier davon wurden zusammengeschossen, einer beschädigt, die *Pola* wurde mit Torpedos versenkt.

Vor das Gros der britischen Flotte war eine Zerstörergruppe unter Kapitän Mack auf der *Jervis* entsandt worden. Gegen 22 Uhr Schiffe auf dem Radarschirm! Mack hielt sie für Pridham-Wippels Kreuzer, auf dem Radarschirm der *Ajax* hielt man die Schiffe für Macks Zerstörer. Der Irrtum klärte sich auf, das Schicksal der Schiffe, die der *Pola* zu Hilfe kommen wollten, war besiegelt.

Admiral Cunningham war immer noch auf der Suche nach der *Vittorio Veneto*. Am 29. März um 15 Uhr wurde Cunninghams Flotte von deutschen Stukas angegriffen, am Abend lief er in Alexandria ein. Der Sieger der Schlacht bei Kap Matapan hatte aber sein Ziel nicht erreicht — die *Vittorio Veneto* zu vernichten.

Dann verließ das Glück die britische Flotte. Am 14. November versenkte nahe Gibraltar das deutsche U-Boot *U 81* die *Ark Royal*. Am 25. November traf das deutsche U-Boot *U 331* vor der libyschen Küste mit drei Torpedos das Schlachtschiff *Barham*; der Kapitän und 861 Mann wurden getötet, unter den 450 Überlebenden auch Admiral Pridham-Wippel. In der Nacht vom 18. zum 19. Dezember 1941 setzte ein italienisches U-Boot drei Unterwassersprengboote vor dem Hafen von Alexandria ab. Haftladungen wurden an den Schlachtschiffen *Queen Elizabeth* und *Valiant* und an einem Tanker angebracht, die die Schiffe stark beschädigten.

Im März war das Afrikakorps unter Feldmarschall Rommel in Tripolis gelandet und bewachte die Nachschubtransporte von Tripolis zu den Häfen der Sirte.

Am 17. Dezember 1941 begann die erste Schlacht in der Sirte. Zehn Tage vorher hatte der japanische Angriff auf Pearl Harbor stattgefunden.

41
Die Schlacht im Pazifik
Von Pearl Harbor nach Midway

Der Angriff der Japaner auf Pearl Harbor auf Hawaii am 7. Dezember 1941 kam für die Amerikaner überraschend. Obwohl sich frühzeitig schon abgezeichnet hatte, daß die Japaner zu einem Krieg gegen die USA bereit waren. Japan, das große Teile Chinas besetzt hielt, war seit 1940 durch den Dreimächtepakt mit Deutschland und Italien verbündet. Die japanische Expansion im pazifischen Raum diente der Schaffung eines Großjapanischen Reiches. Schon seit geraumer Zeit hatten sich die Interessen Japans mit denen der USA berührt, waren in Konflikt miteinander geraten. Zwei imperialistische Mächte im noch friedlichen Kampf um die Vormacht. Die USA verhängten Ausfuhrsperren gegen Japan, froren japanische Guthaben in Amerika ein. Der japanische Geheimcode war geknackt worden, die letzte Mitteilung von Tokyo an die japanische Botschaft in Washington meldete den Abbruch der Verhandlungen. Präsident Roosevelt wußte, was das zu bedeuten hatte: Krieg!

Ohne Kriegserklärung griffen am 7. Dezember 1941 die Japaner Pearl Harbor auf Hawaii an. Auf diesem amerikanischen Stützpunkt befand sich fast die gesamte pazifische Schlachtflotte: acht Schlachtschiffe, zwei Schwere Kreuzer, fünf Leichte Kreuzer, zahlreiche Zerstörer und andere Schiffe. Die Flugzeuge standen ordentlich aufgereiht auf den Flugplätzen. Nur die beiden Flugzeugträger *Lexington* und *Enterprise* waren auf See. Es darf vermutet werden, daß die Amerikaner auch deshalb nicht an einen Angriff der Japaner auf Pearl Harbor dachten, weil sie beobachtet hatten, daß japanische Verbände einen Vorstoß nach Süden vorbereiteten, um in Niederländisch-Indien Erdölfelder zu erobern.

Vizeadmiral Nagumo führte den kühnen Angriff auf Pearl Harbor über 35 000 Seemeilen von den Kurilen her. Seine Kampfgruppe bestand aus den sechs Flugzeugträgern *Akagi, Hiryu, Kaga, Shokaku, Soryu* und *Zuikaku*, die von zwei Schlachtschif-

fen, *Hiei* und *Kirishima*, drei Kreuzern und neun Zerstörern begleitet wurden. Es war noch nicht ganz hell an diesem Tag, von dem die Amerikaner gehofft hatten, daß es ein ruhiger und friedlicher Sonntag sein würde. Um 6 Uhr starteten 183 japanische Kampfflugzeuge, die zweite Angriffswelle von 170 Maschinen startete um 7 Uhr 15. Um 13 Uhr waren fast alle Flugzeuge wieder auf den Trägern gelandet. Die überrumpelten Amerikaner konnten zu keinem Gegenschlag ausholen. Fast alle ihre Flugzeuge waren außer Gefecht gesetzt worden, 18 Schiffe waren in die Luft geflogen, explodiert oder gekentert. Die amerikanische Schlachtflotte lag schrottreif im Hafen von Pearl Harbor auf der Insel Oahu. Während des Angriffs waren 2400 Amerikaner gestorben und 1300 verwundet worden. Ungehindert trat die japanische Flotte den Rückmarsch an.

Am nächsten Tag, am 8. Dezember 1941, erklärten Amerikaner und Briten den Japanern den Krieg. Zwei Tage später fand zwischen japanischen und britischen Kampfgruppen die See-Luft-Schlacht bei Kuantan auf Malaya statt. Die beiden Schlachtschiffe *Repulse* und *Prince of Wales* wurden versenkt. Die Japaner landeten in Nord- und Süd-Luzon, auf Wake, eroberten Hongkong, landeten auf Celebes.

Im Januar 1942 formierten sich in Indonesien Amerikaner, Niederländer und Engländer unter Konteradmiral Doorman zu einer Kampfgruppe. Im Februar griffen die Amerikaner den japanischen Stützpunkt auf den Marschallinseln an. Die Japaner eroberten Singapur und landeten auf Bali. Und Vizeadmiral Nagumo überfiel mit seiner Trägerflotte Port Darwin. Dabei versenkte er einen amerikanischen Zerstörer und elf Handelsschiffe. Der Monat war noch nicht vergangen, als in der Javasee die Alliierten auf einen japanischen Verband stießen. Nach schweren Verlusten mußten sich die Alliierten zurückziehen. Auch die Schlacht in der Sundastraße fand noch im Februar statt, danach waren die alliierten Seestreitkräfte so geschwächt, daß sie am 9. März auf Java kapitulierten. Der japanische Luftangriff vom 5. bis 9. April auf Ceylon brachte den Briten hohe Verluste; sie verloren einen Flugzeugträger, zwei Schwere Kreuzer, einen Zerstörer, 33 Flugzeuge und zahlreiche Handelsschiffe. Am 18. April 1942 fielen die ersten amerikanischen Bomben auf Tokyo.

Die Japaner waren immer noch bestrebt, ihr Machtgebiet weiter auszudehnen. Sie wollten Neu-Guinea, die Salomonen, Midway und die Aleuten besetzen. Während dieser Operationen kam es im Mai zu einer Seeschlacht im Korallenmeer. Drei Flugzeugträger, sechs Kreuzer und sechs Zerstörer wurden von Konteradmiral Goto und Vizeadmiral Takagi befehligt. Admiral Nimitz, Oberbefehlshaber der amerikanischen Pazifikflotte, nahm an die-

ser Seeschlacht mit den beiden Flugzeugträgern *Yorktown* und *Lexington*, fünf Kreuzern und neun Zerstörern teil, dazu kamen drei Kreuzer und zwei Zerstörer der Briten. Erbitterte Angriffe der japanischen und der amerikanischen Torpedoflieger. Die beiden feindlichen Flotten bekamen sich gegenseitig nicht in Sicht. Hohe Verluste auf beiden Seiten. Am 8. Mai wurde die *Lexington* schwer getroffen und sank. Keine der Seiten konnte den Sieg in dieser Schlacht erringen. Aber der japanische Vorstoß nach Süden wurde aufgehalten, der Angriff auf Australien abgewehrt.

Die Japaner hatten die Amerikaner nach dem Blitzüberfall auf Pearl Harbor unterschätzt. Ihre erste ernste Niederlage erlitten sie in der Schlacht bei Midway westlich von Hawaii. Die Amerikaner mußten unter allen Umständen Midway halten, um die Stützpunkte auf Hawaii nicht zu gefährden. Die Japaner versuchten, die Amerikaner abzulen-

Das britische Schlachtschiff *Repulse*, verloren gegangen bei Kuantan, 10. Dezember 1941.

ken; Flottenchef Admiral Yamamoto entsandte eine Kampfgruppe in Richtung Alëuten, während das Gros in Richtung Midway marschierte. Über 200 Schiffe zählte die Angriffsflotte unter Yamamotos Befehl auf dem Flaggschiff *Yamato*, einem modernen Schlachtschiff, auf dem er die Schlachtflotte führte. Die Trägerflotte unterstand Vizeadmiral Nagumo, der die vier Flugzeugträger *Akagi, Hiryu, Kaga* und *Soryu*, zwei Schlachtschiffe, drei Kreuzer und zwölf Zerstörer nach Midway führte.

Am 3. Juni 1942 war Nimitz schon über die Absichten und den Kurs der Japaner informiert: der japanische Code war entschlüsselt worden. Von Midway stiegen Flugzeuge auf und griffen die heranrückenden Japaner an.

Die Wirkungen dieses Angriffs blieben gering. Ebenso die des japanischen Angriffs am nächsten Tag, als sich 100 Flugzeuge auf Midway stürzten, während 50 amerikanische Maschinen wieder die Trägerflotte als Ziel nahmen. Nagumo plante, Midway noch einmal anzugreifen, als ein japanisches Aufklärungsflugzeug den amerikanischen Trägerverband meldete. Dann griffen die Sturzbomber von der *Enterprise* und der *Yorktown* Nagumos Flotte immer wieder an. Drei Flugzeugträger mußten die Japaner verloren geben. Brennend versanken sie im Meer. Nur der Träger *Hiryu* entkam. Doch auch die *Yorktown* war stark durch die japani-

schen Flugzeugangriffe beschädigt. Am Nachmittag endlich entdeckten amerikanische Flieger die ablaufende *Hiryu*. Bombenangriffe, bis das große Schiff sank.

Yamamoto wollte nun die Amerikaner in der Nacht angreifen, konnte aber die feindliche Flotte nicht aufspüren. Am Morgen des 5. Juni stellte er die Suche ein. Der Tag verlief ruhig. Erst am nächsten Tag wieder Gefechtsberührung. Die Amerikaner griffen zwei miteinander kollidierte japanische Schwere Kreuzer an. Einer sank, der andere konnte mit zwei Zerstörern entkommen. Die beschädigte *Yorktown* war immer noch auf dem Wasser, die Rettungsversuche wurden am 7. Juni zunichte gemacht. Ein japanisches U-Boot landete zwei Treffer. Die *Yorktown* ging verloren. An diesem letzten Tag der Schlacht besetzte der japanische Flottenverband, der zu den Alëuten entsandt worden war, dort die beiden Inseln Kiska und Attu.

Die Amerikaner hatten den Sieg in der Schlacht bei Midway errungen. Sie verloren dabei einen Flugzeugträger, einen Zerstörer, 150 Flugzeuge, 300 Menschen starben. Die Verluste der Japaner waren wesentlich höher und gaben den Ausschlag für die spätere endgültige Niederlage: vier Träger, ein Kreuzer, mehr als 300 Flugzeuge, 3500 Gefallene. Für die Japaner wog besonders schwer der Verlust von über hundert gut ausgebildeten Kampfpiloten.

Die *Lexington* und die *Saratoga* waren amerikanische Flugzeugträger vom Typ CV 2.

42
Krieg in der Ostsee

Das Oberkommando der Wehrmacht gab am Sonntag, dem 22. Juni 1941 bekannt: „An der sowjetrussischen Grenze ist es seit den frühen Morgenstunden des heutigen Tages zu Kampfhandlungen gekommen." Montag: „Im Osten verlaufen die Kämpfe des Heeres und der Luftwaffe gegen die Rote Armee planmäßig und erfolgreich. In der östlichen Ostsee stießen Schnellboote in die Küstengewässer der Sowjetunion vor und versenkten ein Küstenwachschiff und vier feindliche Handelsschiffe mit zusammen 5 950 BRT." Dienstag: „Im Osten nehmen die Operationen der deutschen Wehrmacht unter großen Erfolgen ihren planmäßigen Verlauf." Mittwoch: „Im Osten nehmen die Kämpfe des Heeres, der Luftwaffe und der Kriegsmarine gegen die Sowjetwehrmacht einen so günstigen Verlauf, daß große Erfolge zu erwarten sind…"

Ein wichtiges Ziel der deutschen Machtpolitik war, Lebensraum im Osten und die russischen Bodenschätze zu gewinnen. Um im Westen freie Hand zu haben und um die Sowjets in Sicherheit zu wiegen, suchte das Deutsche Reich Absprachen mit der Sowjetunion. Am 23. August 1939 wurde der deutsch-russische Nichtangriffspakt geschlossen. Die Sowjetunion glaubte sich nun vor einem Angriff Deutschlands sicher; sie wollte ihre Kräfte dem Aufbau des Landes widmen und bereitete sich nicht auf einen Krieg vor. Hitler gab schon 1940 den Befehl zur Ausarbeitung von Angriffsplänen gegen das ihm verhaßte Land. Im Dezember wurde der Feldzug geplant, der einen Decknamen erhielt: Fall Barbarossa. War Hitler nicht bekannt, daß der deutsche Kaiser Barbarossa bei einem Feldzug im Osten umgekommen war? Vergeblich warnten Großadmiral Raeder, Staatssekretär von Weizsäcker, von der Schulenburg als Botschafter in Moskau vor den Gefahren eines Zweifrontenkrieges. Die schnellen Vorstöße im russischen Raum schienen Hitler und seinen Generälen recht zu geben.

Durch Beistandspakte mit Estland und Lettland, durch den Krieg gegen Finnland konnte die Sowjetunion ihre Position in der Ostsee in den Jahren 1939 bis 1941 ausbauen, ihrer Baltischen Flotte neue Stützpunkte geben, die der defensiven Konzeption dienten. Durch den Angriff wurde auch die in Aufbau und Ausbildung befindliche Baltische Flotte überrascht. Deutsche Minen wurden ausgelegt und sperrten die Auslaufwege der sowjetischen Flotte. Die Wartburg-Sperre verlief zwischen Memel und Gotland, die Apolda-Sperre riegelte den Finnischen Meerbusen ab, weiter ostwärts wurde die Corbetha-Sperre errichtet. Die Baltische Flotte suchte ihrerseits Minensperren zum Schutz anzulegen. Bei einer Deckungsoperation lief der Kreuzer *Maxim Gorki* mit drei Zerstörern in die Apolda-Sperre, ein Zerstörer sank, die anderen Einheiten wurden beschädigt. Die deutschen Minensperren wurden mit Hilfe finnischer U-Boote verstärkt.

Durch den schnellen Vorstoß der deutschen Streitkräfte mußte der sowjetische Hafen Libau geräumt werden, die nicht fahrbereiten Schiffe wurden gesprengt. Bei einem Gefecht in der Irbenstraße wurde ein russischer Zerstörer versenkt. Riga und Dünamünde mußten vor den anrückenden deutschen Truppen geräumt werden, die Schiffe wurden nach Reval überführt. Durch deutsche Schnellbootangriffe und den Einsatz der Luftwaffe verloren die Sowjetrussen immer wieder Schiffe. Die deutschen Truppen erreichten die Küste des Finnischen Meerbusen, Reval war gefährdet, mußte evakuiert werden. Am 28. August lagen vier Konvois auf der Reede von Reval, versuchten durch die deutsche Juminda-Sperre zu brechen. Deutsche Flugzeuge griffen an, zerstreuten die Konvois, versenkten die Schiffe. Die noch verbliebenen Schiffe der Baltischen Flotte wurden zur artilleristischen Unterstützung der Landfront bei Leningrad unterstellt. Beim deutschen Angriff auf Leningrad verteidigten auch Schiffe die Stadt. Am 15. September brachen deutsche Heeresverbände an die Bucht von Kronstadt durch, beschossen die Schiffe der Baltischen Flotte. Die russischen U-Boote sicherten den Finnischen Meerbusen, um zu verhindern, daß deutsche Überwasserstreitkräfte Leningrad angreifen konnten.

Die Deutschen rechneten mit dem Fall der Stadt, danach mit einem Ausbruchversuch der sowjetischen Flotte. Deshalb zogen sie die in der Ostsee verfügbaren Kriegsschiffe zusammen; zur Baltenflotte das Schlachtschiff *Tirpitz*, die Kreuzer *Admiral Scheer*, *Nürnberg* und *Köln*, drei Zerstörer und fünf Torpedoboote; zwei Kreuzer bildeten die Südgruppe bei Libau. Um die starke Verteidigungsartillerie der russischen Schiffe zu vernichten, griffen

deutsche Sturzbomber an. Das Schlachtschiff *Marat* wurde vor Kronstadt getroffen und sank im seichten Gewässer der Bucht. Die achteren Türme wurden wieder zum Einsatz gebracht. Auch der Kreuzer *Kirow* wurde schwer beschädigt, weitere Schiffe erhielten Treffer.

Zusammen mit finnischen Verbänden besetzten deutsche Truppen die baltischen Inseln, unterstützt von den Kreuzern *Emden*, *Leipzig* und *Köln*. Nun mußte die Halbinsel Hangö geräumt und evakuiert werden. Unter schweren Verlusten gelang es den Konvois, Menschen und Material nach Kronstadt zu überführen. Die Vereisung des Finnischen Meerbusen setzte im beginnenden Winter 1941 den Kämpfen ein vorläufiges Ende. Leningrad drohte in der Belagerung zu ersticken.

Schwerer Kreuzer *Prinz Eugen* in der Ostsee, 1940. Gemälde von Ernst Wobek.

43
Die dritte Phase der Atlantik-Schlacht Deutschland im Krieg gegen die USA

Während die deutschen Truppen an der Ostfront noch im Vormarsch waren, wurde dem Deutschen Reich ein neuer Gegner aufgezwungen. Durch den Überfall auf Pearl Harbor mußten Deutschland und Italien an der Seite des verbündeten Japan den USA den Krieg erklären. Das geschah am 11. Dezember 1941.

Mit einem Krieg gegen die USA hatten Hitler und seine Generäle nicht so schnell gerechnet. Die Regierung der Vereinigten Staaten hatte nach dem Beginn des Krieges eine Neutralitätserklärung abgegeben. Der Verkauf von Waffen und Kriegsmaterial erfolgte „cash and carry", die Waffen mußten bar bezahlt und auf den Schiffen der Käufer abtransportiert werden. Um Großbritannien besser unterstützen zu können, wurde das Leih- und Pachtgesetz erlassen, das nicht die sofortige Bezahlung von Lieferungen vorschrieb. Die USA änderten ihre Neutralität zur Nichtkriegführung, alle Hilfe war „short of war". Fünfzig alte Zerstörer, die noch zur U-Boot-Bekämpfung taugten, wurden gegen Stützpunkte auf britischen Atlantikinseln getauscht. Amerika begann aufzurüsten. Kriegsschiffe sicherten den Transport nach England. Als die Deutschen den uneingeschränkten U-Boot-Krieg im Nordatlantik bis an die Küsten Grönlands trugen, erhielten die USA das Recht, auf Grönland Stützpunkte einzurichten. Die Schiffe der Achsenmächte Deutschland und Italien wurden im westlichen Atlantik von der US Navy beschattet, ihre Standorte an die Briten gemeldet. Island löste sich aus dem Bund mit dem besetzten Dänemark, amerikanische Marinetruppen landeten auf der Insel. Bei dieser Lage waren nun kriegerische Auseinandersetzungen zwischen den USA und Deutschland kaum zu vermeiden.

Dönitz gab den U-Booten den Befehl: „Führer hat Vermeidung jeden Zwischenfalls mit den USA für die nächsten Wochen befohlen. In allen denkbaren Fällen in diesem Sinne handeln. Darüber hinaus bis auf weiteres Angriffe nur auf Kreuzer, Schlachtschiffe und Flugzeugträger, und nur, wenn diese einwandfrei als feindlich erkannt, freigegeben. Abgeblendet-Fahren gilt bei Kriegsschiffen nicht als Beweis feindlichen Charakters."

Doch die befürchteten Zwischenfälle ließen sich nicht vermeiden. U 69 versenkte den amerikanischen Frachter *Robin Moor*. Schwerer wog schon das Treffen des Zerstörers *Greer* mit dem deutschen U 652. Am 4. September erhielt das Schiff von einem britischen Flugzeug vor Island Meldung, daß ein U-Boot voraus stehe. Die *Greer* lief darauf zu, ortete das U-Boot, machte Meldung. Ein britisches Flugboot warf Bomben auf das getauchte U-Boot, das nun mit Torpedos den Zerstörer angriff, von dem es den Bombenangriff vermutete. Nun warf erst die *Greer* ihre Wasserbomben. Es entstand kein Schaden, doch dies war der erste Schußwechsel in einem Krieg, der noch nicht erklärt worden war. Die US Navy erhielt den Befehl, jedes deutsche oder italienische Kriegsschiff in den Gewässern, die für die amerikanische Verteidigung wichtig waren, zu bekämpfen.

Mitte Oktober stand ein Konvoi südwestlich Islands, ein Rudel deutscher U-Boote griff an und hatte schon drei Schiffe vernichtet, als fünf amerikanische Zerstörer zur Hilfe eilten. Der Zerstörer *Kearny* wurde torpediert, getroffen und beschädigt. Ende Oktober sicherten fünf amerikanische Zerstörer einen Geleitzug westlich Irland, U 552 versenkte die *Reuben James*.

Das Neutralitätsgesetz der USA wurde geändert, Handelsschiffe wurde erlaubt, sich zu bewaffnen. Da kam die deutsche Kriegserklärung, auf die die USA schon gewartet hatten. Die Schlacht im Atlantik trat in ihre dritte Phase. Bevor es vor der amerikanischen Küste zum Paukenschlag durch die deutschen U-Boote kam, fand das letzte Gefecht mit einem Konvoi in dem sich neigenden Jahr 1941 statt. Der Geleitzug, der von Gibraltar nach England lief, wurde durch eine Gruppe unter Kommandant Walker gesichert, außerdem durch den Geleitflugzeugträger *Audacity*, dem umgebauten ehemaligen deutschen Dampfer *Hannover*. An den ersten drei Tagen wurden drei U-Boote vernichtet. Aus dem Geleit wurde nur ein Handelsschiff versenkt, ein Zerstörer vernichtet. Die *Audacity* fiel in der Nacht vom 21. zum 22. Dezember *U 751* zum Opfer. Die anderen U-Boote wurden abgedrängt, nur *U 567* unter Kapitänleutnant Endraß gelang es, ein Handelsschiff zu versenken. Die Geleitfahrzeuge stellten das Boot und zerstörten es mit Wasserbomben.

Für den Einsatz vor der Atlantikküste der USA hatte Dönitz 12 U-Boote angefordert. Nur sechs Boote wurden Dönitz bewilligt, davon war ein Boot noch nicht einsatzbereit. Und die Operation Paukenschlag begann.

Am 13. Januar versenkte *U 123* unter Kapitänleutnant Hartdegen vor dem Hafen von New York den britischen Dampfer *Cyclops*; und *U 130* unter Korvettenkapitän Kals vernichtete zwei Dampfer im gleichen Gebiet. Die deutschen U-Boote konnten ungehindert unter der amerikanischen Küste operieren, entsprechend groß waren ihre Erfolge. Als das erste Rudel den Rückmarsch über den Atlantik antrat, hatten bereits andere Boote ihr Einsatzgebiet erreicht. Am Ende des Monats waren zwischen dem Lorenzstrom und New York 31 Schiffe versenkt worden, die Zahl für den Atlantik und das Nordmeer betrug insgesamt 49 Schiffe.

Im Februar nahmen deutsche U-Boote den Kampf im Golf von Mexico und im Gebiet der Karibik auf. Hier fielen ihnen Tanker und Ölanlagen zum Opfer.

Die Versenkungsquote im Februar belief sich auf insgesamt 70 Schiffe. Im März wurden 28, im April 23 Schiffe vernichtet. Aber die Deutschen hatten noch kein einziges U-Boot verloren. Der alte amerikanische Zerstörer *Roper* versenkte in der Nacht zum 14. April vor Wimble Shoal vor dem Golf von Biscaya das erste U-Boot, *U 85*. Im gleichen Gebiet gingen *U 587* und *U 252* verloren.

Durch die Einführung eines neuen Typs XIV, eines U-Boot-Tankers, Milchkuh genannt, wuchs die Einsatzfähigkeit der deutschen U-Boote.

Am Ende des ersten Halbjahres 1942 waren vor der Küste Amerikas 495 Schiffe versenkt worden, 12 deutsche U-Boote waren verloren gegangen.

U-Boot vom Typ VII C. Gemälde von Günther Todt.

44
Die vierte Phase der Atlantik-Schlacht
Die Geleitzugschlachten

Die Sowjetunion war in das amerikanische Leih- und Pachtsystem einbezogen worden. Konvois durch den Nordatlantik gingen nach Archangelsk. Eine Sondermeldung des Oberkommandos der Wehrmacht: „Seit dem 2. Juli wurde in den Gewässern zwischen dem Nordkap und Spitzbergen, 300 bis 400 Seemeilen von der nordnorwegischen Küste entfernt, eine große Operation von Luft- und Seestreitkräften gegen den feindlichen Geleitverkehr nach der Sowjetunion durchgeführt. Kampffliegerverbände und deutsche Unterseeboote haben einen englisch-amerikanischen Großgeleitzug im nördlichen Eismeer angegriffen und zum größten Teil vernichtet. Der Konvoi bestand aus 38 Handelsschiffen, hatte Flugzeuge, Panzerkampfwagen, Munition und Lebensmittel geladen, war nach Archangelsk bestimmt und durch schwere feindliche Seestreitkräfte, Zerstörer und Korvetten sehr stark gesichert. In enger Zusammenarbeit zwischen Kriegsmarine und Luftwaffe wurden durch Kampfflugzeuge ein amerikanischer Schwerer Kreuzer und 19 Handelsschiffe mit 122 000 BRT, durch Unterseeboote neun Schiffe mit 70 400 BRT, im ganzen somit 28 Schiffe mit 192 400 BRT versenkt. Der Rest des völlig zersprengten Geleitzuges wird weiter bekämpft. Durch Seenotflugzeuge wurde eine größere Zahl amerikanischer Seeleute gerettet und gefangengenommen."

18. Juli: „Wie durch Sondermeldung bekanntgegeben, griffen deutsche Unterseeboote an der Westküste Afrikas einen stark gesicherten britischen Geleitzug an und versenkten aus ihm sechs Handelsschiffe mit 39 500 BRT. Andere Boote versenkten im Atlantik, vor dem Mississippi und vor dem Panama-Kanal zehn Schiffe mit 68 500 BRT und im Nördlichen Eismeer einen Transporter von 7000 BRT. Damit verlor der Feind auf weit auseinanderliegenden Kriegsschauplätzen, auf denen unsere Unterseeboote operierten, 17 Schiffe mit

115 000 BRT seines kostbaren Frachtraums."

8. August: „Wie durch Sondermeldungen bekanntgegeben, versenkten unsere Unterseeboote im Nordatlantik in harten Angriffen aus stark gesicherten Geleitzügen der Amerika-England-Fahrt sieben Schiffe mit zusammen 49 000 BRT und einen Bewacher. Im Mittelatlantik, in amerikanischen Gewässern und vor den Geleitzughäfen der westafrikanischen Küste fielen ihren Torpedos weitere acht Schiffe mit 54 181 BRT und ein amerikanischer Zerstörer zum Opfer. Unter den versenkten Schiffen befand sich ein großer Munitionsdampfer sowie ein mit Panzerkampfwagen und Flugzeugen beladenes Schiff, das nach Alexandrien unterwegs war. Mit der Vernichtung dieser 15 Schiffe mit zusammen über 103 000 BRT wurde der englisch-amerikanischen Versorgungsschiffahrt durch unsere Unterseeboote ein neuer schwerer Verlust zugefügt."

15. September: „Wie bereits durch Sondermeldung bekanntgegeben, stießen am 9. September deutsche Unterseeboote mitten im Nordatlantik auf einen stark gesicherten, von England kommenden Geleitzug. In ununterbrochenen harten Kämpfen haben zum großen Teil junge Unterseebootbesatzungen den Geleitzug bis heute verfolgt und angegriffen und aus ihm 19 Schiffe mit zusammen 122 000 BRT sowie zwei Zerstörer und eine Korvette der feindlichen Sicherung versenkt. Sechs weitere Schiffe wurden durch Torpedotreffer schwer beschädigt. Nur kleine, auseinandergesprengte Teile des Geleitzuges konnten entkommen." Der Hinweis auf die jungen Besatzungen der U-Boote war ein Hinweis auf die Verluste an Mannschaften. Verluste wurden nicht oft gemeldet; eine Ausnahme: „Kapitänleutnant Rolf Mützelburg, Kommandant eines Unterseebootes, Träger des Eichenlaubes zum Ritterkreuz des Eisernen Kreuzes, ließ auf der Fahrt gegen den Feind sein Leben. In ihm verliert

die Unterseebootwaffe einen hervorragenden Kommandanten und erfolgreichen Kämpfer. Das Boot setzt unter dem Kommando des ältesten Wachoffiziers die Unternehmung fort."

20. September: „Wie durch Sondermeldungen bekanntgegeben, ist im Nordmeer eine große Geleitzugschlacht gewonnen worden. Nach der völligen Vernichtung eines Großgeleitzuges im Nordmeer in der Zeit vom 2. bis 7. Juli wurde am 13. September von britischer Seite ein erneuter Versuch unternommen, ein von starken Flotteneinheiten gesichertes Großgeleit durch das Nordmeer in einen sowjetischen Hafen zu führen. Die sehr schlechten Wetterbedingungen und die einen weit nördlichen Kurs erlaubende Eisgrenze begünstigte dieses Vorhaben. Deutsche Kampffliegerverbände und Unterseeboote griffen an und zerschlugen auch diesen aus rund 45 Handelsschiffen bestehenden Geleitzug in tagelangen aufopferungsvollen Kämpfen. Unter schweren Kampfbedingungen, auf weite Entfernungen, bei schlechtem Wetter und starker feindlicher Flak- und Jagdabwehr versenkten unsere Kampfflieger aus dem Geleitzug insgesamt 25 Handelsschiffe mit zusammen 177 000 BRT. Acht weitere Dampfer wurden so schwer beschädigt, daß sie als verloren anzusehen sind. Außerdem vernichtete die Luftwaffe von den Sicherungsfahrzeugen einen Zerstörer sowie zwei Bewacher und warfen einen zweiten Zerstörer in Brand. Unsere Unterseeboote schossen in harter Verfolgungsjagd fünf Handelsschiffe mit zusammen 29 000 BRT aus dem Geleitzug heraus und erzielten auf zwei britischen Zerstörern Torpedotreffer, deren Untergang bei der herrschenden Wetterlage nicht beobachtet werden konnte. Damit erlitt der Feind eine seiner schwersten Niederlagen in Geleitzugkämpfen. Er verlor innerhalb von sechs Tagen 38 mit Kriegsmaterial aller Art beladene Handelsschiffe, darunter auch Tanker, mit zusammen 270 000 BRT. Dazu kommt der Verlust von sechs Kriegsfahrzeugen. Nur Reste des Geleitzuges, zum Teil erheblich beschädigte Schiffe, konnnten entkommen."

In den nächsten Tagen wurde ein von sowjetischen Häfen zurückkehrender Geleitzug zwischen Spitzbergen und Island angegriffen, drei Zerstörer, ein Hilfskreuzer und fünf Transporter wurden durch deutsche U-Boote versenkt. Ein amerikanischer Truppentransport mit schnellen Passagier-

dampfern auf dem Weg nach England wurde gestellt; die U-Boote versenkten drei Dampfer und einen Zerstörer. Im Oktober vernichteten U-Boote zwei Truppentransporter vor der Küste Südafrikas.

1. November: „Die Reste des in der Nacht zum 31. Oktober 1942 auf der Höhe der Kanarischen Inseln schwer angeschlagenen Geleitzuges waren auch weiterhin das Angriffsziel unserer Unterseeboote, die aus dem völlig zersprengten Verband vier weitere Schiffe mit 30 131 BRT herausschossen, so daß sich der Gesamterfolg in diesem Geleitzug allein auf 18 Schiffe mit 131 131 BRT erhöht."

5. November: „Im Nordatlantik erhielten sie (deutsche U-Boote) in hartnäckiger Verfolgung erneut Fühlung an die Reste des mit Kriegsmaterial und Lebensmitteln nach England bestimmten Geleitzuges, aus dem bereits 16 Schiffe mit 94 000 BRT herausgeschossen waren, versenkten aus ihm weitere sechs Schiffe mit 37 000 BRT und beschädigten zwei Dampfer durch Torpedotreffer."

1. Dezember, Sondermeldung: „Deutsche See- und Luftstreitkräfte haben im Monat November insgesamt 166 Schiffe mit 1 035 200 BRT versenkt. Die Erfolge des Monats September 1942 wurden um 23 500 BRT übertroffen. Damit ist das bisher höchste Ergebnis dieses Krieges erzielt worden." „Im Kampf gegen Kriegsschiffe versenkten unsere Unterseeboote im November drei Kreuzer, sechs Zerstörer, zwei Korvetten und ein Unterseeboot; sie beschädigten durch Torpedotreffer einen Flugzeugträger, zwei Kreuzer, drei Zerstörer sowie mehrere Sicherungsfahrzeuge."

30. Dezember: „Wie durch Sondermeldungen bekanntgegeben, setzten deutsche Unterseeboote die Verfolgung der versprengten Reste des bei den Azoren zerschlagenen Geleitzuges hartnäckig fort und versenkten weitere vier Schiffe mit 21 000 BRT. Bisher sind somit aus diesem Geleitzug insgesamt 19 Schiffe mit 106 000 BRT vernichtet worden. Darüber hinaus versenkten unsere Unterseeboote in anderen Seegebieten des Nord- und Südatlantik 15 Schiffe mit zusammen 79 300 BRT. Damit hat die Unterseebootwaffe über die gestern gemeldeten Erfolge hinaus wiederum 19 feindliche Schiffe mit 100 300 BRT auf den Grund des Meeres geschickt."

In diesem Jahr 1942 hatten die Deutschen bis zum 31. Juli 32, bis zum Ende des Jahres weitere 55 U-Boote verloren.

45
Die Affäre Laconia

Mit anderen U-Booten war *U 156* unter Kapitänleutnant Hartenstein vor der afrikanischen Küste gegen Konvois eingesetzt. Am 12. September 1942 traf das Boot um 20 Uhr rund 300 Meilen südlich Kap Palmas auf den Passagierdampfer *Laconia* der Cunard-Line. Der mit 19 695 BRT vermessene Dampfer war als Hilfskeuzer mit 14 Geschützen armiert, hatte Wasserbomben an Bord und war als Truppentransporter eingesetzt. Auf dem Weg von Suez um Afrika herum nach England waren an Bord britische Urlauber und Verwundete, Frauen und Kinder, 1800 bei El Alamein in Gefangenschaft geratene Italiener, die von 160 polnischen Soldaten bewacht wurden; insgesamt 3000 Menschen.

U 156 versenkte das Schiff, die Torpedotreffer beschädigten auch die Rettungsboote. Hilferufe ertönten, Hartenstein begann mit den Rettungsarbeiten, erfuhr nun vom Ausmaß der Tragödie. Wenige Minuten nach Mitternacht setzte Hartenstein einen Funkspruch an Dönitz ab und erbat weitere Befehle. Der Befehlshaber der U-Boote ließ alle in der Nähe befindlichen Boote Kurs auf die Unglücksstelle nehmen. *U 506* und *U 507* eilten herbei, ebenso das italienische U-Boot *Cappellini*. Die deutsche Regierung veranlaßte das Vichy-Regime, die in Dakar liegenden Schiffe zur Untergangsstelle zu entsenden; die *Gloire* lief aus, die *Annamite* und die *Dumont d' Urville* änderten ihren Kurs. Die beiden deutschen U-Boote waren eingetroffen und hatten bereits viele der Schiffbrüchigen an Bord genommen, nachdem viele ertrunken oder den Haien zum Opfer gefallen waren. Hartenstein bat in einem offenen Funkspruch um weitere Hilfe. Am Nachmittag des 16. September näherte sich ein amerikanischer Liberator-Bomber. Hartenstein hatte eine Rot-Kreuz-Flagge ausgebracht. Der Pilot erbat Befehle seines Einsatzleiters, der nichts von den Rettungsaktionen wußte. Um 12 Uhr 32 kehrte das Flugzeug zurück und warf zwei Wasserbomben, eine dritte Bombe brachte Rettungsboote zum Kentern. Eine vierte Bombe, dann drehte das Flugzeug ab, kehrte zurück und warf noch zwei Bomben, die *U 156* trafen und beschädigten. Hartenstein befahl den geretteten Engländern und Italienern, von Bord zu gehen. *U 156* tauchte und lief ab. Die Schäden konnten repariert werden, das Boot tauchte auf und sandte an Dönitz einen Funkspruch. Der befahl allen deutschen U-Booten, keine Maßnahmen mehr zur Rettung Schiffbrüchiger torpedierter Schiffe zu unternehmen.

Am 17. September übernahmen die französischen Kriegsschiffe die Geretteten von den U-Booten und aus den Rettungsbooten. Von den 811 Engländern wurden 800, von den 1800 Italienern wurden 450 geborgen und nach Casablanca gebracht.

46
Kanaldurchbruch!

In Brest standen die schweren deutschen Schiffe, die Schlachtschiffe *Gneisenau* und *Scharnhorst* und der Schwere Kreuzer *Prinz Eugen* waren repariert worden, Luftangriffe drohten. Sollten sie um die britischen Inseln, um Island herum in die Heimat geführt werden? Das Schicksal der *Bismarck* warnte. Da schien es doch aussichtsreicher, den Durchbruch durch den Kanal zu wagen. Auf das Stichwort Cerberus sollte die Operation Mitte Februar 1942 durchgeführt werden. Die günstigsten Wetter- und Gezeitenbedingungen wurden errechnet, der Weg mußte minenfrei geräumt werden, zum Schutz des Verbandes mußten See- und Luftstreitkräfte bereit stehen. Der Verband wurde um sechs Zerstörer verstärkt, die Führung hatte der Befehlshaber der Schlachtschiffe, Vizeadmiral Ciliax. Kommodore Ruge unterstanden die Minensuch- und Vorpostenverbände. Den Einsatz der etwa 280 Jagdflugzeuge befehligte Oberst Galland.

Die Engländer rechneten längst mit dem Auslaufen der großen Kampfschiffe aus Brest. Ciliax erhielt am 11. Februar den Befehl: „Durchführung Cerberus heute abend!" Er befahl den drei Schiffen: „Seeklar 20 Uhr 30!" Die Tarnnetze wurden abgenommen. Fliegeralarm! Dann gegen 22 Uhr 45 legten die Schiffe ab, der *Scharnhorst* folgten in Kiellinie die *Gneisenau* und *Prinz Eugen*. Um Mitternacht Fernspruch des Befehlshabers der Schlachtschiffe, der endlich das Ziel des Verbandes bekanntgab: „An die Besatzungen der Brestgruppe! Soldaten der Brestgruppe! Der Führer hat uns zu neuen Aufgaben in anderen Gewässern gerufen. Nach großen Erfolgen im Atlantik sind die Schiffe der Brestgruppe allen Versuchen des Gegners, sie im Stützpunkt Brest außer Gefecht zu setzen und sich damit von dieser Bedrohung seiner Seeverbindungen zu befreien zum Trotz, in unermüdlicher Arbeit jedes Einzelnen unter tatkräftiger und einsatzbereiter Mithilfe des Werftpersonals wieder einsatzbereit ge-

macht worden. Unsere nächste Aufgabe, deren Durchführung seit gestern abend angelaufen ist, liegt vor uns. Sie lautet: ‚Marsch durch den Kanal nach Osten in die Deutsche Bucht.' Diese Aufgabe stellt an Männer, Waffen und Maschine die höchsten Anforderungen. Wir alle sind uns der Schwere der Aufgabe bewußt. Der Führer erwartet von jedem von uns restlosen Einsatz; es ist unsere Pflicht als Soldaten und Seeleute, diese Erwartungen zu erfüllen. Was uns nach dem Marsch in die Deutsche Bucht für Aufgaben erwarten, braucht uns jetzt nicht zu beschäftigen. Die Gegenwart allein muß uns erfüllen. Ich führe den Verband in der Gewißheit, daß jeder Mann auf seinem Posten seine Pflicht bis zum Äußersten tut. gez. Ciliax Vizeadmiral und Befehlshaber der Schlachtschiffe."

Das wagemutige Unternehmen wurde begünstigt. Die britischen U-Boote zur Bewachung von Brest waren zum Aufladen der Batterien abgelaufen, das einzige verbliebene Boot wurde durch deutsche Minensuchboote vernichtet. Die Aufklärungsflieger des Coastal Command hatten Schwierigkeiten mit ihren Radargeräten. Eine neue Minensperre nördlich Dieppe war rechtzeitig geräumt worden. Erst am Morgen des 12. Februar ortete ein Spitfire-Flugzeug den Verband mit Radar, deutsche Radarstörmaßnahmen verwirrten die Briten. Als sie Klarheit gewonnen hatten, hatte der Verband bereits die engste Stelle des Kanals passiert. Die Küstenbatterien wurden zu spät informiert, sie konnten keine Treffer mehr erzielen. Ausgelaufene Torpedoboote wurden von der deutschen Sicherung abgefangen. Die einzigen schnell verfügbaren Flugzeuge, sechs Swordfish-Maschinen, wurden durch Jagdflugzeuge und Flak ausgeschaltet.

Heinrich Bredemeier war damals an Bord der *Scharnhorst*: „15 Uhr 32 — etwa querab Vlissingen — schüttelt eine ungeheure Erschütterung das Schiff. Wie später festgestellt wurde, war es die Wirkung einer Grundmine, die etwa unter Abtlg. XVI detonierte. Der schwere Schiffskörper scheint förmlich aus dem Wasser zu springen. Wie eine Stahlseite schwingt er dann noch eine ganze Weile stark auf und nieder. Durch den gewaltigen Schock machen die Kessel schlagartig Feuer-aus, daher fallen auch in unserem achteren Stand alle Geräte und das Licht aus... Ein Befehl für diese Unternehmung ordnet an, daß havarierte Schiffe selbständig zu handeln haben. Aus diesem Grunde wird nun der Zerstörer Z 29 herangerufen, um den Befehlshaber nebst Stab zu übernehmen... Inzwischen sind unser Schwesterschiff und der *Prinz* nebst ihrer Sicherung an uns vorübergelaufen und schon seit längerem voraus im Dunst verschwunden." Während Ciliax wieder vom beschädigten Z 29 auf den Zerstörer *Hermann Schoemann* umsteigen mußte, war die Maschinenanlage auf der *Scharnhorst* wieder klar, lief das Schiff dem Verband hinterher.

Hunderte von Torpedoflugzeugen und Bombern wurden nun gegen den Verband eingesetzt, mußten im Abwehrfeuer abdrehen oder wurden abgeschossen. Von Harwich liefen fünf Zerstörer aus, mußten beschädigt sich wieder zurückziehen. Dann sowohl an der *Scharnhorst* wie an der *Gneisenau* Minentreffer, die aber die Schiffe nicht am Weitermarsch hinderten.

Am Morgen des 13. Februar war der Durchbruch gelungen. Ein Vorpostenboot und ein Zerstörer waren verloren gegangen. Die *Scharnhorst* marschierte nach Wilhelmshaven, *Gneisenau* und *Prinz Eugen* ankerten vor der Elbmündung. Hier wurde *Prinz Eugen* Ziel eines Torpedoflugzeug-Angriffs. Die einzigen Menschenverluste entstanden nun durch Flugzeugbeschuß, ein Toter und zwei Verwundete.

Während in England Bestürzung herrschte über den ungehinderten Kanaldurchbruch, das Versagen der Dienststellen untersucht wurde, lobte der Flottenchef, Admiral Schniewind: „Die Verlegung der Brest-Gruppe in die Deutsche Bucht ist nach von den Stäben und den Sicherungsverbänden geleisteten sorgfältigen Vorbereitungsarbeiten in einer schneidigen Operation durchgeführt worden. Ich bringe Ihnen, den beteiligten Verbandschefs, Kommandanten und Besatzungen meine Freude und Anerkennung hierfür zum Ausdruck. Ich habe den Oberbefehlshaber der Luftwaffe gebeten, den beteiligten Verbänden der Luftwaffe meinen Dank zu übermitteln."

Welche Aufgaben warteten nun auf die Schiffe? Hitler war der Meinung, daß jedes Schiff, „das jetzt nicht in Norwegen steht, steht am falschen Platz". Im Januar schon war die *Tirpitz*, im Drontheimfjord eingelaufen.

Kanaldurchbruch der *Prinz Eugen, Scharnhorst, Gneisenau*. Gemälde von Ernst Wobek.

47
Angriff auf St-Nazaire
Landung bei Dieppe

Der einzige Atlantikhafen, der ein Trockendock in der Größe hatte, daß die *Tirpitz* aufgenommen werden konnte, war St-Nazaire, die deutsche U-Boot-Basis. Eine erfolgreiche Unternehmung gegen St-Nazaire könnte auch das durch den Kanaldurchbruch angeschlagene Ansehen der Royal Navy aufbessern.

Der alte, ehemals amerikanische Zerstörer *Campbeltown*, den man im Aussehen mit einem deutschen Torpedoboot verwechseln konnte, wurde umgerüstet und mit Sprengstoff voll beladen. Auf 18 Motorbooten war eine Kampfgruppe von 268 Mann. In der Nacht des 28. März 1942 drang der Verband in die Mündung der Loire ein. Ein Luftangriff auf die Stadt lenkte die Aufmerksamkeit der Deutschen ab. Nur zwei Meilen vor der Küste wurde von dem vermeintlichen Torpedoboot das Erkennungssignal verlangt. 1000 Meter vor dem Ziel eröffneten alle Küstenbatterien das Feuer. Mit äußerster Kraft rammte die *Campbeltown* das große Schleusentor, verkeilte sich darin und wurde zum Sinken gebracht. Die Zeitzünder wurden eingestellt. Die Besatzung ging von Bord und schloß sich den Besatzungen der Motorboote an. Einige waren schon durch das Feuer der Abwehr vernichtet worden. Die Maschinenhäuser der Schleuse wurden gesprengt, aber zu den U-Boot-Schleusen gelang der Durchbruch nicht. Die Engländer wurden getötet oder gefangen genommen.

Am nächsten Morgen untersuchte eine deutsche Kommission die *Campbeltown*, die nun explodierte. Das Tor zum Dock wurde zerstört, die Anlage war für die Zeit des Krieges vollends unbrauchbar geworden.

Das nächste Unternehmen, das die Engländer zusammen mit ihren Alliierten durchführten, verlief weniger erfolgreich. Am 19. August 1942 wurde östlich und westlich Dieppe ein Landungsangriff vorgenommen. Es war sowohl der Versuch, unter wirklichen Gefechtsbedingungen eine Landung zu proben, als auch die Sowjetunion zu beruhigen, die den Aufbau einer zweiten Front verlangte, hatte sie doch die Hauptlast des Krieges zu tragen. Am Abend des Tages konnte in einer Sondermeldung das Oberkommando der Wehrmacht bekanntgeben:

„Eine groß angelegte Landung englischer, amerikanischer, kanadischer und de-Gaulle-Truppen in der Stärke etwa einer Division als erste Welle, die in den heutigen Morgenstunden gegen die französische Kanalküste bei Dieppe unter dem Schutz starker See- und Luftstreitkräfte und unter Einsatz von gelandeten Panzern geführt wurde, ist durch die im Küstenschutz eingesetzten deutschen Kräfte unter hohen blutigen Verlusten für den Gegner zusammengebrochen. Seit 16 Uhr befindet sich kein bewaffneter Feind mehr auf dem Festland. Dieser große Erfolg wurde erzielt, ohne daß es überhaupt auch nur des Einsatzes irgendwie nennenswerter Reserven der höheren Führung bedurfte. Wie aus den Truppenmeldungen und Gefangenenvernehmungen hervorgeht, spielte sich die Landungsoperation folgendermaßen ab:

Die erste Welle der Landungstruppen wurde heute früh auf hoher See von Transportern durch 300 bis 400 Landungsboote übernommen und erreichte um 6 Uhr 05 die Küste, geschützt von 13 bis 15 Kreuzern, Zerstörern und starken Jagdstreitkräften. Dahinter stand eine schwimmende Reserve von sechs Transportern und drei Frachtern und weiter nördlich eine Gruppe von 26 Transportern als operative Reserve, wahrscheinlich das Gros der Landungsstreitkräfte. Diese sollten eingesetzt werden, sobald es der ersten Landungswelle gelungen war, einen Brückenkopf um den Hafen von Dieppe zu bilden. Dazu kam es nicht. Der gelandete Feind wurde im Nahkampf überall aufgerieben und ins Meer geworfen.

Fliegerabwehr auf dem Achterdeck.   unten: Geschützbedienung.

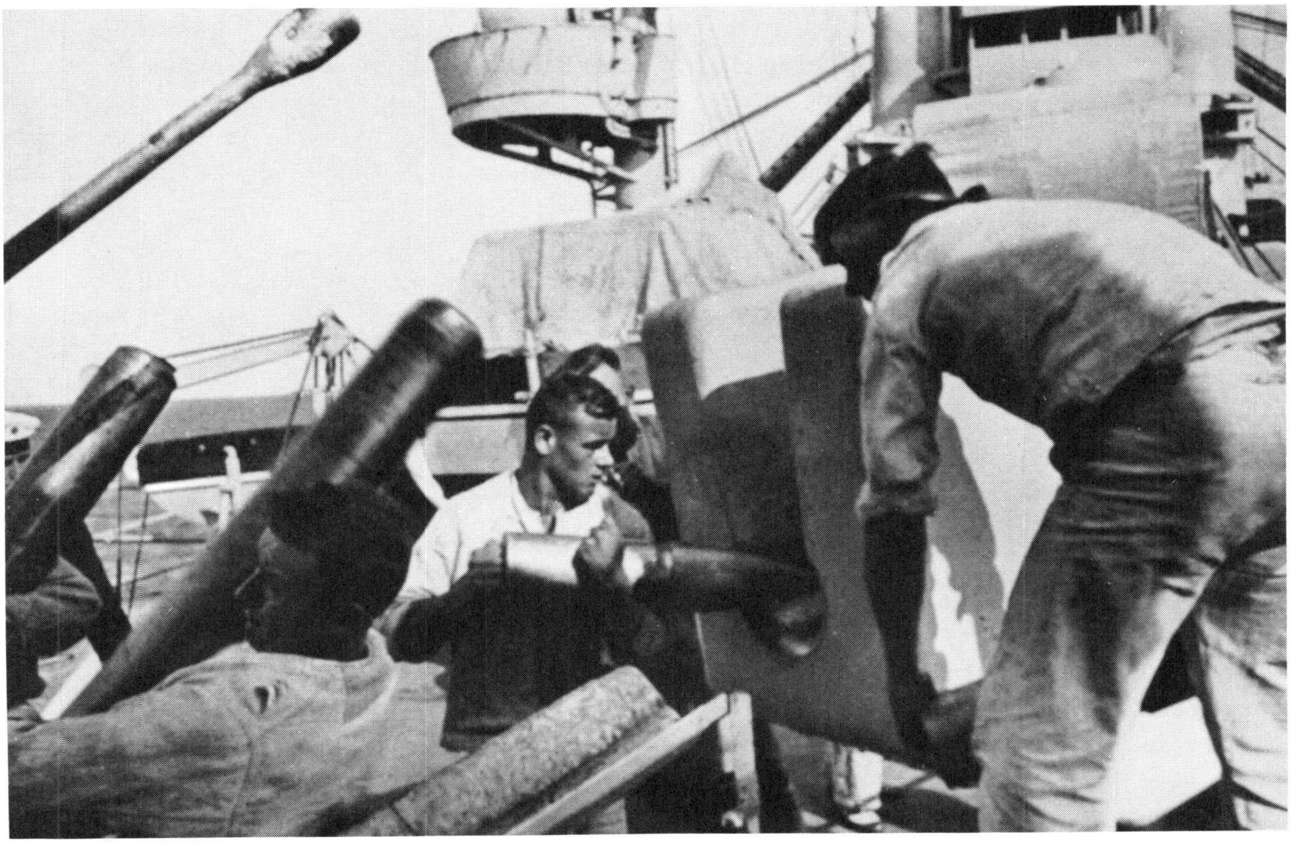

48
Einsatz im Norden

Den Vorschlägen Raeders, die atlantische Kriegführung mit den Großkampfschiffen wieder aufzunehmen, widersetzte sich Hitler. Er befürchtete eine englische Invasion in Norwegen. So stand die *Tirpitz* in Begleitung von vier Zerstörern in Drontheim. Die *Scharnhorst* und die *Gneisenau* mußten in die Docks, wo die *Gneisenau* bei einem Bombenangriff auf Kiel am 26. Februar 1942 schwere Treffer erhielt, die ihre Verwendung für lange Zeit unmöglich machte. *Prinz Eugen* und das Panzerschiff *Admiral Scheer* liefen am 21. Februar nach Norwegen, gesichert von drei Kreuzern. Der Verband erreichte sein Ziel, doch das britische U-Boot *Trident* traf mit einem Torpedo das Heck des Schweren Kreuzers. Nach behelfsmäßigen Reparaturen mußte *Prinz Eugen* im Mai zurück nach Deutschland verlegt werden. Ende März erreichte der Schwere Kreuzer *Admiral Hipper* mit Zerstörern und Torpedobooten Drontheim. Das Panzerschiff *Lützow* erreichte Ende Mai Narvik, wo inzwischen die *Admiral Scheer* stand. Die schweren Einheiten dienten hier der Verteidigung Norwegens und den Angriffen auf die Konvois von und nach Murmansk. Ziel britischer Operationen wurde immer wieder die *Tirpitz*.

Die Operation Rösselsprung sollte den nächsten Murmansk-Konvoi vernichten. Die *Tirpitz* und die *Admiral Hipper* bildeten mit sechs Zerstörern eine Gruppe, *Admiral Scheer* und *Lützow* mit sechs Zerstörern eine andere. Luftwaffe und U-Boote sollten die endgültige Vernichtung der Handelsschiffe übernehmen. Am 27. Juni 1942 lief aus dem Kolafjord, an dessen Ende Murmansk liegt, der Konvoi QP.13 aus; der Konvoi PQ.17 verließ Reijkjavik. Am 1. Juli meldete ein deutsches U-Boot den Geleitzug nach Murmansk etwa 60 Seemeilen östlich der Insel Jan Mayen. Die britische Admiralität erwartete einen Angriff durch die schweren deutschen Einheiten, befürchtete, die vier Schweren

Kreuzer der Nahdeckungsgruppe könnten ihre Sicherungsaufgaben gegen diese Übermacht nicht ausführen, und befahl am 4. Juli die Auflösung des Konvois. Die Schiffe sollten sich zerstreuen und einzeln versuchen, russische Häfen zu erreichen. Von den 35 Handelsschiffen dieses Konvois gelang dies nur 11, die anderen wurden vernichtet. Das Oberkommando der Wehrmacht feierte diesen Triumph (Bekanntmachung vom 20. September; Kapitel 44). Die Deutschen verloren fünf Flugzeuge, die großen Schiffe hatten nicht eingegriffen und kehrten in die Ausgangshäfen zurück.

Die gefürchtete *Tirpitz* lag zur Überholung seit Oktober in Drontheim. Die *Admiral Scheer* war zur Werft nach Deutschland zurückgekehrt. Ihren Platz in Norwegen hatte die *Lützow* eingenommen. Die Kreuzer *Admiral Hipper*, *Nürnberg* und *Köln* standen im Altafjord. Dazu kamen noch drei bis sieben Zerstörer, die in Norwegen operieren konnten. Der letzte Konvoi nach Murmansk in diesem Jahr 1942 war JW.51. Der erste Teil des Konvois, JW.51A, lief mit 16 Frachtschiffen am 15. Dezember in Schottland aus und erreichte am 25. Murmansk. JW.51B mit 14 Handelsschiffen ging am 22. Dezember auf Fahrt, begleitet von sechs Zerstörern und fünf kleineren Fahrzeugen. Ein Sturm in der Nacht zum 28. Dezember ließ sechs Schiffe die Fühlung zum Geleitzug verlieren, ein Zerstörer mußte abdrehen. Der Konvoi wurde von der deutschen Aufklärung erfaßt, die Kreuzer *Admiral Hipper* und *Lützow*, die im Altafjord standen, erhielten den Befehl, mit sechs Zerstörern auszulaufen und anzugreifen. Am 31. Dezember kam es zur Gefechtsberührung, doch die britischen Kreuzer hinderten die Deutschen, wirkungsvoll auf den Konvoi zu feuern. Zwei weitere britische Kreuzer näherten sich, eröffneten das Feuer auf die *Admiral Hipper*, die bereits zwei Zerstörer beschädigt, einen Zerstörer und einen Minensucher versenkt hatte.

Bevor die *Admiral Hipper* einen Zielwechsel vornehmen konnte, hatte sie drei Treffer erhalten. Die Gefechtssituation war unklar, der Zerstörer *Friedrich Eckoldt* lief irrtümlich in eine Sicherungsposition zu einem Kreuzer — doch es war die britische *Sheffield*, die das deutsche Schiff versenkte. Admiral Kummetz, der das Kommando bei diesem Unternehmen hatte, befahl den Abbruch des Kampfes.

Konvoi PQ 17, 1. — 10. Juni 1942.

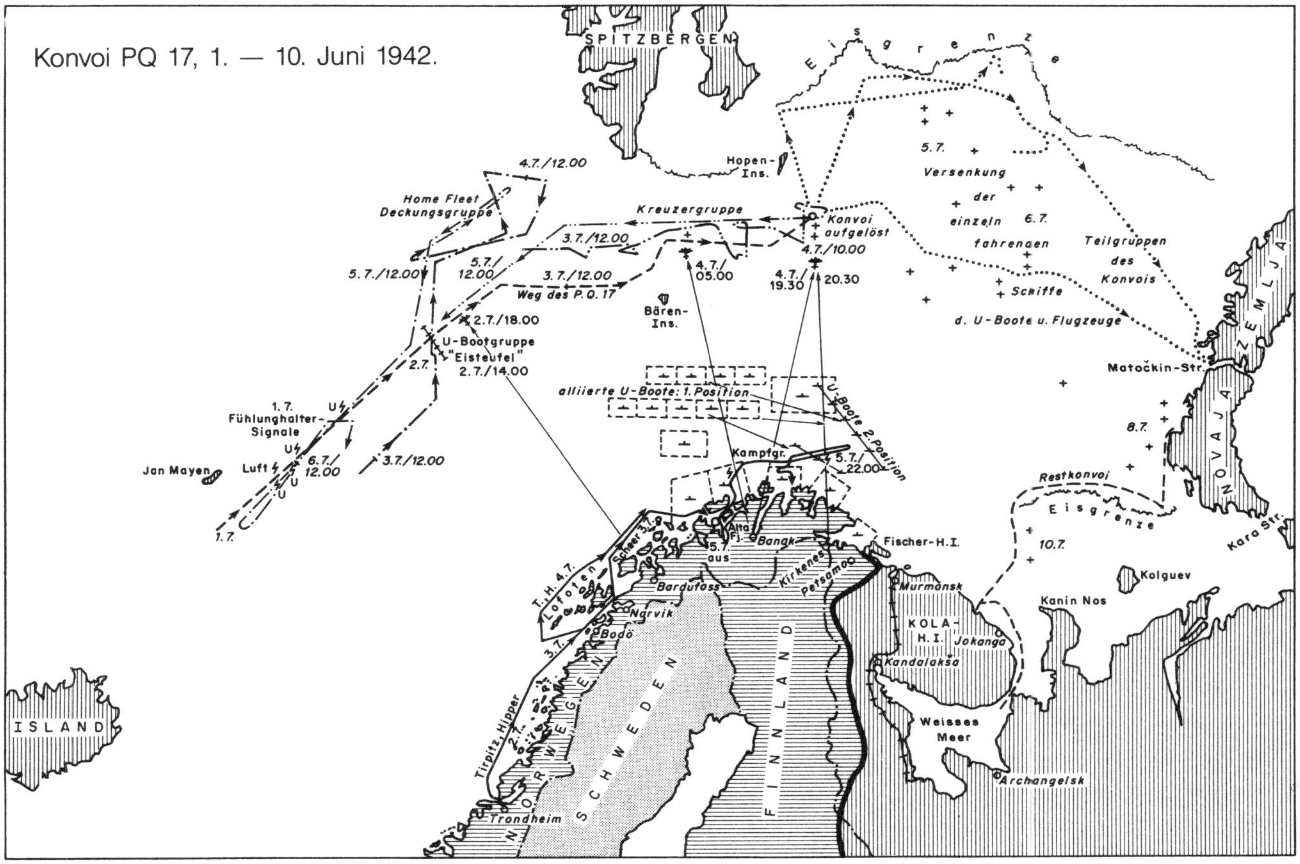

Prinz Eugen in Norwegen. Gemälde von Ernst Wobek.

49
Der Krieg im Schwarzen Meer

Im Jahr 1942 zeichnete sich eine Wende im Krieg gegen die Sowjetunion ab. Russische U-Boote durchbrachen die Sperren im Finnischen Meerbusen und operierten in der Ostsee. Noch war ihnen kein großer Erfolg beschieden. Auch am und im Schwarzen Meer begannen russische Einheiten zum Angriff überzugehen.

Hier hatte der Krieg genauso begonnen wie an den übrigen Abschnitten der Front. Im Vertrauen auf den Nichtangriffspakt mit Hitler konnte Stalin nicht mit einem Krieg schon zu diesem Zeitpunkt rechnen. Der Überfall traf die Sowjetunion völlig unvorbereitet. Dabei schien das Kräfteverhältnis im Schwarzen Meer gar nicht so ungünstig für die Russen zu sein. Die deutsche Kriegsmarine hatte zunächst keine Einheiten hier stehen. Eine deutsche Marinekommission war seit Anfang 1941 in Rumänien, hatte die rumänische Flotte in ihrer Ausbildung unterstützt, Hilfsfahrzeuge umgerüstet und geholfen, einen Minengürtel zu legen, um die Wege von Konstanza zum Süden zu sichern. Nach Aufklärungsflügen vor Beginn des Krieges, die unbehelligt blieben, griffen am 22. Juni 1941 deutsche Flugverbände Sewastopol auf der Krim an. Der Krieg im Schwarzen Meer hatte begonnen.

Die Schwarzmeer-Flotte legte Defensiv-Minensperren aus. Die Marine-Luftwaffe versuchte Konstanza, die rumänische Marinebasis, zu bombardieren. Am 25. Juni lief eine Angriffsgruppe mit den Flottillenführern *Charkow* und *Moskwa* gegen Konstanza, gefolgt von dem Schweren Kreuzer *Woroschilow* und zwei Zerstörern. Im Abwehrfeuer wurden die russischen Einheiten beschädigt. Die U-Boote versenkten sechs Schiffe, verloren aber in den Minen sechs Boote, ein Boot wurde durch einen rumänischen Zerstörer versenkt, ein anderes ging durch Unfall verloren.

Der alte Kreuzer *Komintern*, zwei alte Zerstörer und kleinere Fahrzeuge wurden zur Verteidigung von Odessa eingesetzt. Weitere Einheiten folgten. Marineinfanteristen zerschlugen zusammen mit Heerestruppen rumänische Stellungen bei Odessa. Odessa war gerettet — und mußte dann doch aufgegeben werden. Die Krim war in Gefahr, und damit auch der wichtigste Marinestützpunkt Sewastopol. Bis zum 6. Oktober war die Schützendivision, die Odessa gerettet hatte, nach Sewastopol gebracht worden. Waffen und Gerät folgten. Die Einwohner der Stadt wurden evakuiert, die letzten 15 000 Menschen mit den Transporten, die die Soldaten zur Krim brachten. In der Nacht zum 16. Oktober verließ der letzte Transport-Verband Odessa.

Am 18. Oktober begann der deutsche Angriff gegen die Krim. Deutschen Divisionen gelang es, auf die Halbinsel vorzustoßen. Ein Teil der Verteidiger zog sich nach Sewastopol zurück, ein anderer auf die Halbinsel Kertsch zwischen Schwarzem und Asowschem Meer.

Auf der Krim und auf Kertsch begannen russische Gegenangriffe, die Schwarzmeer-Flotte landete die Truppen. Im Winter erstarrten die Bewegungen zum Stellungskrieg. Im Mai überrannten die Deutschen die von den Russen gehaltene Halbinsel Kertsch, konnten nun alle ihre Kräfte auf die Krim werfen.

Die letzten Stellungen der Verteidiger mußten der Übermacht weichen, am 30. Juni wurde der Befehl zur Evakuierung erteilt. Nur noch wenige Schiffsbewegungen konnten durchgeführt werden, am 4. Juli mußten 90 000 Mann in die Gefangenschaft gehen. Beim deutschen Angriff auf den Kaukasus konnten die Asowhäfen nicht gehalten werden, auch die nördlichen Häfen im Schwarzen Meer, Anapa und Novorossijsk mußten aufgegeben werden. Aber Tuapse, Sotschi und Suchumi verblieben den sowjetischen Streitkräften.

Wie hatte sich inzwischen die Lage im angrenzenden Mittelmeer entwickelt?

50
Kampf ums Mittelmeer
Entscheidung in Nordafrika

Die Nachschubwege im Mittelmeer waren für alle Kriegführenden lebenswichtig. So entbrannten Geleitgefechte und Seeschlachten auch in diesem Raum. Die Deutschen hatten ihre Stellungen in Griechenland, auf Kreta und in Libyen. In Nordafrika mußten deutsche und italienische Truppen und Nachschub angelandet werden. Von der Inselfestung Malta bedrohten englische Flugzeuge die Schiffe der Achsenmächte. Die Konvois, die Malta versorgten, wurden von Gibraltar bis Sizilien von der in Gibraltar stationierten Force H gesichert, den Schutz der Konvois von Alexandria übernahm die Mittelmeerflotte. Trotzdem erlitten die englischen Geleitzüge beträchtliche Verluste. Die in Malta stehende Force K aus vier Zerstörern war we-

gen der Kämpfe um Griechenland abgezogen worden. Im Oktober 1941 erhielt Malta wieder eine Force K, die aus den Kreuzern *Aurora* und *Penelope*, den Zerstörern *Lance* und *Lively* bestand. In der Nacht zum 8. November griff die Force K einen italienischen Geleitzug an und vernichtete sieben Transporter und einen Zerstörer. Am 25. November griff die Force K einen italienischen Geleitzug aus der Ägäis an, der aus zwei Tankern und zwei Torpedobooten bestand; vor der afrikanischen Küste versenkten die Engländer die Tanker. Die Force K wurde verstärkt, die Leichten Kreuzer *Ajax* und *Neptune* und die Zerstörer *Jaguar* und *Kandahar* stießen zur Kampfgruppe. Ihre Erfolge brachten die Achsenmächte in Schwierigkeiten; Rommel war ge-

Das italienische Schlachtschiff *Littorio*.

zwungen, sich vorerst in Libyen zurückzuziehen. Deutsche U-Boote wurden aus dem Atlantik abgezogen und im Mittelmeer eingesetzt; am 13. November torpedierte *U 81* den Träger *Ark Royal*, der am nächsten Tag sank, und *U 331* versenkte am 25. November das Schlachtschiff *Barham*. Eine deutsche Luftflotte wurde nach Italien verlegt, um die Herrschaft im Luftraum des Mittelmeeres zu erringen.

Die italienischen Leichten Kreuzer *Barbiano* und *Di Giussano* waren als Brennstofftransporter von Palermo nach Tripolis unterwegs. Vor dem tunesischen Kap Bon trafen sie in der Nacht vom 12. auf den 13. Dezember auf die englischen Zerstörer *Legion*, *Maori* und *Sikh* und auf den niederländischen *Isaac Sweers*. Es kam zum Gefecht, von Torpedos getroffen sanken die italienischen Kreuzer.

Wenige Tage danach kam es zur ersten Seeschlacht vor der Sirte, der Bucht zwischen Tripolitanien und der Cyrenaika. Die italienische Flotte unter Admiral Iachino deckte mit den Schlachtschiffen *Giulio Cesare*, *Andrea Doria*, *Caio Duilio*, *Littorio*, fünf Kreuzern und 20 Zerstörern einen Geleitzug nach Tripolis. Gleichzeitig war Konteradmiral Vian mit fünf englischen Kreuzern und 20 Zerstörern nach Malta unterwegs, einen schnellen Transporter zu geleiten. Am Abend des 17. Dezember trafen die beiden Seestreitkräfte aufeinander. Ein Artillerieduell auf große Entfernung wurde von Iachino abgebrochen; beiden Seiten war es wichtiger, die Geleitschutzaufgaben zu erfüllen als den Gegner zu schlagen. Nach Eintreffen in Malta lief die Force K gegen den italienischen Konvoi aus, geriet vor Tripolis in ein Minenfeld. Der Kreuzer *Neptune* und der Zerstörer *Kandahar* sanken, die Kreuzer *Aurora* und *Penelope* wurden beschädigt.

Auch der nächste italienische Konvoi erreichte, diesmal unbehelligt, im Januar 1942 Nordafrika; Rommel konnte wieder zur Offensive antreten. Die deutsche Luftflotte bombardierte ständig Malta, das weitere englische Flugzeuge zur Verstärkung erhielt. Mitte Februar gelang es einem englischen Konvoi von Alexandria nicht, Malta zu erreichen. Der nächste englische Konvoi von dem ägyptischen Stützpunkt mußte Malta erreichen! Vian sicherte mit vier Kreuzern und zehn Zerstörern vier Transporter. Von Malta liefen ein Kreuzer und ein Zerstörer dem Geleit entgegen. Die Italiener versuchten, den Konvoi abzufangen. Iachino hatte einen Verband zusammengestellt aus dem Schlachtschiff *Littorio*, drei Kreuzern, zehn Zerstörern, drei italienischen und drei deutschen U-Booten. Am 22. März kam dieser Verband den Engländern in Sicht. Mit einigen Zerstörern als Nahsicherung wurde das Geleit entlassen, Vian wendete sich den Italienern zu. Im Schutz einer gelegten Nebelwand Torpedoangriffe. Die zweite Schlacht vor der Sirte hatte begonnen. Nach drei Stunden Kampf brach Iachino das Gefecht ab. Zwei englische Zerstörer hatten Treffer erhalten, zwei italienische Zerstörer gingen verloren. Der Konvoi erreichte Malta am nächsten Tag, durch Fliegerangriffe gingen vor der Insel zwei Transporter verloren, die anderen beiden wurden im Hafen vernichtet.

Neue Jagdflugzeuge mußten nach Malta gebracht werden, der Träger *Eagle* war aber zur Reparatur in der Werft. Der amerikanische Träger *Wasp* diente leihweise in der britischen Flotte, er brachte unter dem Schutz der Force H die benötigten Spitfires nach Malta. In der deutsch-italienischen Luftoffensive gegen Malta, die Anfang April begann, wurden die Maschinen zerstört. Außerdem fielen drei Zerstörer, ein Minensucher, drei U-Boote, ein Tanker und andere Schiffe den Bomben zum Opfer, der Kreuzer *Penelope* wurde beschädigt. Die *Eagle*, wieder einsatzbereit, und die *Wasp* brachten neue Flugzeuge nach Malta; viele davon wurden bald vernichtet. Einen weiteren Verlust erlitt die englische Flotte am 12. Mai. Vier Zerstörer waren von Alexandria ausgelaufen, um einen italienischen Geleitzug abzufangen. Südlich Kreta wurden sie von deutschen Aufklärern erfaßt und von Bombern angegriffen. Die *Kipling*, *Jackal* und *Lively* wurden versenkt, nur die *Jervis* konnte nach Alexandria zurückkehren.

Die Lage auf Malta war ernst. Am 12. Juni lief der Konvoi Vigorous von Alexandria aus. Der Geleitzug bestand aus 11 Dampfern, einer Schlachtschiffattrappe, acht Kreuzern, 26 Zerstörern, vier Korvetten und acht kleineren Schiffen. Gleichzeitig passierte der Konvoi Harpoon die Straße von Gibraltar. Den sechs Frachtschiffen waren das Schlachtschiff *Malaya* beigegeben, die Flugzeugträger *Argus* und *Eagle*, vier Kreuzer und 17 Zerstörer, zehn kleinere Schiffe. Um die italienische Flotte abzufangen, standen nördlich des Kurses des

Alexandria-Konvois neun englische U-Boote. Deutsche Stukas griffen an und vernichteten einige Frachter. Die italienische Flotte mit den Schlachtschiffen *Littorio* und *Vittorio Veneto*, vier Kreuzern und 12 Zerstörern wurde durch die Engländer angegriffen, der Kreuzer *Trento* versenkt, Bombentreffer auf der *Littorio*. Deutsche Bomben versenkten den Kreuzer *Birmingham*, beschädigten zwei Kreuzer so schwer, daß sie aufgegeben werden mußten. Vian entschloß sich, die Operation Vigorous abzubrechen, auch Iachino gab den Kampf auf. Auf dem Rückmarsch versenkte *U 205* den englischen Kreuzer *Hermione*.

Konvoi Harpoon, von Gibraltar kommend, wurde südlich Sardinien von Flugzeugen angegriffen, in der Straße von Sizilien von zwei italienischen Kreuzern und drei Zerstörern. Angriff von Sturzbombern. Die noch verbliebenen Fahrzeuge liefen vor Malta in ein Minenfeld. So erreichten von den beiden Konvois nur zwei Frachtschiffe die bedrängte Insel.

Mit der Geleitoperation Pedestal sollte im August ein Geleit von 14 Frachtern von Westen her nach Malta gebracht werden. Die starken Deckungsstreitkräfte bestanden aus den Flugzeugträgern *Indomitable*, *Eagle*, *Victorious*, *Furious*, den Schlacht-

schiffen *Nelson* und *Rodney*, sieben Kreuzern und 27 Zerstörern. Am 11. August kam es zwischen dem Geleit und italienischen und deutschen U-Booten zur ersten Gefechtsberührung. Bomber griffen in die Kämpfe ein. Aber nicht die großen Kampfschiffe der italienischen Flotte. Am 13. August griffen die italienischen und deutschen Schnellboote von der tunesischen Küste aus an. Die Engländer erlitten beträchtliche Verluste; *U 73* versenkte den Flugzeugträger *Eagle*. Verloren gingen außerdem die Kreuzer *Manchester* und *Cairo* und ein Zerstörer; zum Teil schwer beschädigt wurden die Träger *Indomitable* und *Victorious*, die Kreuzer *Nigeria* und *Kenya*. Aber fünf Transporter erreichten ihr Ziel Malta. Die Inselfestung war für Wochen wieder versorgt.

Inzwischen waren die Vorbereitungen für die Operation Torch angelaufen: die Landung der Alliierten in Nordafrika. Die Angriffsgruppe West unter dem amerikanischen Konteradmiral Hewitt landete am Atlantik beidseits Casablanca. Am 8. November 1942 brachten 23 Transporter mehr als 34 000 Mann unter Generalmajor Patton an Land.

Am 8. November landete die Angriffsgruppe Mitte unter Kommodore Troubridge bei Oran. Die Truppen unter dem amerikanischen Generalmajor

Der britische Flugzeugträger *Victorious*.

Fredenhall wurden auf 19 Landungsfahrzeugen und 28 Transportern an Land gebracht.

Die Angriffsgruppe Ost unter dem britischen Konteradmiral Burrough landete am 8. November bei Algier. 33 000 Mann unter dem amerikanischen Generalmajor Ryder wurden mit 17 Landungsfahrzeugen und 16 Transportern an Land gebracht.

Die britische Force H unter Vizeadmiral Syfret hatte bei der geglückten Landung als Fernsicherung gedient.

Das Rest-Frankreich unter Marschall Pétain, das noch nicht von deutschen Truppen besetzt war, wurde nun besetzt. Das Oberkommando der deutschen Wehrmacht gab am 13. November bekannt: „Der Chef der französischen Flottenstreitkräfte im Mittelmeer und der Befehlshaber der Küstenvertei-

digung von Toulon haben eine feierliche Erklärung abgegeben, daß sie die französischen Kriegsschiffe und die Seefestung Toulon gegen jeden Angriff der angelsächsischen Mächte verteidigen würden. Der Führer und der Duce haben deshalb befohlen, daß von einer Besetzung des Festungsbereichs Toulon durch deutsche oder italienische Truppen abgesehen wird."

Am 27. November wurde Toulon besetzt, Admiral de Laborde entzog die Schiffe dem Zugriff der Besatzer. Die Schlachtschiffe *Strasbourg*, *Dunkerque* und *Provence*, sieben Kreuzer und 30 Zerstörer versenkten sich selbst.

Zum Ende des Jahres hatte sich die Lage im Eismeer, im Atlantik und im Mittelmeer geändert. Wie sah die Situation im Pazifik aus?

Das französische Schlachtschiff *Dunkerque*.

51
Die Schlacht im Pazifik
Kampf um Guadalcanal

Nach dem errungenen Sieg von Midway im Juni 1942 waren die Amerikaner immer noch der Meinung, daß Japan nicht in der Lage sein würde, eine kampfstärkere Flotte als die amerikanische aufzubauen. Nicht zuletzt aus dieser Einstellung heraus ergriffen die Amerikaner jetzt im Pazifik die Initiative. Zuerst wollten sie die von den Japanern besetzte Insel Guadalcanal erobern, auf der die Japaner mit dem Bau eines Luftstützpunktes begonnen hatten. Den Oberbefehl für die amerikanische Pazifikflotte hatte Vizeadmiral Robert Ghormley. Nachdem sich die amerikanischen und australischen Einheiten in der Koro-See zusammengefunden hatten, lief die Aktion gegen Guadalcanal am 26. Juni 1942 an.

Die Japaner befanden sich 600 Seemeilen entfernt in Rabaul, ihrem Stützpunkt auf Neu-Britannien. Die Flotte von Vizeadmiral Mikawa bestand aus fünf Schweren und zwei Leichten Kreuzern und einigen Zerstörern. Am 7. August nahmen die Alliierten ohne großen Widerstand Guadalcanal und die gegenüberliegende Insel Tulagi ein. Die Amerikaner eroberten den von den Japanern auf Guadalcanal eben fertiggestellten Flugplatz, der Henderson Field genannt wurde.

Die Alliierten rechneten nicht damit, daß die Japaner in der Nacht zum 8. August angreifen würden. Weil sie sich so sicher fühlten, beschlossen Ghormley und Fletcher, den Verband von Fletcher abzuziehen. Dadurch hätten am folgenden Tag Turners Transportschiffe, die Verstärkung und Versorgungsgüter nach Guadalcanal bringen sollten, keine ausreichende Luftunterstützung gehabt. Deshalb berief Turner Crutchley zu einer Lagebesprechung nach Point Lunga auf Guadalcanal. Crutchley erschien am Abend an Bord seines Flaggschiffes *Australia*.

Inzwischen war Vizeadmiral Mikawa mit den Schweren Kreuzern *Chokai, Aoba, Kinugasa, Furu-taka* und *Kako*, zwei Leichten Kreuzern und einem Zerstörer in Rabaul ausgelaufen. In der Nacht zum 9. August wollte er die Alliierten vor Guadalcanal angreifen. Am 8. August, 23 Uhr 13, orteten Aufklärungsflugzeuge von den Kreuzern *Chokai, Aoba* und *Kako* die feindlichen Schiffe. Die Alliierten hielten diese Flugzeuge jedoch für ihre eigenen. Außerdem bemerkten zwei amerikanische Radarposten nicht das Herannahen des Feindes, der aber die amerikanischen Vorposten sehr wohl gesichtet hatte. Als Mikawa die beiden Kreuzer *Canberra* und *Chicago* vor sich erkannte, schickte er die ersten Torpedos in ihre Richtung. Die Alliierten entdeckten die Japaner erst fünf Minuten später. Die *Canberra* stand schon in hellen Flammen. Durch das Licht seiner Leuchtbomben war Mikawa genauestens über die Lage der alliierten Schiffe informiert, während seine Flotte im Schatten der Insel Savo kaum zu erkennen war. Noch während Kapitän Bode auf der *Chicago* die brennende *Canberra* beobachtete, wurde um 1 Uhr 47 sein Schiff von einem Torpedo schwer getroffen. Trotzdem nahm er die Verfolgung eines vermeintlichen Schiffes auf. Nach vergeblicher Suche kehrte er um. Dabei kam es zu einem Feuerwechsel zwischen ihm und dem eigenen Zerstörer *Patterson*. Um 1 Uhr 50 entdeckten die Japaner die *Astoria*. Nach starkem Beschuß stand auch sie in hellen Flammen, ebenso wie die *Quincy* und *Vincennes*, die auf Grund sanken. Mikawa erwartete in der Morgendämmerung des 9. August Luftangriffe der Alliierten. Deshalb zog er sich nach der kurzen Schlacht mit der beschädigten *Chokai* und seinem Verband nach Rabaul zurück. Bei diesem Rückzug wurde der Kreuzer *Kako* von dem amerikanischen U-Boot *S 44* versenkt. Die alliierte Admiralität erfuhr erst bei Tageslicht von ihrer Niederlage. Die noch immer brennenden Kreuzer *Astoria* und *Canberra* sanken. Jetzt befanden sich knapp 20 000 amerikanische Soldaten auf Guadalcanal. Im Hinterland hielten sich etwa 6000 Japaner verborgen, die von ihren Landsleuten nachts mit Verstärkung und Material versorgt wurden. Diese nächtlichen Transportunternehmungen, Tokyo-Express genannt, befehligte Konteradmiral Tanaka.

Im August 1942 war Tanaka wieder mit vier Truppentransportern unterwegs nach Guadalcanal, um den japanischen Widerstand auf dieser Insel zu stärken. Die Deckung seiner Versorgungsflotte übernahmen Admiral Kondo und Vizeadmiral Nagumo mit den Flugzeugträgern *Shokaku*, *Ryujo* und *Zuikaku*, den Schlachtschiffen *Mutsu*, *Kirishima* und *Hiei*, elf Kreuzern und 23 Zerstörern. Vizeadmiral Fletcher hatte den Auftrag, die japanischen Deckungsschiffe und Geleitzüge mit seinen Flugzeugträgern *Enterprise*, *Saratoga* und *Wasp*, dem schnellen Schlachtschiff *North Carolina* und neun Kreuzern abzufangen. Flugzeuge der beiden Träger *Enterprise* und *Saratoga* entdeckten am Morgen des 24. August den feindlichen Träger *Ryujo* und vernichteten das Schiff. Am Nachmittag wurde die *Enterprise* durch Flugzeuge der Träger *Shokaku* und *Zuikaku* schwer beschädigt. Fletcher zog sich zurück und Tanaka landete mit seinen Schiffen auf Guadalcanal. Während dieser Operation beschossen Flugzeuge von Henderson Field die japanischen Transportschiffe und versenkten Tanakas Flaggschiff, den Leichten Kreuzer *Jintsu*. Bei diesem Gefecht östlich der Salomonen-Inseln verloren die Japaner einen Flugzeugträger, ein Transportschiff, einen Zerstörer und fast hundert Flugzeuge. Die Amerikaner büßten zwanzig Flugzeuge ein.

Am 31. August beschädigte ein japanisches U-Boot die *Saratoga*. Vierzehn Tage später wurde die *Wasp* von einem japanischen U-Boot aus mit Torpedos beschossen und sank, ebenso ein Zerstörer; das Schlachtschiff *North Carolina* wurde bei diesem Angriff, der einen Transport decken sollte, beschädigt.

Zu dem nächsten Nachtgefecht kam es am 11. Oktober 1942 bei Kap Esperance. Der Kreuzer *Furutka* und ein Zerstörer sanken, die *Aoba* wurde schwer beschädigt. Die Amerikaner verloren einen Zerstörer, der Kreuzer *Boise* und ein anderer Zerstörer wurden beschädigt. Nach diesem kurzen Gefecht konnte jede Seite ihren Nachschub und ihre Versorgungsgüter auf Guadalcanal landen.

Admiral Yamamoto gab den Befehl zu einem großen Angriff auf Guadalcanal. Am 26. und 27. Oktober kam es zu dem Gefecht bei den Santa-Cruz-Inseln. Die Japaner nahmen an diesem Gefecht mit vier Flugzeugträgern, vier Schlachtschiffen, zehn Kreuzern, 29 Zerstörern und über 200 Flugzeugen teil. Diesem Verband standen die Amerikaner mit nur zwei Flugzeugträgern, einem Schlachtschiff, sechs Kreuzern, 14 Zerstörern und über 170 Flugzeugen gegenüber. Durch Torpedo- und Bombentreffer fügten sich beide Seiten große Schäden zu. Die Amerikaner verloren außerdem ihren Flugzeugträger *Hornet*. Hoch waren die Verluste bei den Flugzeugen: die Japaner büßten über hundert, die Amerikaner etwa 70 Flugzeuge ein.

Am 9. November war Admiral Kondo mit den Schlachtschiffen *Kongo* und *Haruna*, den beiden Flugzeugträgern *Hiyo* und *Junyo*, den Kreuzern *Atago*, *Takao*, *Tone* und *Sendai* nach Guadalcanal unterwegs. Kondo hatte den Befehl, Vizeadmiral Abes Verband, der aus den beiden Schlachtschiffen *Hiei* und *Kirishima*, dem Kreuzer *Nagara* und vierzehn Zerstörern bestand, zu decken. Mit den Kreuzern *Suzuya*, *Maya*, *Tenryu* und vier Zerstörern sollte Konteradmiral Nishimura mit Kondo und Abe an der Beschießung von Henderson Field teilnehmen. Gedeckt wurden sie durch Vizeadmiral Mikawa mit seinen Kreuzern *Chokai*, *Kinugasa* und *Isuzu*. Dieses enorme Aufgebot an schützenden und deckenden Schiffen sowie die Beschießung von Henderson Field sollte es Tanaka ermöglichen, auf Guadalcanal mit elf Transportern und elf Zerstörern zu landen.

Am 11. und 12. November begannen Scott und Turner unter leichten japanischen Flugzeugangriffen ihre Transportschiffe zu entladen. Nachdem die Luftaufklärung den starken japanischen Verband gemeldet hatte, wurde die Ausschiffung beendet. Callaghan nahm mit fünf Kreuzern und acht Zerstörern Kurs auf die Straße südlich Savo. Er war bereit, den wesentlich stärkeren Verband von Konteradmiral Abe anzugreifen. Weil es auch zu Beginn dieses Gefechts bei den Amerikanern zu Verwirrungen wegen des undisziplinierten Funkverkehrs gekommen war, hatten die überrumpelten Japaner neun Minuten kostbare Zeit nach ihrer Entdeckung am 13. November um 1 Uhr 41 gewonnen. Die Amerikaner feuerten um 1 Uhr 50 von dem Kreuzer *Atlanta* auf einen feindlichen Kreuzer. Die Japaner antworteten umgehend mit Granaten. Scott fiel, die *Atlanta* sank. Im weiteren Verlauf dieses Gefechts versenkte das japanische Schlachtschiff *Hiei* einen amerikanischen Zerstörer, ein weiterer Zerstörer sank nach einem Torpedoangriff. Ein amerikanischer Zerstörer versenkte einen japanischen. Das Schlachtschiff *Hiei* wurde in Brand geschossen und sank am folgenden Tag. Als das Schlachtschiff *Kirishima* Callaghans Flaggschiff, die *San Francisco*, mit Granaten beschoß, fiel Callaghan. Auch die *Portland* und *Juneau* erhielten Treffer, die *Juneau* sank am folgenden Tag.

Nach dieser Niederlage von Konteradmiral Abe beschlossen Mikawa und Nishimura mit ihren Schiffen Henderson Field am 14. November zu beschießen. Mikawas Verband bestand aus den Schweren Kreuzern *Chokai* und *Kinugasa*, Nishimura führte die Schweren Kreuzer *Maya* und *Suzuya*. In der Morgendämmerung gelang es den Japanern auf Henderson Field 18 Flugzeuge zu vernichten und 32 zu beschädigen. Die intakten Flugzeuge konnten nur noch das Ablaufen der Japaner melden. Um 8 Uhr setzten amerikanische Torpedos die *Kinugasa* in Brand, ein Kreuzer wurde beschädigt. Siebzehn Torpedoflugzeuge von der *Enterprise* versenkten die *Kinugasa* und beschädigten die *Maya* und *Chokai*. Als Tanaka sich mit seinen Transportschiffen dem Kampfgebiet näherte, verlor er im Bombenhagel der Amerikaner alle Transporter bis auf vier Fahrzeuge, die er in der Nacht nach Guadalcanal bringen wollte. Vizeadmiral Kondo mit seinem Schlachtschiff *Kirishima*, vier Kreuzern und neun Zerstörern sollte Tanaka beim Ausschiffen Schutz geben. Am Nachmittag wurde Konteradmiral Lee von einem U-Boot dieser Verband gemeldet. Lee verfügte über die beiden neuen Schlachtschiffe

South Dakota und *Washington* und vier Zerstörer.

Um Mitternacht griff Kondo mit seinem Verband die *South Dakota* an, die mit ausgefallenem Radar den Kontakt zu der amerikanischen Flotte verloren hatte. Wäre nicht die *Washington* mit ihrem Radar zu Hilfe gekommen, hätte es schlecht um das moderne Schlachtschiff ausgesehen. Die *Washington* schoß die *Kirishima* in Flammen, die später sank. Jetzt kämpfte Lee mit seinem Schlachtschiff *Washington* gegen vier Kreuzer und acht Zerstörer. Kondo gab auf und befahl den Rückzug. Tanaka setzte am folgenden Morgen seine Transporter auf Strand, wo sie von den Flugzeugen von Henderson Field ständig angegriffen wurden. Alle Transportschiffe wurden dabei zerstört. Statt der 11 000 Mann kamen nur 2000 Japaner zur Verstärkung nach Guadalcanal.

Am 30. November und 1. Dezember 1942 war Konteradmiral Tanaka mit acht Zerstörer unterwegs nach Guadalcanal. Dieses Unternehmen sollte Konteradmiral Wright mit fünf Kreuzern und acht Zerstörern vereiteln. Bei dem Nachtgefecht von Tassafaronga sank ein japanischer Zerstörer. Auf amerikanischer Seite wurden die Kreuzer *Minneapolis*, *New Orleans* und *Pensacola* beschädigt, die *Northampton* versank im Meer. Obwohl die Japaner bei diesem Gefecht die Sieger waren, konnten sie ihre Stellung in Guadalcanal mangels Nachschub nicht halten. Am 29. Januar 1943 ein letzter Erfolg der Japaner gegen die Amerikaner: Torpedoflugzeuge versenkten den Schweren Kreuzer *Chicago* vor Guadalcanal.

Anfang Februar evakuierte Tanaka mit seinen Zerstörern fast 12 000 Mann. Die Amerikaner stellten am 9. Februar 1943 fest, daß es keinen Japaner mehr auf der Insel gab.

Der japanische Flugzeugträger *Shokagu*.

173

52
Raeders Ablösung durch Dönitz

An allen Fronten hatten die Verbündeten Japan, Italien und Deutschland Verluste und Rückschläge hinnehmen müssen. Seit März 1942 war die britische Luftwaffe in der Offensive gegen deutsche Industriestandorte und Großstädte, seit dem Sommer beteiligten sich amerikanische Luftverbände an den Angriffen. Aus dem deutschen Vormarsch in Rußland waren Abwehrschlachten geworden. Am 1. Februar 1943 mußte das Oberkommando der Wehrmacht bekanntgeben: „In Stalingrad ist die Südgruppe der 6. Armee unter Führung des Generalfeldmarschalls Paulus nach mehr als zwei Monaten heldenhafter Verteidigung von der Übermacht des Feindes im Kampf überwältigt worden. Die Nordgruppe unter Führung des Generals der Infanterie Strecker behauptet sich noch immer. Sie wehrte starke feindliche Angriffe zum Teil im Gegenstoß ab." Zwei Tage später: „Der Kampf um Stalingrad ist zu Ende. Ihrem Fahneneid bis zum letzten Atemzug getreu ist die 6. Armee unter der vorbildlichen Führung des Generalfeldmarschalls Paulus der Übermacht des Feindes und der Ungunst der Verhältnisse erlegen. Ihr Schicksal wird von einer Flakdivision der deutschen Luftwaffe, zwei rumänischen Divisionen und einem kroatischen Regiment geteilt, die in treuer Waffenbrüderschaft mit den

Flugzeugträger *Graf Zeppelin*, Stapellauf 1938.

Raeder und Dönitz.

Kameraden des deutschen Heeres ihre Pflicht bis zum äußersten getan haben."

Als Stalingrad fiel, wurde Admiral Dönitz zum Großadmiral befördert und zum Oberbefehlshaber der Kriegsmarine ernannt.

Hitler hatte von den beiden Teilkonvois des Geleitzuges JW.51 erfahren, erwartete große Erfolge der Kriegsmarine und erfuhr schließlich vom Mißerfolg, ohne zu bedenken, daß sich Generaladmiral Kummetz an den Führerbefehl zur Vermeidung unnötigen Risikos gehalten hatte. Hitler tobte und befahl Raeder, den Oberbefehlshaber der Marine, zu sich. Vizeadmiral Krancke, ehemaliger Kommandant der *Admiral Scheer* und nun Vertreter der Kriegsmarine im Führerhauptquartier, versuchte vergeblich zu beschwichtigen. Raeder verzögerte die Unterredung mit Hitler, traf am 6. Januar 1943 im Führerhauptquartier ein. Hitler monologisierte über die Geschichte der deutschen Marine und ihrer Mißerfolge. Die großen Schiffe sollten außer Dienst gestellt und verschrottet werden, ihre Geschütze an Land zur Verteidigung aufgestellt werden. Die U-Boot-Flotte sollte ausgebaut werden. Raeder bat um seinen Rücktritt zum 30. Januar, dem Tag, an dem er dann zehn Jahre im Dienst Hitlers gewesen war. Hitler erbat Vorschläge für seine Nachfolge. Raeder benannte den Generaladmiral Carls und den Admiral Dönitz. Hitler entschied sich für den Befehlshaber der U-Boote, Dönitz wurde am 30. Januar Großadmiral und Oberbefehlshaber der Kriegsmarine. Raeder erhielt den Ehrentitel eines Admiralinspekteurs der Marine.

Auf Hitlers Befehl ordnete Dönitz am 2. Februar die Einstellung aller Arbeiten an den Kriegsschiffen an, auch die Fertigstellung des Flugzeugträgers *Graf Zeppelin* war davon betroffen. Dann legte der neue Oberbefehlshaber einen Plan zur Außerdienststellung der großen Kriegsschiffe vor. Aber dieser Plan versprach keinen schnellen Vorteil für die anderen Wehrmachtsteile, er wurde zunächst aufgeschoben. Die *Tirpitz* sollte bis auf weiteres in Norwegen gegen Geleitzüge operieren, die *Scharnhorst* und die *Lützow* sollten sie dabei unterstützen. Die Operationsbefehle gaben den Schiffen taktische Freiheit.

Der Vormars, der geschützte Gefechtsstand auf dem vorderen Mast.

175

53
Die Schlacht im Atlantik
Beginn der letzten Phase

Großadmiral Dönitz hatte den Chef des Stabes, Konteradmiral Godt, mit der Führung des U-Boot-Krieges beauftragt. Die Erfolge im Januar 1943 waren noch nicht sehr groß. Das Oberkommando der Wehrmacht gab am 1. Februar bekannt: „Deutsche Unterseeboote versenkten im Januar 1943 unter schwersten Wetterbedingungen, die sich zeitweise bis zum Orkan steigerten, 63 feindliche Handelsschiffe mit 408 000 BRT. Zehn weitere Schiffe wurden torpediert. Ihr Untergang konnte nicht beobachtet werden, ist aber bei den schweren Seegangsverhältnissen anzunehmen."

Was der Wehrmachtbericht nicht bekanntgab: am 5. Februar wurde *U 187* durch die Zerstörer *Vimy* und *Beverly* versenkt; zwei Tage später gingen *U 609* und *U 623* verloren. Zwei Rudel deutscher U-Boote griffen am 20. Februar einen Geleitzug an, 15 Schiffe wurden vernichtet, zwei Boote gingen verloren.

Der März wurde zum entscheidenden Monat des U-Boot-Krieges. Die Erfolgsbilanz des Oberkommandos der Wehrmacht für diesen Monat ließ das nicht vermuten: „Im Kampf gegen die britischen und amerikanischen Seeverbindungen versenkten Unterseeboote im März 138 feindliche Handelsschiffe mit 851 600 BRT und torpedierten 18 weitere Schiffe. Die Luftwaffe versenkte im gleichen Zeitraum 11 Handelsschiffe mit 75 000 BRT und beschädigte 39 Frachter mit zusammen 220 000 BRT, von denen ein Teil ebenfalls als versenkt anzusehen ist. Damit wurden im März 1943 mindestens 149 feindliche Handelsschiffe mit 926 600 BRT versenkt."

Am 1. März hatte ein Geleitzug New York verlassen. Während der Kämpfe vom 7. bis zum 14. verlor dieser Konvoi vier Schiffe. *U 444* überstand einen Wasserbombenangriff und tauchte wieder auf, als der Zerstörer *Harvester* auf ihn zulief. Das U-Boot wurde gerammt, unter das Heck des Zer-

störers geklemmt und für zehn Minuten mitgeschleppt. Als es sich freigemacht hatte, nur noch ein Wrack war, versenkte es die französische Korvette *Aconit*.

Mitte des Monats tobte die große Schlacht um die Geleitzüge SC 122 und HX 229. Die Deutschen hatten durch Funksprüche von den Konvois Kenntnis erhalten. Der langsame Geleitzug SC 122 traf sich im Atlantik mit dem schnellen HX 229; insgesamt 92 Handelsschiffe waren versammelt. Drei Gruppen U-Boote griffen an. Die Gruppe Stürmer bestand aus 18 Booten, Dränger hatte 11 Boote, dazu kam von Norden her die Gruppe Raubgraf. Am 16. März um 23 Uhr wurde der erste Torpedo auf den Konvoi HX 229 abgeschossen. Der Angriff auf SC 122 erfolgte am nächsten Morgen. Am Nachmittag des 17. gerieten die Geleitzüge und ihre Angreifer in den Bereich der Luftüberwachung, die von Nordirland und Island aus operierte. Zwei U-Boote wurden durch Bomben beschädigt. Am 19. März wurde ein U-Boot beschädigt, *U 384* versenkt. Am Morgen des 20. wurde der Angriff auf die Konvois eingestellt. Als die Geleitzüge in den Nordkanal einliefen, hatten sie insgesamt 27 Schiffe und ein Geleitfahrzeug verloren.

Doch der deutsche Erfolg war nicht von Dauer. Die Situation, die sich geändert hatte, läßt sich aus der „Niederschrift über die Besprechung des Oberbefehlshabers der Marine beim Führer am 31. 5. 43 auf dem Berghof" ablesen:

„Der Grund der augenblicklichen Krisis des U-Bootkrieges ist die erhebliche Zunahme der Luftwaffe des Gegners. In der Enge Island-Faröer ist durch Horchdienst jetzt an einem Tage die gleiche Zahl von Flugzeugen festgestellt, die noch vor Wochen dort nur innerhalb einer Woche auftraten. Ferner Einsatz von Flugzeugträgern an den Geleitzügen im Nordatlantik, so daß die gesamten Straßen des Nordatlantik jetzt von der feindlichen

Luftwaffe überwacht sind. Die U-Bootkrisis würde jedoch durch die Zunahme der Flugzeuge allein nicht erfolgt sein. Das Ausschlaggebende ist, daß die Flugzeuge durch ein neues Ortungsgerät, das auch anscheinend von Überwasserfahrzeugen angewandt wird, in der Lage sind, die U-Boote zu orten und bei tiefer Wolkendecke, Unsichtigkeit oder bei Nacht dann überraschend anzugreifen. Hätten die Flugzeuge das Ortungsmittel nicht, so würden sie z. B. bei grober See oder bei Nacht keinesfalls das U-Boot erkennen können. Entsprechend verteilen sich auch die Verluste. Der weitaus größte Teil der U-Bootverluste ist durch Flugzeuge erfolgt. Der Anteil an Seestreitkräften ist nur gering, obwohl infolge einer besonders unglücklichen Wetterlage (plötzlich einsetzender Nebel) bei der Geleitzugoperation am 8. Mai in diesem Monat verhältnismäßig viel U-Boote (5) durch Zerstörer überrascht werden konnten. Diese Überraschung im Nebel ist auch wieder nur durch Ortungsgeräte möglich gewesen.

Dieser Lage entsprechend sind auch 65 % der Verluste auf dem Marsch bzw. in Wartestellung erfolgt und nur 35 % am Geleitzug selbst. Das ist natürlich, denn den größten Teil der Unternehmung von 6—8 Wochen befindet sich das U-Boot wartend oder auf dem Marsch; hier ist die Gefahr groß, bei Unsichtigkeit oder Dunkelheit plötzlich von einem vorher nicht feststellbaren Gegner aus der Luft angegriffen zu werden. Die Verluste sind im letzten Monat von bisher etwa 14 U-Booten, d. h. 13 % der in See befindlichen U-Boote auf 36 wenn nicht 37, d. h. rund 30 % der in See befindlichen U-Boote angestiegen. Die Verluste sind zu hoch. Es kommt darauf an, jetzt Kräfte zu sparen, andernfalls würde nur das Geschäft des Gegners betrieben werden..."

Bei einer der nächsten Besprechungen, am 8. Juli 1943 in der Wolfsschanze, mußte Dönitz berichten, daß er zunächst das Auslaufen der Boote aus der Heimat abgestoppt hatte. „Zur allgemeinen Lage im U-Bootskrieg meldete er dem Führer, daß er nach dem Räumen des Nordatlantik infolge der verlorenen Schlacht im Mai in andere Räume mit

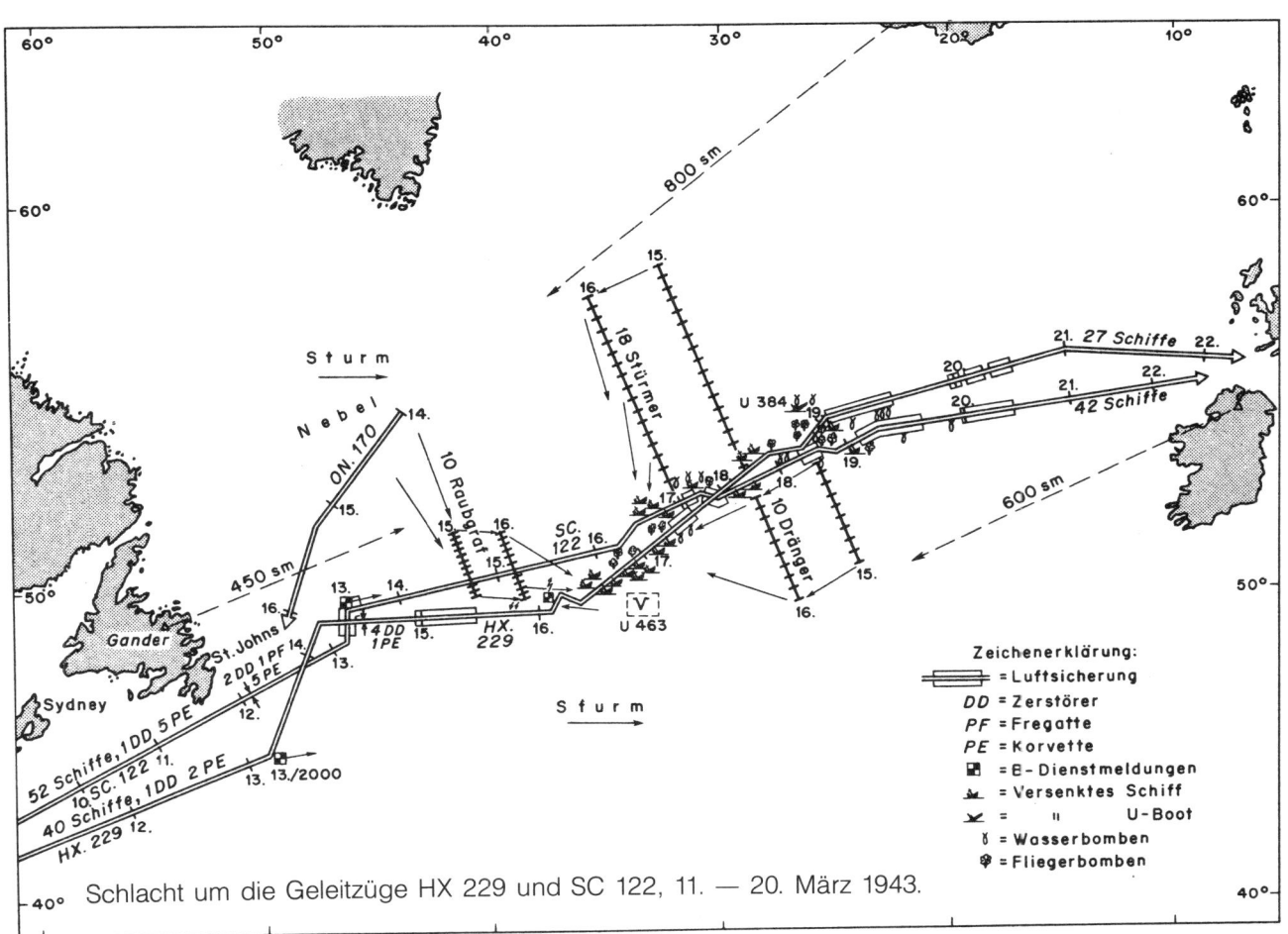

Schlacht um die Geleitzüge HX 229 und SC 122, 11. — 20. März 1943.

den U-Booten gegangen sei, in denen die Abwehr noch nicht so stark und gut ist. Während im Juni wegen des hierdurch bedingten Aufmarsches nur geringe Erfolge erzielt wurden, sei der Juli bereits besser. Andererseits sei nunmehr klar erkennbar, daß der Gegner seine Hauptanstrengungen auf die Auslaufwege unserer U-Boote richtet, d. h. auf die Shetland-Enge und die Biskaya. Infolgedessen seien die Verluste in diesen Gebieten immer noch sehr hoch und zwar hauptsächlich durch die feindliche Luftwaffe, neuerdings aber anscheinend auch durch U-Jagdgruppen von Seestreitkräften, die mit der Luftwaffe zusammenarbeiten."

S. W. Roskill, englischer Kreuzerkommandant und späterer Marinehistoriker: „Im Sommer 1943 brachte die große Mühe, die das Coastal Command lange Zeit in seine Patrouillenflüge über den U-Bootswegen quer durch die Biskaya gesteckt hatte, endlich reichen Lohn. Indessen, die kurze Zeit großer Erfolge verdankte es in der Hauptsache Dönitz' irrigem Befehl, seine Boote sollten bei Tage über Wasser bleiben, um den Kampf mit unseren Flugzeugen aufzunehmen. Während der vierundneunzig Tage (1. Mai bis 2. August), an denen dieser Befehl in Kraft war, versenkten unsere Flugzeugstreifen achtundzwanzig U-Boote und beschädigten zweiundzwanzig weitere; aber sobald der Befehl aufgehoben wurde, gingen ihre Erfolge auf eine sehr bescheidene Ebene zurück, auf der sie sich auch bewegt hatten, ehe er erlassen wurde."

Der Untergang der *Scharnhorst*, 26. Dezember 1943.

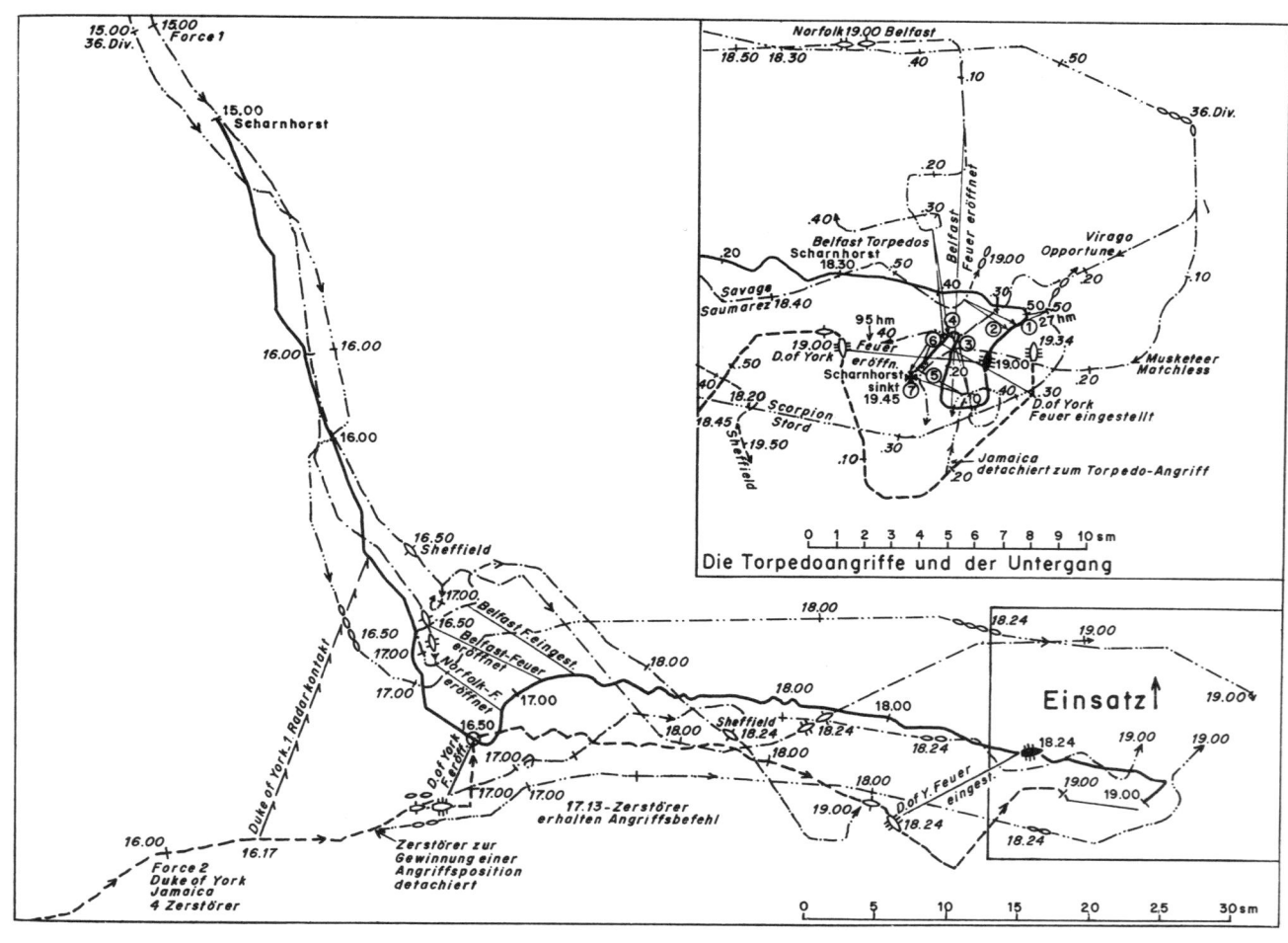

54
Der Untergang der Scharnhorst

„Der Ob. d. M. meldete dem Führer seine Absicht, mit *Scharnhorst* und den Zerstörern der Kampfgruppe den nächsten PQ-Geleitzug anzugreifen, wenn sich Erfolgsaussichten bieten." Das war am 19./20. Dezember 1943 im Hauptquartier Wolfsschanze.

Die *Scharnhorst* war nach dem Kanaldurchbruch nach Kiel verlegt worden, dann nach Gotenhafen. Die Schäden waren zum Teil behoben. Am 22. Dezember 1942 sollte das Schiff wieder gefechtsklar gemeldet werden, ein Maschinenausfall verhinderte den Einsatz. Am 7. Januar 1943 endlich lief die *Scharnhorst* zusammen mit *Prinz Eugen* und fünf Zerstörern in den großen Belt ein. Britische Flugzeuge sichteten den Verband, der daraufhin nach Gotenhafen zurückmarschierte. Am 8. März lief die *Scharnhorst* wieder aus, in der Nacht zum 12. Marsch durch den Großen Belt, begleitet von Zerstörern durch das Kattegat. Andere Schiffe stießen zu dem Verband, der nun aus dem Schlachtschiff, zehn Zerstörern und acht Torpedobooten bestand. In schneller Fahrt weiter, die älteren Torpedoboote konnten die Geschwindigkeit nicht halten und wurden entlassen. Schwere See, auch einige

der Zerstörer mußten den Verband verlassen. Mit einem Zerstörer lief die *Scharnhorst* am 14. März vor Narvik ein. Am nächsten Tag trafen das Panzerschiff *Lützow* und der Kreuzer *Nürnberg* ein, am folgenden sollte die *Tirpitz* eintreffen. Die *Nürnberg* wurde in die Heimat entlassen, der Verband verlegte am 22. zum Altafjord, in einem Seitenarm, dem Langfjord, erhielt die *Scharnhorst* ihren Ankerplatz. Warten auf die Geleitzüge nach Murmansk, Übungen. Explosion an Bord der *Scharnhorst* am 8. April! 17 Tote und 20 Verwundete; großer Sachschaden, der durch ein Werkstattschiff behoben wurde.

Die deutsche Kampfgruppe der Schlachtschiffe *Scharnhorst* und *Tirpitz* vermutete in Spitzbergen eine feindliche Basis, die der Wetterbeobachtung und -meldung und der Brennstoffversorgung alliierter Geleitfahrzeuge diente. Am 6. September verließ die *Scharnhorst* um 19 Uhr 30 ihren getarnten Liegeplatz, die *Tirpitz* folgte 30 Minuten später. Neun Zerstörer schlossen sich dem Verband an. Zwei Tage später kam Spitzbergen in Sicht, ein Zerstörer setzte die Funkstelle außer Betrieb. Die *Scharnhorst* beschoß Brennstofflager und eine Wet-

Schlachtschiff *Scharnhorst*.

terstation. Am Abend des 9. September lagen die *Scharnhorst* und die *Tirpitz* wieder vor den Flugzeugen getarnt in ihren Netzkästen im Kafjord, einem Seitenarm des Altafjords.

Am 22. September beschädigten britische Klein-U-Boote die *Tirpitz*. Jetzt war die *Scharnhorst* das einzige einsatzbereite Schlachtschiff der Kriegsmarine. Ihr Kommandant, Kapitän zur See Hüffmeier, wurde zum Konteradmiral befördert und ins Oberkommando der Kriegsmarine versetzt. Neuer Kommandant wurde jetzt Kapitän zur See Hintze. Konteradmiral Bey, der Führer der Zerstörer, übernahm für die Zeit der Beurlaubung von Admiral Kummetz die Führung der Kampfgruppe.

Seit dem 22. Dezember wurde ein Geleitzug beobachtet, der Kurs auf die Bären-Insel nördlich Norwegen hielt, sein Ziel war Murmansk. Gesichert wurde dieser Konvoi durch Kreuzer und Zerstörer, die Fernsicherung bestand aus dem Schlachtschiff *Duke of York*, Flaggschiff von Admiral Fraser, dem Kreuzer *Jamaica* und vier Zerstörern — von dieser Force 2 hatte die deutsche Luftaufklärung keine Kenntnis. Gleichzeitig hatte ein anderer Geleitzug Murmansk verlassen, dessen 22 Schiffe von Zerstörern geleitet wurden; die Fernsicherung hatte die Force 1, die aus dem Flaggschiff von Vizeadmiral Burnett, dem Kreuzer *Belfast*, und den beiden anderen Kreuzern *Norfolk* und *Sheffield* bestand.

Am ersten Weihnachtstag ertönte auf den Schiffen der deutschen Kampfgruppe das Kommando „19 Uhr seeklar!" Die Operation Ostfront hatte begonnen; ihren Namen hatte sie von der Absicht, die Materialversorgung der Sowjetunion zu unterbrechen, um den deutschen Truppen an der Ostfront Entlastung zu bringen. Bis Konteradmiral Bey von der *Tirpitz* auf die *Scharnhorst* umgestiegen war, vergingen zwei Stunden. Endlich liefen die Schiffe aus dem Fjord. Der Zerstörer Z 38 als Sicherung voraus, die anderen Zerstörer Z 29, 30, 33, 34 in Kiellinie hinter der *Scharnhorst*. Die Weisung für die Kampfgruppe lautete:

„1. Angriff auf den Geleitzug durch *Scharnhorst* und 5 Zerstörern am 26. 12. bei Beginn der Dämmerung (etwa 10 Uhr). 2. Geschlossener Einsatz nur bei günstigen Kampfbedingungen (Wetter, Sichtigkeit, klare Übersicht über Feindlage). 3. Falls die Bedingungen für den Einsatz von *Scharnhorst* nicht günstig, Ansatz der Zerstörer allein. Schlacht-

schiff abgesetzt in Aufnahmestellung, oder, falls angezeigt, in Wartestellung im Außenfjord."

Im Schneesturm marschierte der Verband zu der Stelle, an der er auf den Konvoi stoßen mußte. Kurz vor Mitternacht traf ein Funkspruch des Oberbefehlshabers der Marine ein: „1. Feind will durch wichtigen Geleitzug mit Nahrung und Waffen für Russen heldenmütigen Kampf unseres Ostheeres erschweren. Wir müssen helfen. 2. Geleitzug mit *Scharnhorst* und Zerstörern angreifen. 3. Taktische Lage geschickt und wagemutig ausnutzen. Gefecht nicht mit halbem Erfolg beenden. Angepackte Lage durchschlagen. Größte Chance liegt in überlegener Artillerie *Scharnhorst*, deshalb ihren Einsatz anstreben. Entsprechend Zerstörer ansetzen. 4. Abbrechen nach eigenem Ermessen. Grundsätzlich abbrechen bei Auftreten schwerer Streitkräfte. 5. Besatzungen in diesem Sinne einstellen. Ich glaube an Euren Angriffsgeist. Heil und Sieg! Dönitz, Großadmiral."

26. Dezember, 7 Uhr 30, Befehl auf der *Scharnhorst*: „Klar Schiff zum Gefecht!" Die Zerstörer liefen gegen die schwere See. Schneetreiben und Dunkelheit, plötzlich Leuchtgranaten über den Schiffen. 9 Uhr 30, die *Scharnhorst* lag im Feuer des Gegners, das aus achterlicher Richtung kam. Das Schlachtschiff drehte auf Südostkurs ab und erwiderte das Feuer, das von den britischen Kreuzern *Sheffield* und *Norfolk* kam. Zwei Granaten schlugen auf der *Scharnhorst* ein. Die eine detonierte nicht, die andere zerstörte das vordere Funkmeßgerät. Um 9 Uhr 40 stellten beide Seiten das Feuer ein. Die *Scharnhorst* funkte an die Zerstörer ihren Standort, gab aber eine falsche Quadratangabe. Die Zerstörer waren inzwischen am Geleitzug, der seine Richtung nach Norden verlegt hatte, vorbeigelaufen. Zu spät befahl Bey eine Kursänderung der Zerstörer, die nicht nahe genug an die *Scharnhorst* aufschließen konnten. Eines der acht deutschen U-Boote, die die Operation unterstützten, meldete den Standort des Geleitzuges. Zu spät erhielt die Zerstörer-Flottille diese Meldung weitergeleitet, sie fand den Konvoi nicht mehr. Der Kampfgruppen-

rechts: Schwerer Kreuzer *Prinz Eugen*.
Gemälde von Ernst Wobek.
S. 182 und 183: *Prinz Eugen*.
Gemälde von Günther Todt.

180

Prinz Eugen im Drontheimfjordt, Mai 1942.
Gemälde von Ernst Wobek.

Prinz Eugen mit Notruderanlage, Mai 1942.
Gemälde von Ernst Wobek.

führer, Konteradmiral Bey, gab den Zerstörern den Befehl, die Operation abzubrechen und wieder einzulaufen.

Jetzt hatte die *Belfast* die *Scharnhorst* mit Radar geortet. Die Force 1 stand zwischen dem deutschen Schlachtschiff und dem Konvoi. Um 12 Uhr 23 meldete die *Sheffield:* „Feind in Sicht!" Die britischen Zerstörer erhielten den Befehl zum Angriff. Die Entfernung verringerte sich und die Kreuzer eröffneten das Feuer, das von der *Scharnhorst* erwidert wurde. Die *Norfolk,* auf die sich das Feuer des Schlachtschiffes konzentrierte, erhielt zwei Treffer, der achtere Turm wurde außer Gefecht gesetzt. Die britischen Zerstörer griffen mit ihrer Artillerie an. Die *Scharnhorst* änderte ihren Kurs. Um 12 Uhr 41, 17 Minuten nach Gefechtsbeginn, wurde das Feuer eingestellt. Die britischen Kreuzer und Zerstörer verfolgten die *Scharnhorst,* die sich mit hoher Fahrt entfernte.

Die *Belfast* hielt Fühlung und führte die Force 2 heran, die das Schlachtschiff bald mit Radar ortete. Gerade als die *Scharnhorst* den neuen Gegner erkannt hatte, eröffnete um 16 Uhr 50 die *Belfast* mit

Leuchtgranaten das Feuer, die *Duke of York* und die *Jamaica* nahmen das deutsche Schiff unter Beschuß, das abdrehte und mit seiner größeren Geschwindigkeit zu entkommen suchte. Um 18 Uhr 24 war die Entfernung schon so groß, daß Fraser das Feuer einstellen ließ. Doch die *Scharnhorst* hatte im Duell mit der *Duke of York* mehrere schwere Treffer erhalten, ihre Geschwindigkeit nahm ab, die Zerstörer *Savage* und *Saumarez* schlossen heran. Ihre Torpedos konnte das Schlachtschiff ausmanövrieren, dafür bot sie den nun an Steuerbord anlaufenden Zerstörern, der britischen *Scorpion* und der norwegischen *Stord* ein Ziel. Drei Torpedos trafen. Es war nach 19 Uhr, als die *Duke of York* und die *Jamaica* wieder herangeschlossen hatten und schweres Feuer eröffneten. Die *Scharnhorst* machte keine Fahrt mehr, erhielt etwa zehn schwere Treffer. Dann griffen der Kreuzer *Belfast* und die Zerstörer *Musketeer, Matchless, Opportune* und *Virago* an. Die *Scharnhorst* hatte ihre schwere Munition verschossen. Bis zuletzt wehrte sie sich mit ihrer Mittelartillerie. Um 19 Uhr 45 sank das Schiff. Nur 36 Überlebende konnten in der Polarnacht gerettet werden.

Die vorderen Gefechtstürme der *Belfast.*

55
Entscheidung im Schwarzen Meer

Den Deutschen war es nur zeitweise gelungen, den russischen Nachschub im Eismeer zu unterbinden. Nachdem die *Scharnhorst* verlorengegangen war, die *Tirpitz* beschädigt in ihrem Fjord lag, gab es im Norden keine Bedrohung mehr. Im Schwarzen Meer waren inzwischen die Russen dazu übergegangen, den deutschen Nachschub zu bedrohen. Stalingrad war wieder in sowjetischer Hand, der Druck der Deutschen auf den Kaukasus und die Ostküste des Schwarzen Meeres hatte nachgelassen. Russische Zerstörer stießen gegen die Südküste der Krim vor, beschossen den deutschen Nachschub und Küstenstellungen.

Mit dem Beginn des Jahres 1943 gingen russische U-Boot-Gruppen auf Jagd. Die Deutschen mußten eine U-Boot-Abwehr im Schwarzen Meer aufbauen, der auch fünf Boote zum Opfer fielen. Nun hatten die Russen nur noch 18 einsatzbereite U-Boote. Seit November waren drei Klein-U-Boote auf Seiten der Deutschen im Einsatz, Mitte 1943 wurde die Anzahl auf sechs erhöht.

Im Verlauf der deutschen Rückzugsbewegungen an der Ostfront erhielt die 17. Armee den Auftrag, einen Brückenkopf beidseits des Flusses Kuban zu bilden, um die Kertsch-Straße und den Zugang zur Krim von Osten zu decken. Sowjetische Truppen griffen von Nordosten diesen Brückenkopf an, während ein Landungsversuch von Süden her Anfang Februar 1943 scheiterte. Aber vor Novorossijsk konnten Truppen landen, die auf 17 000 Mann verstärkt wurden.

Bis zum September konnte der deutsche Kuban-Brückenkopf gehalten werden. Dann wurden die Stellungen geräumt, die Evakuierung auf die Krim war Anfang Oktober beendet. In der Nacht zum 6. Oktober stieß eine Zerstörergruppe mit dem Flottillenführer *Charkow* an die Südküste der Krim vor, um einen der deutschen Konvois anzugreifen. Der Geleitzug konnte entkommen, die Schiffe marschierten zurück nach Novorossijsk, als sie von einer Stuka-Staffel angegriffen wurden. Alle wurden getroffen und sanken.

Russische Monitore in Kertsch.

186

Russische Truppen standen nun nördlich der Krim, an der Straße von Kertsch begann der Angriff auf die von den Deutschen besetzte Krim. Ein Landungsversuch am 21. Oktober 1943 scheiterte, am 1. November konnte die Asow-Flottille Streitkräfte landen, die sich bis Kertsch vorkämpften. Von Novorossijsk aus landeten Kräfte bei Eltigen, denen Teile der 18. sowjetischen Armee folgten. In einem deutschen Gegenangriff wurde dieser Brückenkopf eingedrückt, aber nördlich Kertsch konnten sich die Russen halten. Nun war die Krim allseitig eingeschlossen. Nur noch über das Meer war die Versorgung der deutschen Truppen möglich. Mit 32 Transportschiffen und 90 kleineren Fahrzeugen wurde der Nachschub von Konstanza aufrecht erhalten. Die Sicherungsverbände konnten die Angriffe der russischen U-Boote vorerst abwehren.

Seit Anfang 1944 erfolgten an allen Frontabschnitten sowjetische Großoffensiven. Der Angriff auf die Krim begann am 8. April. Die Deutschen zogen sich auf den Festungsraum Sewastopol zurück. Auf dem Luft- und Seeweg begann die Evakuierung, wurde weiterer Nachschub herange-

schafft. Die Sicherung der Geleitzüge übernahmen vier rumänische Zerstörer und zwei Kanonenboote, deutsche U-Bootjäger und Räumboote. Mit Torpedokuttern und Flugzeugen griffen die Russen an; zwischen der Krim und Rumänien operierten die noch 16 einsatzbereiten U-Boote. Hitler hatte immer wieder den Rat, die Krim zu räumen, abgelehnt. Am 5. Mai begann der Großangriff auf Sewastopol. Drei Tage später durfte die Festung von den Deutschen geräumt werden. Bis zum Ende der Kämpfe wurden insgesamt 130 000 Mann auf dem Seeweg und 21 500 mit Flugzeugen evakuiert. Auf der Krim, die am 12. Mai wieder in russischer Hand war, blieben 78 000 Mann, gefallen oder gefangen.

Die sowjetische Offensive gegen die Westküste des Schwarzen Meeres wurde auch durch die Donauflottille unterstützt. Rumänien kapitulierte, Konstanza wurde geräumt. Die noch verbliebenen deutschen Schiffe versenkten sich vor der bulgarischen Küste, die drei deutschen U-Boote, die noch im Einsatz waren, versenkten sich vor der türkischen Küste. Der Krieg im Schwarzen Meer hatte sein Ende gefunden.

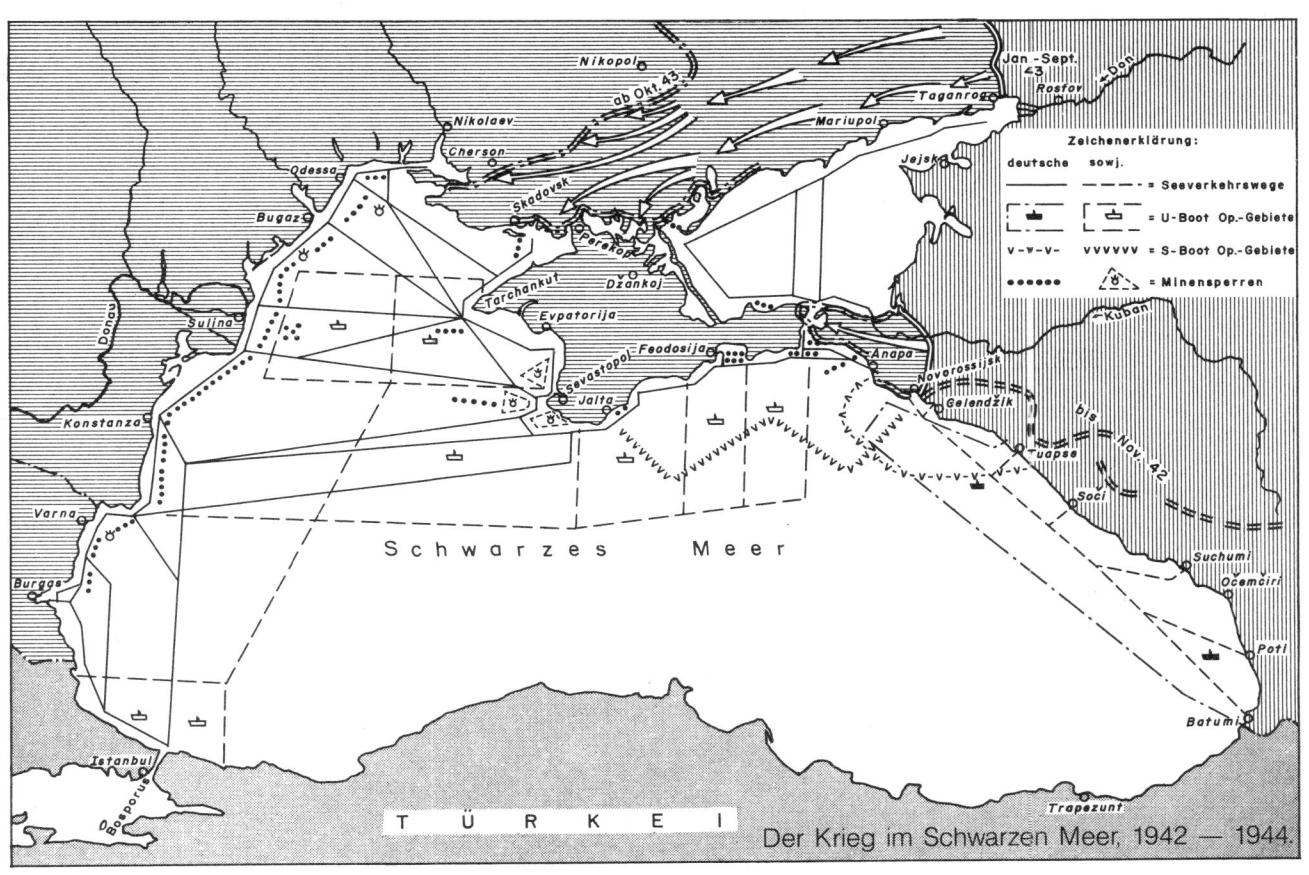

Der Krieg im Schwarzen Meer, 1942 — 1944.

56
Der alliierte Vormarsch im Mittelmeer

„Die Lage ist gekennzeichnet durch den widerstandslosen Rücktritt Mussolinis und damit weitgehenden inneren Zusammenbruch der faschistischen Partei, ferner durch Ernährungsschwierigkeiten und Verkehrschaos. Die neue Regierung hat den Willen zum Durchgreifen und zur Weiterführung des Kampfes. Dauer dieser Einstellung ist nicht abzusehen, vorläufig aber durch tatkräftige Maßnahmen bezeugt.

Die Marine steht hinter dem Haus Savoyen. Die jüngeren Offiziere lehnen die älteren Führer zum großen Teil ab, weil sie ihnen den Krieg nicht aktiv genug geführt haben. Sie sind wohl für eine Aktivierung der Kriegführung zu haben, nicht aber zu diesem Zeitpunkt für ein Eintreten für den Faschismus, der im Volke keinen Widerhall mehr hat. Die Maßnahme Student (die Befreiung des inhaftierten Mussolini durch Fallschirmjäger, die am 12. September 1943 dann stattfand) wird daher bestenfalls an einzelnen Stellen Unterstützung finden, mit Sicherheit aber die gesamte Wehrmacht und den größten Teil des Volkes gegen sich haben. Eine der Folgen wäre völliges Erliegen des jetzt mühsam in Gang gehaltenen Verkehrs. Die Rückführung der Truppen von den Inseln ist ohne Mitwirkung der Italiener völlig ausgeschlossen."

Das war der Standpunkt des Vizeadmirals Ruge, die bei der Lagebesprechung anläßlich des Besuchs des Oberbefehlshabers der Marine bei Hitler vom 26. bis 28. Juli 1943 vorlag. Hitler und das OKW beabsichtigten, Sizilien aufzugeben, Dönitz sprach sich wiederholt dagegen aus.

Am 10. Juli 1943 waren die Alliierten in Sizilien gelandet. Sie hatten vorgetäuscht, den Hauptangriff in Griechenland unternehmen zu wollen, den Ablenkungsangriff auf Sardinien. Vorausgegangen war die Konferenz zwischen US-Präsident Roosevelt und dem englischen Premier Churchill in Casablanca vom 14. bis zum 23. Januar 1943. Die

Kriegsziele waren festgelegt worden; das Deutsche Reich müßte bedingungslos kapitulieren, ebenso die Verbündeten Italien und Japan. Auch die wichtige Frage der zweiten Front wurde erörtert. Stalin drängte auf deren Errichtung, damit nicht die Sowjetunion allein unter schweren Opfern den Heeren Hitlers die Schlachten zu Lande liefern mußte. Doch die westlichen Verbündeten in der Anti-Hitler-Koalition hatten vorerst kein Interesse, den Druck auf die Sowjetunion zu vermindern; ein nach dem Krieg geschwächtes Rußland paßte in ihre Überlegungen. Stalin wurde unterrichtet, daß die zweite Front im Westen für den Herbst 1943 geplant sei.

Vorangegangen der Landung in Sizilien war auch die Bereitstellung neuartiger gepanzerter Landungsfahrzeuge. Und ein Abkommen mit der amerikanischen Mafia, die von Amerika und mit ihren Bündnisgenossen von Sizilien und Süditalien aus tatkräftig bei den Vorbereitungen geholfen hatte. Die Mafia sah in Mussolini und in den Deutschen ihre Feinde. Bereitwillig stellte sie sich und ihre Verbindungen, auch in den wichtigen Hafenstädten, zur Verfügung. Zum Dank wurde Lucky Luciano, der eine Schlüsselrolle in diesem Spiel gehabt hatte, nach dem Krieg vorzeitig aus dem Zuchthaus nach Italien entlassen.

Nun war es soweit. Am 8. Juli 1943 hatten die alliierten Landungsstreitkräfte die Häfen Nordafrikas verlassen. 180 000 Mann standen unter dem Kommando von General Eisenhower. Befehlshaber der Seestreitkräfte war Admiral Cunningham. An der Südspitze Siziliens landeten am 10. Juli die Engländer unter Admiral Ramsay; die britische 8. Armee stand unter dem Kommando von Generalleutnant Montgomery. An der Südwestküste landeten die Amerikaner bei Licata und Gela unter Vizeadmiral Hewitt die 7. Armee, die Generalleutnant Patton befehligte. 580 Kriegsschiffe und etwa 2000

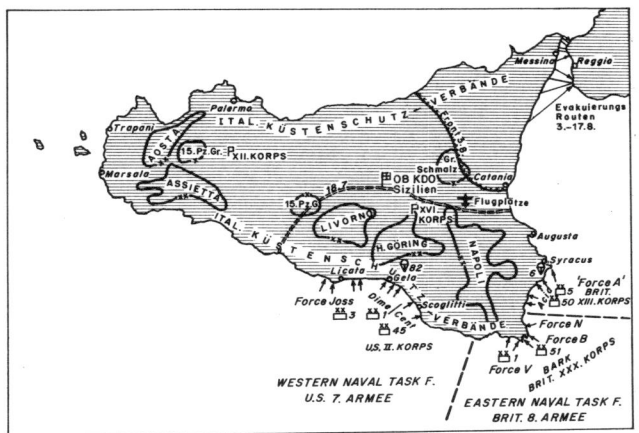

Die Landung in Sizilien, 10. Juni 1943.

Landungsfahrzeuge kamen zum Einsatz. Die Force H unter Vizeadmiral Willis deckte die Operation mit den Schlachtschiffen *King George V, Howe, Nelson, Rodney, Warspite* und *Valiant*, den Flugzeugträgern *Formidable* und *Indomitable*, sechs Kreuzern und 24 Zerstörern. Der Widerstand der deutschen und italienischen Truppen war bald gebrochen, am 17. August räumten die Streitkräfte der Achse die Insel, setzten über nach Kalabrien.

Das Oberkommando der Wehrmacht gab bekannt: „Diese ungeheure militärische und organisatorische Leistung wurde ermöglicht durch die Tapferkeit der Truppen, die zu Lande jeden Durchbruch verhinderte, durch den unermüdlichen heldenhaften Einsatz der Kriegsmarine, die nur mit Kleinfahrzeugen den Verkehr bewältigte und mit leichten Seestreitkräften in den Flanken schützte, und durch den starken Schirm, den die Luftwaffe mit Jägern und Flakartillerie über die Straße von Messina spannte. Führung und Truppe haben eine Leistung vollbracht, die in die Kriegsgeschichte ebenso eingehen wird wie eine siegreiche Angriffsschlacht."

Am 3. September setzten die Alliierten von Sizilien nach Kalabrien über. Mussolini wurde gestürzt, die neue Regierung unter Badoglio schloß mit den Alliierten einen Waffenstillstand; aus den deutschen Verbündeten wurden Besatzer in Italien. Die noch verbliebenen Einheiten der italienischen Flotte wurden in Marsch gesetzt Richtung Malta, um dort interniert zu werden. Es waren noch sechs Schlachtschiffe, acht Kreuzer, 31 Zerstörer und Torpedoboote, 40 U-Boote und kleinere Fahrzeuge. Deutsche Flugzeuge griffen den Verband an und

versenkten das Schlachtschiff *Roma* und beschädigten die *Italia*.

Inzwischen waren die Alliierten auch in Südfrankreich gelandet. Eine Landungsflotte unter Vizeadmiral Hewitt mit 500 Landungs- und 200 Geleitfahrzeugen stieß am 15. August zwischen Toulon und Cannes vor. Unterstützt von den Schlachtschiffen *Arkansas, Nevada, Texas, Lorraine* und *Ramillies*, Geleitträgern, Kreuzern und Zerstörern war die Landung am ersten Tag erfolgreich abgeschlossen.

Der Kampf um Italien ging weiter. Am 9. September landete Hewitt die 5. US-Armee unter Generalleutnant Clark bei Salerno. Wieder deckte die Force H unter Willis die Operation. Acht Tage wurde erbittert um den Brückenkopf gekämpft. Die deutsche Luftwaffe beschädigte schwer die *Warspite* und drei Kreuzer. Am 16. September setzten sich die deutschen Truppen ab, nachdem sie noch den Hafen von Neapel zerstört hatten.

Deutsche Truppen besetzten Rom, Italien erklärte der Besatzungsmacht Deutschland den Krieg. Und der Krieg ging unerbittlich weiter. Am 22. Januar 1944 landeten die Alliierten mit zu schwachen Kräften bei Anzio und Nettuno südlich Rom. Die Konteradmirale Lowry von der US Navy und Troubridge von der Royal Navy hatten für ihre Landungsflotte nur die Unterstützung von vier Kreuzern und einigen Zerstörern. Über vier Monate dauerten die Kämpfe an der Küste. Am 3. Juni zogen sich die deutschen Truppen zurück, zwei Tage später marschierten die Alliierten triumphierend in die italienische Hauptstadt ein.

Die Rote Armee war auf dem Balkan einmarschiert, die griechische Volksbefreiungsarmee ELAS wurde dem britischen General Scobie unterstellt. In den Monaten September und Oktober befreite sich Griechenland. Damit es aber nicht dem britischen Einfluß verloren ging, landeten die Engländer am 13. Oktober Truppen. Später mischten sich die Amerikaner ein. Griechenland fand nach Abschluß des Krieges keinen Frieden. Der Bürgerkrieg begann. Jugoslawien und Albanien befreiten sich, unterstützt von der Roten Armee. Im Mittelmeer waren die Kampfhandlungen beendet. Die deutschen Truppen in Norditalien kapitulierten erst am 2. Mai 1945. Auch an anderen Fronten währte noch der Krieg.

57
Das Ende der deutschen U-Boote

Die spektakulären Erfolge einzelner Boote, die zum Teil vor Afrika und in der Karibik operierten, konnten nicht darüber hinwegtäuschen, daß die U-Boot-Waffe, auf die so große Hoffnungen gesetzt worden waren, nicht mehr kriegsentscheidend war. Auch die neuen Torpedos (die akustischen Torpedos, die Zaunkönige) und die Schnorchel-Boote, die bei der Tauchfahrt mit ihrer Schlauchapparatur den Dieselmotoren frische Luft zuführten, bewirkten keine Wende mehr. Ein neues Funkmeß-Beobachtungsgerät, Hagenuk, wurde in die Boote, die in den französischen Häfen stationiert waren, eingebaut.

Görings Luftwaffe konnte keine Flugzeuge zur Sicherung der U-Boote zur Verfügung stellen. Dönitz: „Mit größter Spannung verfolgten wir den Ausmarsch der Ende August (1943) nach dem Nordatlantik entsandten Boote durch die Biskaya." Würden die Funkmeß-Beobachtungsgeräte die Boote vor Flugzeugangriffen schützen? Alliierte Angriffe waren nicht zu melden. „Dies zeigte, daß sich die Verhältnisse anscheinend entscheidend gebessert hatten, was nur dem neuen Hagenuk-Gerät zu verdanken sein konnte. Tatsächlich ging beim Marsch der Zaunkönig-Gruppe durch die Biskaya kein Boot verloren. Bis zum Mai 1944 gerieten von jetzt ab in diesem Seegebiet nur noch ein bis zwei U-Boote monatlich in Verlust. Das Gefühl der Erleichterung, mit dem wir diese Entwicklung beobachteten, war groß." Eine trügerische Ruhe, die nicht lange währte. Auch die alliierte Verwunderung darüber, daß keine Handelsschiffe versenkt wurden, hielt nicht lange an.

Mitte September bildeten die 20 Boote der Zaunkönig-Gruppe eine Sperre, um südlich Grönland einem langsamen Geleitzug aufzulauern, der sich hier mit einem schnellen Konvoi vereinigen wollte. Am 20. September begannen die U-Boote ihren Unterwasserangriff. Zwei Schiffe wurden versenkt,

dann vertrieb die Luftsicherung die Boote. Angriff auf den schnellen Geleitzug. Wiederum wurden zwei Handelsschiffe versenkt und die Fregatte *Lagan* beschädigt. Alliierte Geleitschiffe und Flugzeuge eilten herbei. Fünf Tage sollte die Schlacht dauern. Gleich am ersten Tag wurde *U 338* versenkt. Die Amerikaner hatten auch akustische Torpedos entwickelt, die sich ihr Ziel nach dem Motorengeräusch des angegriffenen Schiffes suchten; ein solcher Lufttorpedo traf das Boot. Nach englischen Angaben wurden sechs Handelsschiffe versenkt; die Deutschen meldeten neun. Drei Geleitfahrzeuge wurden, wie die Engländer bekanntgaben, versenkt; die Deutschen meldeten zwölf versenkte Zerstörer. Auf deutscher Seite gingen außer *U 338* noch *U 229* und *U 341* verloren; vier Boote wurden beschädigt.

Die Gesamterfolge der U-Boote blieben aber weiterhin hinter den Erwartungen zurück.

Das fünfte Kriegsjahr ging zu Ende. Die Verluste der deutschen Kriegsmarine waren beträchtlich. 239 U-Boote waren im Jahr 1943 verlorengegangen.

Und der Kampf der Boote bis zur Selbstopferung ging weiter. Im Januar 1944 wurden 31 Handelsschiffe versenkt und weitere beschädigt, im Februar waren es 26 Handelsschiffe, die versenkt, und 34, die beschädigt wurden. In den Western Approaches, dem Seegebiet um Großbritannien, startete Dönitz eine neue U-Boot-Offensive. Die Kampfhandlungen begannen am 19. Januar, als *U 641* einen Konvoi sichtete, dabei aber von einem Geleitfahrzeug südwestlich Irland versenkt wurde. Von den Booten, die am Nordkanal auf Beute lauerten, wurden *U 271* und *U 571* durch Flugzeuge versenkt. Die anderen U-Boote gaben die Verfolgung eines Geleitzuges auf. Mit Wasserbomben wurde *U 592* vernichtet. Dönitz wollte nun die Geleitzüge in der Nähe von Irland wieder angreifen lassen. Kapitän Walker fuhr mit seinem Verband von fünf

Schiffen zwischen den einzelnen Geleitzügen, ließ sich von den Aufklärungsflugzeugen an die U-Boote heranführen. Bis zum 24. Februar dauerten die Kämpfe. Elf U-Boote gingen verloren, zwölf Geleitzüge hatten die Western Approaches passiert.

Die Kämpfe wurden mit aller Härte und Entschiedenheit auf beiden Seiten geführt. Das Verhalten von Kapitänleutnant Eck blieb eine grausame und unmenschliche Ausnahme. Mit seinem Boot, *U 852,* lief er in einer Gruppe von sechs Booten im Februar in den Indischen Ozean. Am 13. März versenkte er den griechischen Dampfer *Peleus,* die Überlebenden ließ Eck mit Maschinengewehren beschießen. Nur drei der Schiffbrüchigen überlebten das Massaker und konnten später Zeugnis davon geben. *U 852* versenkte ein anderes Schiff, wurde von einem Flugzeug am 3. Mai angegriffen und beschädigt. Eck ließ das Boot versenken und begab sich mit seiner Mannschaft in Gefangenschaft. Später, nach Ende des Krieges, wurde er in Hamburg vor ein Kriegsgericht gestellt, verurteilt und zusammen mit drei Offizieren und einem Unteroffizier erschossen.

Die ersten Monate des Jahres 1944 waren für die deutschen U-Boote wenig erfolgreich; ihre eigenen Verluste waren hoch: 15 Boote im Januar, 19 im Februar, 25 im März, 21 im April und 22 im Mai. Am 4. Juni beschoß ein Flugzeug *U 505*, das nun nicht mehr tauchen konnte. Die Amerikaner auf dem Zerstörer *Pillsbury* enterten das Boot und brachten es ein. Heute steht es als Museumsstück im Hof des Museums für Wissenschaft und Industrie in Chicago. Das andere Boot, das auch noch bis in unsere Tage überkommen ist, ist *U 995,* das nach dem Krieg in Norwegen diente und seit 1971 vor dem Marineehrenmal in Kiel-Laboe steht.

Die Deutschen erwarteten eine alliierte Invasion. In Norwegen, Holland oder Westfrankreich? Seit dem 16. Mai gingen 32 neue U-Boote von Kiel nach den französischen U-Boot-Stützpunkten. Sieben wurden vor der Südküste Norwegens schon von der Coastal Command versenkt. Am 6. Juni begann die Landung der Alliierten in der Normandie. 36 U-Boote aus den französischen Häfen warfen sich der Landungsflotte entgegen, 12 Boote gingen verloren, sechs wurden beschädigt. Im Verlauf der weiteren Kämpfe in Frankreich mußten die Deutschen ihre Häfen an der Biskaya räumen und die

U 505 vom Typ IX C, aufgebraucht am 4. Juni 1944.

191

Boote nach Norwegen verlegen; etwa zehn Boote, nicht mehr tauchfähig, wurden versenkt. Die U-Boote kämpften weiter, einzelne operierten in entlegenen Gewässern, die anderen griffen einzelne Schiffe oder Geleitzüge an. Und sie erlitten hohe Verluste: von Juni bis Dezember 1944 gingen 138 Boote verloren.

Kleinst-U-Boote waren entwickelt worden und im Einsatz: *Biber* und *Seehund.* Die wagemutigen Unternehmen mit diesen Fahrzeugen konnten den unerbittlichen Ablauf der Ereignisse nicht aufhalten. Mit verstärkten Anstrengungen kämpften die Alliierten gegen die U-Boote im Gebiet um Großbritannien. Der andere Einsatzraum der von Norwegen operierenden U-Boote war das Nordmeer. Aber die Bombenangriffe gegen Deutschland trafen schon in den Häfen und auf den Werften die U-Boote, bevor sie zu ihren Einsatzgebieten auslaufen konnten. 151 U-Boote gingen 1945 verloren.

Der Krieg war verloren. Um zu retten, was vielleicht noch zu retten war, wagten vor allem Offiziere des Heeres endlich den Aufstand. Das Attentat gegen Hitler schlug fehl. Nach dem 20. Juli 1944 wandte sich Dönitz an die „Soldaten der Kriegsmarine! Der heimtückische Mordanschlag auf den Führer erfüllt einen jeden von uns mit heiligem Zorn und erbitterter Wut gegen unsere verbrecherischen Feinde und ihre gedungenen Helfershelfer. Die Vorsehung bewahrte das deutsche Volk und seine Wehrmacht vor unvorstellbarem Unglück. Wir sehen in der Errettung des Führers eine weitere Bestätigung für die Gerechtigkeit unseres Kampfes. Wir werden uns nur noch enger um den Führer scharen, wir werden nur noch härter kämpfen, bis der Sieg unser ist."

Der aussichtslose Kampf ging weiter. Die letzten Erfolge wurden gemeldet. Am 4. Mai 1945 versenkte *U 711* ein britisches Schiff und einen Tanker im Nordmeer. Am 6. Mai vernichtete *U 835* vor Island einen Dampfer. Am 7. Mai vernichtete *U 2336* im Atlantik zwei Dampfer. Für die bevorstehende Kapitulation war die Operation Regenbogen vorbereitet worden: die Selbstversenkung aller U-Boote. 221 U-Boote versenkten sich vom 3. bis zum 5. Mai

selbst. Dönitz gab am 9. Mai seinen letzten Tagesbefehl heraus: „U-Bootmänner! Nach einem heroischen Kampf ohnegleichen habt ihr die Waffen niedergelegt. Das höchste Opfer müßt ihr jetzt eurem Vaterland bringen, indem ihr bedingungslos folgende Weisungen durchführt. Zahlreiche Opfer werden dadurch in der Heimat vermieden." Der Befehl zum Rückmarsch nach Norwegen wurde aufgehoben, die Weisung erteilt, sich den Alliierten zu ergeben. Zwei Boote hatten sich vor Portugal versenkt, zwei Boote liefen nach Argentinien. 100 Boote wurden in der Operation Deadlight von britischen Seestreitkräften westlich der Hebriden versenkt.

Die Schlacht im Atlantik, der U-Bootkrieg war zu Ende. Von den insgesamt 1170 Booten waren 863 zum Fronteinsatz gelangt. 630 U-Boote waren auf See geblieben. Von den 39 000 U-Boot-Fahrern waren 27 082 gefallen.

Dönitz rechtfertigte den erbarmungslosen Kampf: „Dieser opfervolle Einsatz der deutschen U-Boot-Waffe war in dieser letzten Zeit des Krieges notwendig, weil sonst unermeßlich starke Kräfte des Gegners frei geworden wären, die dann auch noch unmittelbar gegen Deutschland hätten eingesetzt werden können, z. B. zur Bekämpfung unserer lebenswichtigen Seeverbindungen in der Nordsee, im Englischen Kanal und nach Norwegen hinauf; oder zur Forcierung der Ostsee-Eingänge und anschließender alliierter Seeherrschaft in der Ostsee und damit Unterbindung unseres dortigen, entscheidend wichtigen Seeverkehrs. Dann hätten wir auch 1945 nicht noch über 2 Millionen Menschen in der Ostsee nach Westen retten können. Vor allem wäre bei einer Einstellung des U-Boot-Krieges auch die große Zahl von Flugzeugen, die bisher gegen die deutschen U-Boote in allen Seeräumen flogen, dann zu Luftangriffen auf die deutsche Zivilbevölkerung eingesetzt worden."

Dönitz zitierte Churchill: „Die einzige Sache, die mir jemals wirklich während des Krieges Furcht einflößte, war die U-Boot-Gefahr... Der U-Boot-Krieg war unser schlimmstes Übel. Es wäre weise von den Deutschen gewesen, alles auf seine Karte zu setzen."

58
Die alliierte Landung
in der Normandie

Die zweite Front, oft versprochen, immer wieder verzögert, wurde endgültig vorbereitet. Diese, das Kriegsende herbeiführende Operation mußte durchgeführt werden, bevor die Russen zu weit nach Mitteleuropa vorgedrungen waren — spekulierten die Alliierten. Die Sommeroffensive der Roten Armee hatte die deutsche Ostfront in Bewegung gebracht, die 152 deutschen Divisionen in Rußland konnten auf keinen Fall an die Westfront verlegt werden, sie waren in die schweren Abwehrschlachten verstrickt. Die Operation Overlord, die alliierte Landung, konnte beginnen; die Unternehmen der Seestreitkräfte standen unter dem Decknamen Operation Neptune. Mehr als 4100 Landungsfahrzeuge standen bereit, um die insgesamt 61 Infanterie- und 25 Panzerdivisionen an Land zu bringen, die unter dem Kommando von General

Eisenhower standen. Befehlshaber der Seestreitkräfte war der britische Admiral Ramsay. Ihm unterstanden die britische und die amerikanische Kampfgruppe aus sieben Schlachtschiffen, zwei Monitoren, 23 Kreuzern, 105 Zerstörern und 1073 kleinen Fahrzeugen. Die östliche Landungsgruppe der britischen Verbände befehligte Konteradmiral Vian; seine Schlachtschiffe *Warspite* und *Ramillies*, seine 12 Kreuzer und 37 Zerstörer hatten die Aufgabe, die deutschen Küstenbatterien niederzukämpfen. Die westliche Landungsflotte der Amerikaner stand unter dem Befehl von Konteradmiral Kirk; ihm standen die Schlachtschiffe *Nevada*, *Texas* und *Arkansas* zur Verfügung, außerdem neun Kreuzer und 20 Zerstörer. Die Schlachtschiffe *Nelson* und *Rodney* hielten sich bereit. Die alliierten Luftstreitkräfte bestanden aus 5112 Bomben-, 2316 Torpedo-

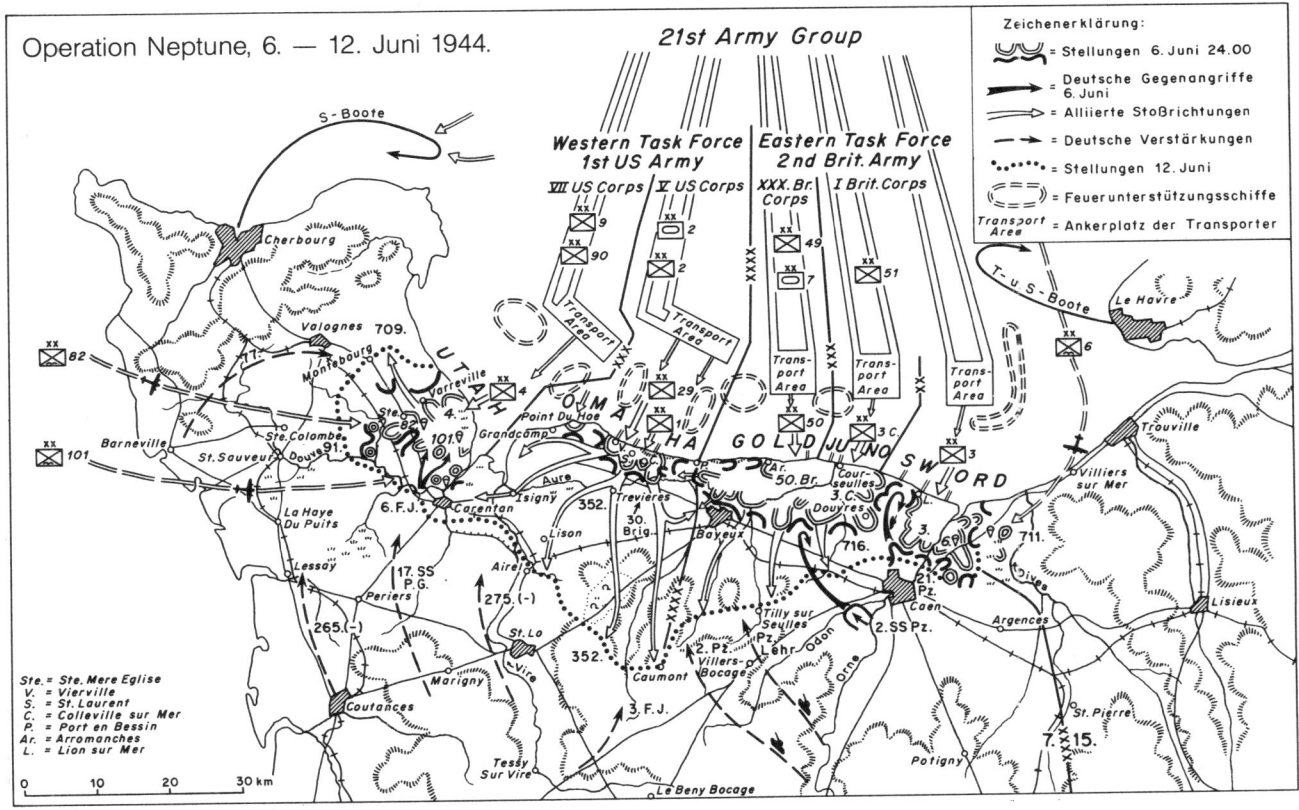

und 5400 Jagdflugzeugen. Auf der deutschen Seite standen 59 Divisionen in Westeuropa; der Landungsflotte konnten sich nur fünf Zerstörer, 34 Schnellboote und kleinere Vorposten- und Räumboote und die Gruppe der 36 U-Boote entgegenstellen, außerdem 50 Flugzeuge.

Churchill schildert den Verlauf der Landung: „Die langen Monate der Planung und Vorbereitung für die größte Landungsoperation der Kriegsgeschichte fanden am Stichtag, dem 6. Juni 1944, ihr Ende. In der Nacht zum genannten Tage stachen ohne Wissen des Feindes die gewaltigen Geleitzüge mit ihren Eskorten in See und steuerten von der Isle of Wight durch die von Minen geräumten Fahrrinnen zur Küste der Normandie. Schwere britische Bomber warfen auf die einbetonierten feindlichen Küstenbatterien Bomben im Gesamtgewicht von 5200 Tonnen ab. Bei Anbruch der Dämmerung wandte sich die amerikanische Luftwaffe gegen die übrigen Verteidigungsanlagen; mittelschwere und Kampfbomber folgten. Insgesamt flogen die alliierten Maschinen in den vierundzwanzig Stunden des 6. Juni 14 600 Einsätze. Unsere Luftüberlegenheit war so groß, daß der Gegner demgegenüber in den Tagesstunden des gleichen Tages nur hundert Flüge über dem Invasionsstrand auszuführen vermochte. Ab Mitternacht stiegen drei Luftlandedivisionen auf; die 6. britische Luftlandedivision hatte die Aufgabe, nordöstlich Caens Brückenköpfe über den Fluß zwischen der Stadt und der See zu errichten; zwei amerikanische Luftlandedivisionen sollten nördlich Carentans die Landung von der See her unterstützen und den Anmarsch feindlicher Verstärkungen in die Halbinsel Cotentin aufhalten.

Obschon die Luftlandedivisionen an manchen Stellen weiter zerstreut niedergingen, als beabsichtigt gewesen war, lösten sie überall die ihnen gestellten Aufgaben. Als bei Tagesanbruch all die Schiffe jedes Typs und jeder Größe die ihnen angewiesenen Angriffspositionen einzunehmen begannen, schien die Szene eher einer Flottenparade zu gleichen. Die unmittelbare Abwehr des Feindes beschränkte sich auf einen Torpedobootausfall, dem ein norwegischer Zerstörer zum Opfer fiel. Und auch nach Beginn des Flottenbombardements blieb das Abwehrfeuer der Küstenbatterien vereinzelt und unwirksam. Ohne Zweifel hatten wir eine taktische Überraschung erzielt. Landungs- und Hilfsfahrzeuge mit Infanterie, Panzern, motorisierten Geschützen und einer Vielfalt anderer Waffen und vor allem Pioniersprengtrupps an Bord formierten sich zu Gruppen und hielten auf den Strand zu. Die zum erstenmal in größerer Zahl im Kampf eingesetzten schwimmenden DD-Panzer befanden sich darunter. Nach dem schlechten Wetter des vorangegangenen Tages ging die See immer noch sehr hoch, und viele der schwimmenden Panzer kenterten.

Zerstörer und die auf den Landungsbooten montierten Geschütz- und Raketenbatterien hämmerten auf die Strandbefestigungen ein, während von weiter draußen Kreuzer und Schlachtschiffe das Feuer der Küstenbatterien niederhielten. Die ersten Landungsboote hatten sich dem Strand bereits auf etwa eine Meile genähert, als die feindliche Abwehr stärker wurde und das Geschützfeuer an Intensität zunahm. Brandung, Minen und Unterwasserhindernisse gestalteten die Landung gefährlich, so daß viele Fahrzeuge noch nach der Absetzung ihrer

Das britische Schlachtschiff *Nelson.*

Truppen havariert wurden; doch die Ausschiffung ging weiter.

Die ersten Infanterieeinheiten stürmten, sowie sie festen Boden unter den Füßen spürten, auf ihre Ziele zu und kamen mit einer Ausnahme gut voran. Nur das amerikanische V. Korps traf nordwestlich von Bayeux auf dem 'Omaha' getauften Strandabschnitt ernstlichen Widerstand an. Hier war — unglücklicherweise — erst kürzlich eine komplette deutsche Division in Stellung gegangen, die sich zudem in Alarmzustand befand. Unsere Verbündeten hatten den ganzen Tag über schwer zu kämpfen, um sich überhaupt festsetzen zu können, und erst nach dem Verlust von mehreren tausend Mann erzwangen sie sich am 7. den Weg landeinwärts. Obwohl wir nicht alle gesteckten Ziele erreichten und insbesondere auch Caen fest in feindlicher Hand blieb, wurden die an den ersten zwei Angriffstagen erzielten Fortschritte als sehr befriedigend beurteilt."

Diese zwei ersten Tage der Landung lasen sich in den Wehrmachtberichten so: „6. Juni — Sondermeldung! Der seit langem erwartete Angriff der Briten und Nordamerikaner gegen die nordfranzösische Küste hat in der letzten Nacht begonnen. Wenige Minuten nach Mitternacht setzte der Feind unter gleichzeitigen heftigen Bombenangriffen im Gebiete der Seinebucht starke Luftlandeverbände ab. Kurze Zeit später schoben sich, geschützt durch schwere und leichte Kriegsschiffeinheiten, zahlreiche feindliche Landungsboote auch gegen andere Abschnitte der Küste vor. Die Abwehr ließ sich an keiner Stelle überraschen. Sie nahm den Kampf sofort mit aller Energie auf. Die Luftlandetruppen wurden zum Teil schon beim Absprung erfaßt und die feindlichen Schiffe bereits auf hoher See wirksam unter Feuer genommen. Viele Fallschirmeinheiten wurden aufgerieben oder gefangen, andere von hochgehenden Minen zerrissen. Trotz fortgesetzter heftiger Luftangriffe und schweren Beschusses durch die feindliche Schiffsartillerie griffen die Geschütze des Atlantikwalls ebenfalls sofort in den Kampf ein. Sie erzielten Treffer auf Schlachtschiffeinheiten und den sich einnebelnden Landungsbooten. Der Kampf gegen die Invasionstruppen ist in vollem Gange."

„7. Juni — Die feindliche Landungsoperation an der Nordküste der Normandie zwischen Le Havre und Cherbourg wurde während des ganzen Tages durch starke Seestreitkräfte unterstützt. Zahlreiche im Rücken unserer Küstenbefestigungen abgesetzte Luftlandeverbände sollten diese Landung erleichtern und das Heranführen unserer Reserven verhindern. Sie wurden zum größten Teil nach kurzem, hartem Kampf aufgerieben, nachdem sie schon beim Absprung durch unsere Flak schwere Verluste erlitten hatten. Es gelang dem Feind von See her, an mehreren Stellen Fuß zu fassen. Die Mehrzahl seiner Brückenköpfe wurde jedoch im Gegenangriff zerschlagen. Zahlreiche Landungsboote liegen ausgebrannt vor der Küste.

Beiderseits der Ornemündung und nördlich Carentan sind heftige Kämpfe mit stärkerem Gegner entbrannt, dem es bis jetzt noch gelungen ist, diese Brückenköpfe, wenn auch mit schweren Verlusten, zu behaupten.

In den frühen Morgenstunden des 6. Juni griffen deutsche Torpedoboote in der Seinebucht einen feindlichen Schlachtschiffverband, der zusammen mit Kreuzern und Zerstörern die Landungsflotte sicherte, mit gutem Erfolg an. Leichte deutsche Seestreitkräfte stießen in der Nacht zum 7. Juni westlich Le Havre gegen einen britischen Zerstörerverband vor und erzielten mehrere Torpedotreffer. Ein Zerstörer blieb brennend liegen. Küstenbatterien der Kriegsmarine fügten in schwerem Artillerieduell Schlachtschiffen und Zerstörern starke Schäden zu. Auf den von der Kriegsmarine ausgelegten Minensperren sind mehrere feindliche Einheiten durch Minentreffer gesunken."

In der Nacht zum 15. Juni griffen 325 britische Bombenflugzeuge den Hafen von Le Havre an und vernichteten fast alle dort liegenden deutschen leichten Seestreitkräfte. In der Nacht darauf griffen 300 Flugzeuge den Hafen von Boulogne an und versenkten einen deutschen Minensuchverband. Am 25. und 26. Juni lieferten sich die deutschen Küstenbatterien Artilleriegefechte mit den Schlachtschiffen *Arkansas*, *Nevada* und *Texas*, Kreuzern und Zerstörern.

Die Landung der Alliierten war erfolgreich, am 30. Juni wurde Cherbourg genommen, am 9. Juli Caen, am 18. St-Lo, am 25. Juli gelang der Durchbruch bei Avranches. Die Alliierten setzten ihren Vormarsch fort, der Seekrieg um England und Frankreich war zu Ende.

59
Tirpitz
Das Ende der einsamen Königin

Am zweiten Weihnachtstag des Jahres 1943 war die *Scharnhorst* vor dem Nordkap versenkt worden. Die *Tirpitz* war nun das einzige Schlachtschiff, das im Norden stand. Dieses größere Schwesterschiff der längst untergegangenen *Bismarck* lag nach dem Angriff britischer Klein-U-Boote am 22. September 1943 beschädigt im Altafjord. Die Briten mußten damit rechnen, daß dieses große und gefährliche Schiff nach ersten Reparaturen nach Deutschland zur Überholung auslaufen würde. Anfang Februar 1944 lagen britische U-Boote auf der Lauer vor Norwegens Küste, um die *Tirpitz* abzufangen. Noch lag sie in ihrem Fjord, von den Norwegern respektvoll „die einsame Königin" genannt, außerhalb der Reichweite britischer Bomber. Deshalb griffen sowjetische Maschinen am 11. Februar an. Von 15 Flugzeugen fanden nur vier ihr Ziel, ein Nahtreffer richtete nur leichte Schäden an.

Weiterhin mußte mit dem Einsatz der *Tirpitz* gerechnet werden. Ende März erhielten die Nordmeer-Konvois wieder schwere Deckung. Am 3. April ließ Admiral Fraser den Vizeadmiral Moore mit dem Schlachtschiff *Anson*, den Trägern *Victorious* und *Furious*, drei Kreuzern und fünf Zerstörern gegen den Altafjord vorstoßen. Die *Tirpitz* machte am frühen Morgen dieses Tages klar zu einer Probefahrt. Der Netzkasten war aufgezogen, die Anker gelichtet. Aus dem Schutz der Berge heraus griffen die englischen Flugzeuge an, feuerten aus allen Bordwaffen, klinkten ihre Bomben aus. Von den Flugzeugträgern waren 41 Bomber gestartet, begleitet und geschützt von 41 Jagdflugzeugen. Die *Tirpitz*, die gerade geringste Fahrt voraus machte, konnte den Angriff nicht ausmanövrieren. Zahllose Treffer auf dem Schiff, das brannte, aber schwamm. Die zweite Angriffswelle dröhnte um 7 Uhr 30 heran, 15 Treffer auf dem Schiff, aber keine Bombe vermochte das Panzerdeck zu durchschlagen. Aber 128 Mann waren gefallen, 284 ver-

wundet worden. Am 24. und 25. April unternahm Moore neue Angriffsversuche, die wegen des schlechten Wetters dann abgebrochen werden mußten.

Am 12. und 13. April 1944 war Dönitz zur Besprechung mit Hitler im Hauptquartier Berghof. Niederschrift, die *Tirpitz* betreffend: „Ob. d. M. meldet Absicht, *Tirpitz* wieder herzustellen und in Nordnorwegen zu belassen. Gleiches Verfahren auch im Fall weiterer Beschädigungen. Arbeitskapazität muß aufgewandt werden. Durch Vorhandensein *Tirpitz* immerhin Streitkräfte gebunden. Kampfmöglichkeit für das Schiff kaum noch vorhanden, es sei denn, daß in späterer Zeit politische Entwicklung (Gegensatz England/Rußland) diese bringen wird. Auf jeden Fall kann man nie wissen, was noch kommt. Einsatzmöglichkeit *Tirpitz* bei Invasion (mit der die deutsche Führung ja auch in Norwegen rechnete) außerordentlich gering. Luftangriff zeigt, wie schutzlos Schiff ohne eigenen Jagdschutz ist, daher war grundsätzlicher Gedanke Einsatz *Scharnhorst* in dunkler Jahreszeit richtig. Neben Vorteil Bindung bei Belassung *Tirpitz* Nordnorwegen auch Zurückziehen *Tirpitz* in Heimat deswegen falsch, weil dann Heimathäfen zusätzlich durch Luftangriffe bedroht. — Führer stimmt in allen Punkten ausdrücklich voll zu, gibt Ob. d. M. in jedem Punkt recht."

Der neue Oberbefehlshaber der Home Fleet, Moore, der Admiral Fraser abgelöst hatte, fürchtete immer noch die *Tirpitz*, bei der die schlimmsten Schäden behoben worden waren. Am 14. Juli lief Moore mit einem Verband von drei Trägern, *Formidable*, *Furious*, *Indefatigable*, dem Schlachtschiff *Duke of York*, vier Kreuzern und vielen Zerstörern aus. Am 17. sollten 45 Torpedoflugzeuge und 50 Jagdflieger den Angriff gegen die *Tirpitz* unternehmen. Diesmal versagte die deutsche Aufklärung nicht. Das deutsche Schiff nebelte sich ein, seine

Geschütze waren einsatzbereit. Der britische Angriff blieb erfolglos.

Die einsame Königin thronte in ihrem Fjord, eine dauernde Herausforderung der Briten. Der Angriff, den Trägerflugzeuge am 20. August unternehmen sollten, mußte wegen des schlechten Wetters abgebrochen werden. Zwei Tage später war die *Tirpitz* durch deutsche Aufklärer in Alarmbereitschaft. Als die britischen Flugzeuge herandonnerten, wurden sie durch schwere Artillerie und deutsche Jäger abgefangen. Auf dem eingenebelten Schiff schlug kein Treffer ein. Elf der Angreifer wurden abgeschossen. Der neue Angriff vom 24. August bewirkte nur einige unbedeutende Treffer auf der *Tirpitz*. Der Angriff vom 29. August blieb ergebnislos.

Die Trägerflugzeuge hatten keinen Erfolg. Anders vielleicht die schweren Maschinen vom Typ Lancaster, die Fünftonnen-Bomben werfen konnten. Diese Blockbrecher- oder Litfaßsäulen-Bomben könnten das Panzerdeck durchschlagen. Aber von Schottland aus konnten die Lancasters die *Tirpitz* nicht erreichen. So wurde ein Geschwader auf Flugplätze in der Nähe von Archangelsk verlegt. Am 15. September griffen die schweren Bomber an, doch die *Tirpitz* hatte sich wieder eingenebelt. Die Bomben fielen, trafen nicht das Schiff. Eine Bombe explodierte neben dem Vorschiff im Wasser. Die vorderen Längsspanten des Schiffes knickten ein. Die *Tirpitz* war nicht mehr seetüchtig.

Nordnorwegen mußte geräumt werden. Die *Tirpitz* wurde nach Süden in die Gewässer um Tromsö verlegt. Hier sollte sie auf Grund gesetzt werden und als Küstenbatterie dienen. Aber das Schiff, das die Küste schützen sollte, bedurfte selbst des Schutzes. Zwei Flakschiffe wurden herangezogen, auch die Flak-Einheiten, die in Tromsö stationiert waren. Schon am 18. Oktober machten die Aufklärer der *Implacable* den neuen Liegeplatz der *Tirpitz* aus. Die Lancasters konnten nach Schottland zurückverlegt werden. Von hier konnten sie das deutsche Schlachtschiff erreichen. Am 29. Oktober flogen sie den ersten Angriff, der wegen der dichten Wolken keinen Erfolg hatte.

Sonntag, 12. November 1944. Kurz vor 8 Uhr, vor Beginn der großen Flaggenparade: Alarm! Schon wieder Alarm. Dann „Klar Schiff zum Gefecht!" Um 8 Uhr 45 „Feuer frei!" 21 der schweren

Lancaster-Bomber im Angriff. Die Artillerie des Schiffes, die Geschütze der Flak-Schiffe, die Flak an Land feuerten. Bombe nach Bombe wurde abgeworfen. Die *Tirpitz* erzitterte unter den schweren Schlägen, die Backbordseite sank ab, das Schiff drehte weiter, begann zu kentern. „Alle Mann aus dem Schiff!" Doch alle Mann konnten diesen Befehl nicht mehr hören, nicht mehr befolgen. 1204 Besatzungsmitglieder ließen ihr Leben auf der *Tirpitz*, 806 Mann konnten sich während des Todeskampfes des letzten deutschen Schlachtschiffes retten, 82 wurden von den Rettungsmannschaften aus dem Schiff herausgeschweißt. 500 Mann etwa, die man vorher aus dem nicht mehr schwimmenden Schiff abkommandiert hatte, blieb die Katastrophe erspart.

Jetzt konnten die Engländer schwere Einheiten aus dem Nordatlantik und dem Nordmeer abziehen und in den Indischen Ozean verlegen.

Die *Tirpitz* in ihrem Fjord.

60
Die Schlacht im Pazifik
Der Vormarsch der Amerikaner

Von Japan bis zu den Marianen und den Karolinen erstreckt sich eine lange Kette von Inseln über eine Entfernung von etwa 2000 Meilen. Am Ende dieser Kette lag der japanische Stützpunkt Truk auf den Karolinen. Die Amerikaner mußten Insel für Insel, Flugplatz für Flugplatz erobern, mit ihren Truppen von einem Stützpunkt zum nächsten hüpfen.

Die 5. US-Flotte unter Vizeadmiral Spruance bestand im Herbst 1943 aus 19 Flugzeugträgern, 12 Schlachtschiffen, 14 Kreuzern, 56 Zerstörern, 29 Truppentransportern und Frachtern. Eine wichtige Rolle bei der Offensive gegen Japan spielten die amphibischen Kampfgruppen. Die Operationen wurden wieder von der Schnellen Trägerkampfgruppe unterstützt, die ebenfalls zur 5. Flotte gehörte. Diese schwimmenden Flugzeugstützpunkte bewegten sich über die Weiten des Pazifiks auf Japan zu. Die Amerikaner konnten mit der Hilfe neuseeländischer, australischer und kanadischer Streitkräfte rechnen. Versorgungsbasen, auf den Inseln oder auf dem Meer schwimmend, wurden errichtet. Versorgungsverbände mit schwimmenden Trockendocks und Werkstattschiffen begleiteten den amerikanischen Vormarsch.

Bis zum Beginn der großen Offensive gegen Japan ereigneten sich im pazifischen Raum mehrere Seegefechte. Im März 1943 griffen die Alliierten acht japanische Transportschiffe und acht Zerstörer in der Bismarck-See an. Alle Transporter und die Hälfte der Zerstörer gingen verloren. Ende März griff ein amerikanischer Verband einen japanischen Geleitzug bei den Komandorski-Inseln an. Aus Furcht vor Luftangriffen drehten die Japaner ab. Im April wurde während eines Inspektionsfluges über den Salomonen-Inseln der japanische Admiral Yamamoto abgeschossen; Admiral Koga wurde neuer Flottenchef.

Mitte des Jahres 1943 begannen die Amerikaner nach einer monatelangen Erholungspause die Offensive gegen die Salomonen-Inseln von Südwesten her. Am 30. Juni landete eine Landungsflotte unter Konteradmiral Turner auf der Insel Rendova. Auf der östlich davon gelegenen Insel Neu-Georgien lag der japanische Flugplatz Munda. Im Juli kam es bei Kolombangara, nördlich Neu-Georgien, zu zwei Gefechten, in denen zwei japanische Zerstörer und ein Kreuzer vernichtet wurden, während die Amerikaner einen Kreuzer und einen Zerstörer verloren. Am 5. August gelang es den Alliierten, den Stützpunkt Munda zu erobern.

Die Insel Kolombangara hatten die Japaner stark befestigt. So landeten die Amerikaner am 15. August auf der nordwestlich gelegenen Insel Vella Lavella. Im September gelang es der 7. Amphibischen Kampfgruppe von General MacArthur, bei Lae und Salamaua am Huon-Golf auf Neu-Guinea an Land zu gehen und die japanischen Stützpunkte zu erobern. Die 3. Amphibische Kampfgruppe landete am 1. November in der Kaiserin-Augusta-Bucht an der Südküste der Insel Bougainville. Am 2. November lief ein japanischer Verband von Rabaul aus, um die Amerikaner nachts anzugreifen. Die Japaner wurden zurückgeschlagen und verloren einen Kreuzer und einen Zerstörer.

Der japanische Stützpunkt Rabaul wurde von Admiral Koga ständig mit neuen Flugzeugen verstärkt, die Seestreitkräfte wurden laufend vergrößert. Für die Japaner überraschend flogen die Amerikaner am 5. November einen Angriff auf Rabaul. Die Flugzeuge der Träger *Saratoga* und *Princeton* vernichteten einen japanischen Kreuzer und beschädigten fünf weitere. Bei einem zweiten Luftangriff mit 185 Flugzeugen verloren die Japaner einen

Zerstörer, ein Kreuzer wurde beschädigt. Insgesamt büßten die Amerikaner zehn Flugzeuge bei diesen Angriffen ein. Die Gegenangriffe der Japaner wurden abgewiesen und brachten ihnen große Verluste. Rabaul war kein sicherer japanischer Stützpunkt mehr. Admiral Halsey und General MacArthur begannen einen Ring um Rabaul anzulegen, der nach der Eroberung von Emirau im März 1944 geschlossen wurde.

Die amerikanische Offensive im Pazifik unterteilte sich in drei Angriffsgruppen. Unter Admiral Nimitz begann der Vorstoß vom Zentralpazifik aus (Pearl Harbor, Hawaii); Admiral Halsey stieß vom Südpazifik vor (Salomonen-Inseln); General Mac Arthur hatte die südwestpazifische Route (Neu-Guinea, Neu-Britannien, Philippinen).

Den ersten großen Vorstoß über den Zentralpazifik unternahmen die Amerikaner mit der Landung auf den Gilbert-Inseln, zwischen Hawaii und Neu-Guinea gelegen. Diese Operation stand unter dem Befehl von Vizeadmiral Spruance. Konteradmiral Pownall befehligte die Trägerflotte, bestehend aus den Trägern *Enterprise, Essex, Yorktown, Bunker*

links: Der amerikanische Flugzeugträger *Lexington*;
unten: Die amerikanischen Schlachtschiffe *Missouri* und *Iowa* im Pazifik.

Hill, Saratoga, Independence, Princeton, Monterey, Belleau Wood, Cowpens, den Schlachtschiffen *Washington, South Dakota, Massachusetts, Indiana, North Carolina,* sechs Kreuzern und 21 Zerstörern. Seit dem 19. November 1943 griffen mehr als 700 Flugzeuge die japanischen Flugplätze auf den Gilbert- und den Marschall-Inseln an. Die Landungsflotte unter Konteradmiral Turner landete am 20. November auf den Gilbert-Inseln Makin und Tarawa, die von fast 5000 Japanern besetzt waren. Bei dem Gefecht wurde die *Independance* beschädigt, ein Geleitträger wurde versenkt.

Am 4. Dezember trafen bei einem Angriff auf das Kwajalein-Atoll der Marschall-Inseln japanische Flugtorpedos die *Lexington,* die verloren ging.

General MacArthur gelang es am 15. Dezember, bei Arawe an der Südküste von Neu-Britannien zu landen. Am 26. Dezember landeten die Amerikaner an der Westküste von Neu-Britannien. Am 2. Januar gelang die Landung auf Neu-Guinea.

Die Marshall-Inseln wurden Ende Januar 1944 von der Trägerflotte unter Vizeadmiral Mitscher angegriffen. Am 31. Januar landeten die Amerikaner auf Kwajalein.

Nördlich Rabaul liegt das Truk-Atoll. Hier hatten die Japaner einen Stützpunkt, von dem sie ihre Eroberungen nach Westen und Süden leiteten und unterstützten. Nachdem Rabaul ausgeschaltet worden war, wollten die Amerikaner Truk, das als uneinnehmbar galt, erobern. Den Befehl über diese Operation hatte Vizeadmiral Spruance, der die Landung auf Kwajalein befehligt hatte. Angriff am 17. und 18. Februar. Von den 365 japanischen Flugzeugen wurden 200 zerstört und 70 beschädigt. Zwei Kreuzer, vier Zerstörer und neun andere Kriegsschiffe wurden versenkt; außerdem 19 Frachtschiffe und fünf Tanker. 25 Flugzeuge der Amerikaner waren verlorengegangen. Nach der Ausschaltung von Truk landeten die Amerikaner auf Eniwetok, dem westlichsten Atoll der Marschall-Inseln. Admiral Mitscher nahm jetzt Kurs auf die Marianen-Inseln.

Vor der Nordküste Neu-Guineas liegen die Admiralitäts-Inseln — auf dem Weg des südwestlichen Vorstoßes von General MacArthur. Zwischen dem 29. Februar und dem 3. März landeten die Amerikaner auf einigen der kleinen Inseln. Am 30. hatten sie den Flottenstützpunkt Manus erobert.

Am 22. April landeten die Amerikaner bei Hollandia auf Neu-Guinea. Der Vorstoß hatte damit begonnen, daß Mitscher Ende März die Palau-Inseln angegriffen hatte. Dabei erhielt die japanische Luftwaffe schwere Verluste. Die Landungsflotte unter Vizeadmiral Kinkaid stieß nur auf geringen Widerstand. MacArthur hüpfte mit seinen Truppen nun planmäßig von Insel zu Insel. Im Mai errichteten die Amerikaner auf Wakde einen Flugplatz. Im Mai Landung auf Biak. Im Monat darauf nahmen die Amerikaner die Insel Noemfoor und den Flugplatz Sansapor im westlichen Neu-Guinea ein.

Im Mai versenkte die amerikanische Fregatte *England* in zwölf Tagen sechs japanische U-Boote; einer der größten Erfolge in der U-Boot-Bekämpfung des Krieges.

Die Eroberung der Marianen-Inseln, westlich der Philippinen, wurde bereits im April in Angriff genommen. Auf den Marianen hatten die Japaner starke Truppen stationiert; im Falle eines Verlustes konnten amerikanische Langstreckenbomber von hier die Philippinen und Japan erreichen. Den Vorstoß vom 11. bis zum 17. Juni 1944 leitete wieder Vizeadmiral Spruance mit der 5. Flotte. Die Trägerflotte befehligte Mitscher. Zwei der amerikanischen Kampfgruppen hatten den Auftrag, japanische Verstärkungen abzufangen. Die Landungsflotte unter Vizeadmiral Turner umfaßte 550 Schiffe aller Arten. Die Marianen-Insel Saipan wurde von mehr als 30 000 Japanern verteidigt. Bei den Kämpfen am 15. und 16. Juni verloren die Japaner 300, die Amerikaner 22 Flugzeuge. Die amphibischen Kampfgruppen kämpften sich ans Ufer, Taucher sprengten Durchgänge in das Korallenriff. Aus der Luft und durch die Schiffsartillerie wurde Saipan heftig beschossen. Als Spruance vom Nahen eines japanischen Verbandes erfuhr, stürmten alle zur Verfügung stehenden Truppen die Insel. Am 18. Juni war der Flugstützpunkt erobert. Der Marsch nach Norden ging weiter.

Der endgültige Niedergang der Verbündeten Japan und Deutschland war nicht mehr aufzuhalten.

rechts: Schlachtschiff *Gneisenau,* Backbord mittschiffs. Photo von Ferdinand Urbahns. S. 202 und 203: Die *Tirpitz* bei Tromsö, Herbst 1944. Gemälde von Ernst Wobek. S. 204: Die vorderen Türme der *Belfast.*

61
Das Ende in der Ostsee

Die schweren deutschen Einheiten waren seit August 1944 in die Ostsee verlegt worden: die Schweren Kreuzer *Admiral Hipper, Admiral Scheer, Lützow, Prinz Eugen*, die Leichten Kreuzer *Leipzig* und *Nürnberg*. Zum Teil waren die Schiffe als Ausbildungsschiffe benutzt worden. Jetzt sollten sie die deutschen Heeresverbände im Raum der Ostsee unterstützen.

Wie sah die Lage in diesem Raum aus? Leningrad war im Würgegriff der deutschen Truppen. Mit Minensperren und U-Boot-Netzen hatten die Deutschen den Finnischen Meerbusen gesperrt. Erst vom 12. bis 18. Januar 1943 gelang es der Roten Armee, die Deutschen aus dem Gebiet zwischen dem Ladogasee und der Stadt herauszudrängen. Am 5. November war es leichten Einheiten der Baltischen Flotte gelungen, eine Stoßarmee mit 40 000 Mann, 200 Panzern, 600 Geschützen, 2400 Kraftfahrzeugen, 600 Pferden und einer Menge Material zum Brückenkopf Oranienbaum westlich Leningrad zu bringen. Am 14. Januar 1944 begann die sowjetische Offensive, unterstützt von der Artillerie der Schiffe, die vor und in der Stadt lagen. Die deutschen Truppen wurden zurückgedrängt. Ende Mai begannen die Russen, im Finnischen Meerbusen die Minensperren zu räumen und nach Westen vorzustoßen.

Am 10. Juni begann die russische Offensive gegen das mit Deutschland verbündete Finnland. Unterstützt von der Flotte marschierte die Rote Armee an der Nordküste des Finnischen Meerbusens nach Westen. Die Finnen erhielten Unterstützung durch leichte deutsche Einheiten. Am 23. Juni mußte die Insel Koivisto geräumt werden. Finnland brach am 2. September seine Beziehungen mit Deutschland ab, stellte seine Kampfhandlungen gegen die Sowjetunion am 4. September ein. Gegen die Zusage des Abzugs der deutschen Truppen erhielt Finnland das russische Versprechen, von einer Beset-

zung verschont zu bleiben. Vom 4. bis zum 21. September verließen die Deutschen Finnland; in den letzten Tagen mußten sie mit Waffengewalt finnischer Truppen dazu gedrängt werden.

An allen Abschnitten der Ostfront kämpften die Deutschen in Abwehrschlachten, die Rote Armee war auf dem unaufhaltsamen Vormarsch. Mitte des Jahres erreichte sie das Baltikum, Mitte August drang ein Stoßkeil an die Ostsee bei Tuckum westlich Riga. In der Nacht zum 20. August passierte *Prinz Eugen* in Begleitung von vier Zerstörern und zwei Torpedobooten die Irbenstraße zwischen Ösel und Kurland. Am Morgen belegte die Schiffsartillerie die von den Russen besetzte Stadt, in die vorläufig wieder deutsche Truppen einzogen.

Um die russischen Seestreitkräfte nicht in die Ostsee gelangen zu lassen, mußten die Seeigelsperren aufrecht erhalten werden. Deshalb sollte Mitte September die finnische Insel Suursaari besetzt werden. Mit russischer Luftunterstützung wiesen die Finnen den Angriff ab. Die sowjetischen Seestreitkräfte konnten weiter nach Westen vordringen. Reval mußte geräumt und evakuiert werden. Am 23. September verließ der letzte deutsche Geleitzug den Hafen der Stadt. Insgesamt waren 50 000 Soldaten und 85 000 Flüchtlinge über die Ostsee in Sicherheit gebracht worden. Bald sollten solche Transporte zur einzigen Aufgabe der Marine werden.

Am 29. September begann der sowjetische Angriff gegen die baltischen Inseln. Die Russen landeten auf der Ösel vorgelagerten Insel Moon, am 2. Oktober auf der nördlich gelegenen Insel Dagö. Auf Ösel zogen sich die Deutschen auf die Halbinsel Sworbe zurück. Eine Kampfgruppe mit dem Schweren Kreuzer *Lützow*, zwei Zerstörern und fünf Torpedobooten konnten vorerst hier den Vormarsch der Russen aufhalten.

Mit finnischer Lotsenhilfe war es vom 28. September bis zum 10. Oktober zehn russischen U-Booten gelungen, durch den Finnischen Meerbusen zu marschieren und nach Hangö und Turku zu gelangen, von wo sie die Offensive der Roten Armee zwischen Libau und Memel unterstützten. In diesem Gebiet lag jetzt ein Schwerpunkt der deutschen Ostfront. *Prinz Eugen* und *Lützow* im Verband mit drei Zerstörern und vier Torpedobooten beschossen vor Memel vom 6. bis zum 10. Oktober sowjetische Bereitstellungen. Die *Lützow* wurde wieder in die Danziger Bucht entlassen. In Gotenhafen ging der Kampfgruppenbefehlshaber an Bord, die *Lützow* wurde zum Flaggschiff. *Prinz Eugen* war ausgefallen. Am Abend des 15. Oktober hatte der Schwere Kreuzer den Leichten Kreuzer *Leipzig* mittschiffs gerammt, fast in zwei Hälften zerschnitten. Am nächsten Tag endlich gelang es, die beiden Schiffe zu trennen. Die *Leipzig* wurde von Schleppern nach Gotenhafen gebracht, *Prinz Eugen* konnte mit eigener Kraft einlaufen. Der Schwere Kreuzer wurde zur Reparatur eingedockt.

Am 13. Oktober war Riga gefallen. Der russische Vormarsch ging weiter. Am 18. November begann der sowjetische Angriff auf die Halbinsel Sworbe. Zwei Tage später griff die Kampfgruppe Thiele in die Kämpfe ein. *Prinz Eugen*, *Admiral Scheer* und *Lützow* mit Zerstörern und Torpedobooten eröffneten von See her das Feuer auf die vorrückenden Russen. Am nächsten Tag schlechte Sichtverhältnisse, die Schiffe mußten beim Leuchtturm Sworbe dicht unter Land gehen. An der Westküste bei Turju entbrannte ein heftiges Gefecht. Die Kampfgruppe marschierte dann nach Gotenhafen zurück. An den nächsten beiden Tagen setzten die *Admiral Scheer* und die *Admiral Hipper*, das Schwesterschiff von *Prinz Eugen*, seit Anfang November wieder im Einsatz, den Kampf fort. Am 24. November wurde Sworbe geräumt; die Schiffe deckten den Rückzug über die Irbenstraße.

Die Schiffe der Kriegsmarine dienten der Unterstützung der deutschen Truppen in ihren Rückzugsschlachten. Die Kampfgruppe 2 unter Vizead-

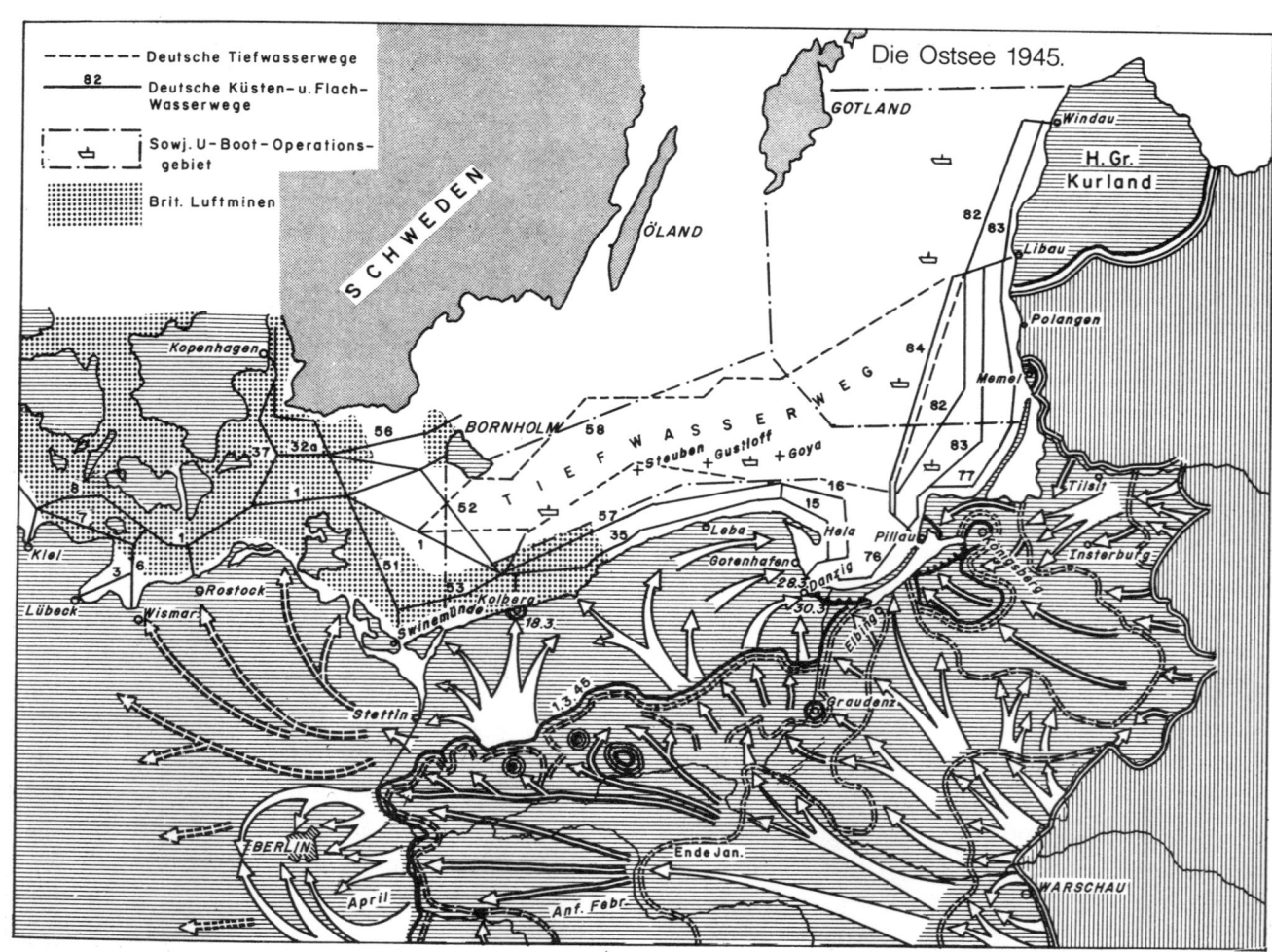

miral Thiele half mit *Prinz Eugen*, zwei Zerstörern und zwei Torpedobooten, die Landverbindung zwischen Königsberg und Pillau wieder herzustellen. Am 18. und 19. Februar 1945 griffen auch die *Admiral Scheer* mit zwei Zerstörern und zwei Torpedobooten in den deutschen Gegenangriff ein. Nach dem Kampf um Königsberg begann der Kampf um Danzig, Gotenhafen und die Halbinsel Hela. Die Lage war für die Deutschen hoffnungslos geworden, jeder Tag brachte hohe Verluste.

Dönitz war der Ansicht, „daß auch für die Kriegsmarine ab Winter 1944/45 die Hauptaufgabe geworden war, die Ostfront zu unterstützen und deutsche Menschen von Ost nach West zu retten. Hierfür stellte ich die Kriegsmarine um: Ich stellte Truppen für die Ostfront zur Verfügung und schuf eine straffe Organisation von Dienststellen für die Flüchtlingstransporte über See; ich ließ mir von Hitler die noch verfügbare deutsche Handelsschifftonnage zu diesem gleichen Zweck unterstellen. Auch die Kohlen- und Treibstoffverteilung für Norddeutschland ließ ich mir von Hitler übertragen, um für die Ostseetransporte mit Kriegs- und Handelsschiffen, welche nun seit dem Januar 1945 bis Mitte Mai, und noch nach der Kapitulation, unaufhörlich von Ost nach West laufen sollten, den notwendigen Brennstoff zu haben. Zerstörer und Sicherungsfahrzeuge wurden, soweit es möglich war, aus anderen Seegebieten abgezogen und in der Ostsee konzentriert. Auf den Werften bekam die Reparatur von im Flüchtlingstransport eingesetz-

ten Fahrzeugen von mir den Vorrang vor anderen Instandsetzungsarbeiten."

Am 25. Januar 1945 liefen als erste Evakuierungsschiffe die *Robert Ley*, die *Pretoria* und die *Ubena* von Pillau aus. Am 30. Januar wurde die ohne Sicherung fahrende *Wilhelm Gustloff* torpediert. Von den mehr als 6000 Flüchtlingen an Bord konnten nur 700 gerettet werden. Am 10. Februar wurde die *General Steuben* versenkt, von den 3000 Schiffbrüchigen wurden 300 gerettet.

Die Lage an der weit nach Westen vorgeschobenen Ostfront schilderte Stalin in seinem Befehl vom 23. Februar 1945, dem 27. Jahrestag der Roten Armee:

„Im Januar dieses Jahres hat die Rote Armee an der ganzen Front von der Ostsee bis zu den Karpaten einen Schlag von beispielloser Kraft auf den Feind niedersausen lassen. Sie brach in einer Ausdehnung von 1200 Kilometer das mächtige Verteidigungssystem der Deutschen auf, das diese in einer Reihe von Jahren geschaffen hatten. Im Laufe der Offensive warf die Rote Armee den Feind durch schnelle und geschickte Operationen weit nach Westen zurück. Die Sowjettruppen sind in hartnäckigen Kämpfen 270 Kilometer von den Grenzen Ostpreußens bis zum Unterlauf der Weichsel, 570 Kilometer aus dem Aufmarschraum an der Weichsel südwärts Warschau bis zum Unterlauf der Oder und 480 Kilometer von der Brückenkopfstellung von Sandomir bis ins Innere Deutschschlesiens vorgerückt.

Prinz Eugen bei der Beschießung von Tuckum, 20. August 1944. Gemälde von Ernst Wobek.

Die Erfolge unserer Winteroffensive haben vor allem dazu geführt, daß sie die Winteroffensive der Deutschen im Westen, die auf die Besetzung Belgiens und des Elsaß abzielte, zum Scheitern brachten und es den Armeen unserer Verbündeten ermöglichten, ihrerseits zur Offensive gegen die Deutschen überzugehen und damit ihre Offensivoperationen im Westen mit den Offensivoperationen der Roten Armee im Osten zu vereinen."

Russische Kräfte waren zum Angriff Richtung Stettiner Haff und Kolberg, andere Richtung Köslin angetreten, zur Küste durchgebrochen. Die *Admiral Scheer* mit drei Zerstörern und einem Torpedoboot nahmen am 9. März Stellung gegenüber der Insel Wolling. Einige Tage später sicherten zwei Zerstörer und ein Torpedoboot die Evakuierung Kolbergs. Seit dem 7. März griff die Rote Armee den Raum von Gotenhafen und Danzig an. Seit dem 10. März waren hier *Prinz Eugen*, das alte Linienschiff *Schlesien* und dann die *Lützow* und Zerstörer und Artillerieträger im Einsatz, um die Einschiffung der Flüchtlinge zu sichern. Gotenhafen fiel am 28. und Danzig am 30. März. Noch in der Nacht zum 4. April gelang es kleineren Fahrzeugen, 8000 Soldaten und 30 000 Flüchtlinge auf die Halbinsel Hela zu bringen. Hier sicherten die *Lützow*, drei Zerstörer, ein Torpedoboot und vier Artillerieträger die Einschiffung der Menschen. Aus Pillau,

Kahlberg, Oxhöft und Schievenhorst trafen Transporte auf Hela ein. Die großen Schiffe litten an Treibstoffmangel und konnten nicht immer ihre Sicherungsaufgaben erfüllen. Am 10. April kapitulierte Königsberg. Die Geleitzüge mit den Flüchtlingen an Bord liefen unaufhörlich nach Westen. Am 17. April wurde die *Goya* versenkt, nur 165 der 6385 Menschen, die an Bord waren, konnten gerettet werden.

Die Rote Armee stieß über die Oder in Richtung Stralsund vor, die Amerikaner bombardierten Swinemünde. 35 000 Menschen wurden nach Kopenhagen evakuiert, britische Luftminen und russische Fliegerbomben vernichteten die Schiffe, die noch vor Swinemünde lagen. Das Linienschiff *Schlesien* wurde getroffen und fiel aus. Britische Truppen standen an der Elbe, von ihren Flugstützpunkten in Norddeutschland bombardierten sie die Schiffe in der westlichen Ostsee. Bei schweren Angriffen gegen Kiel vernichteten die Bombenflugzeuge am 9. April die Kreuzer *Admiral Hipper*, *Admiral Scheer* und *Emden*, eine Woche später die *Lützow*. Am 3. Mai wurde der Dampfer *Cap Arkona* versenkt; an Bord befanden sich 6000 KZ-Häftlinge, 5000 verloren ihr Leben. Am 8. Mai liefen noch vier Geleitzüge mit Flüchtlingen von Ost nach West, am 9. Mai wurden einige der langsamen Fahrzeuge versenkt.

Drillingsturm eines deutschen Kreuzers.

62
Das Ende des Dritten Reiches und der Kriegsmarine

Am 29. April 1945 setzte Hitler sein politisches Testament auf. „Ich sterbe mit freudigem Herzen angesichts der mir bewußten unermeßlichen Taten und Leistungen unserer Soldaten an der Front, unserer Frauen zu Hause, den Leistungen unserer Bauern und Arbeiter und dem in der Geschichte einmaligen Einsatz unserer Jugend, die meinen Namen trägt. Daß ich ihnen allen meinen aus tiefstem Herzen kommenden Dank ausspreche, ist ebenso selbstverständlich wie mein Wunsch, daß sie deshalb den Kampf unter keinen Umständen aufgeben mögen, sondern, ganz gleich wo immer, ihn gegen die Feinde des Vaterlandes weiterführen..." Am 30. April um 15 Uhr 30 gab Hitler den Kampf auf, den andere weiterführen mußten. Er setzte seinem Leben ein Ende und ließ sich verbrennen.

Göring, der als Nachfolger Hitlers galt, und Himmler wurden im Testament aus der Partei ausgeschlossen. „Ich ernenne an Stelle dessen den Großadmiral Dönitz zum Reichspräsidenten und Obersten Befehlshaber der Wehrmacht." Dönitz, immer treu dem Führer ergeben, handelte jetzt entgegen den früheren Befehlen Hitlers. Er vermied, so weit es noch möglich war, die Durchführung des Befehls vom 19. März 1945: „Alle militärischen Verkehrs-, Nachrichten-, Industrie- und Versorgungsanlagen sowie Sachwerte innerhalb des Reichsgebietes, die sich der Feind für die Fortsetzung seines Kampfes irgendwie sofort oder in absehbarer Zeit nutzbar machen kann, sind zu zerstören." Im April hatten sowohl das Oberkommando der Wehrmacht als auch Himmler noch bestimmt, daß die Städte bis zum äußersten verteidigt und gehalten werden müßten, daß keine Stadt zur offenen Stadt erklärt werden dürfte; jetzt gab das OKW am 3. Mai bekannt: „Das Oberkommando der Wehrmacht hat die Marinestützpunkte Kiel und Flensburg zu offenen Städten erklärt und angeordnet, daß sie nicht zu verteidigen sind."

Am 5. Mai gab das Oberkommando der Wehrmacht bekannt: „Nach Vereinbarung mit dem Oberbefehlshaber der 21. Britischen Heeresgruppe, Feldmarschall Montgomery, ist seit heute früh 8.00 Uhr in Holland, in Nordwestdeutschland von der Ems-Mündung bis zur Kieler Förde sowie in Dänemark einschließlich der diesen Gebieten vorgelagerten Inseln Waffenruhe. Hiervon werden auch die gegen England gerichteten Operationen der Kriegsmarine und Handelsmarine aus und nach den Häfen der genannten Räume betroffen... Alle nicht von der Waffenruhe betroffenen Streitkräfte der Wehrmacht setzen den Kampf gegen jeden Angreifer fort."

Aus dem letzten Wehrmachtbericht, 9. Mai 1945: „Seit Mitternacht schweigen nun an allen Fronten die Waffen. Auf Befehl des Großadmirals hat die Wehrmacht den aussichtslos gewordenen Kampf eingestellt. Damit ist das fast sechsjährige heldenhafte Ringen zu Ende. Es hat uns große Siege aber auch schwere Niederlagen gebracht. Die deutsche Wehrmacht ist am Ende einer gewaltigen Übermacht ehrenvoll unterlegen."

Die erste Unterzeichnung der bedingungslosen Kapitulation erfolgte im Hauptquartier der Alliierten Expeditions-Streitkräfte zu Reims am 7. Mai. Eine zweite Unterzeichnung, zum Teil genauer gefaßt, erfolgte am 9. Mai im Hauptquartier der Roten Armee in Berlin-Karlshorst.

Eingedenk der Selbstversenkung der deutschen Flotte in Scapa Flow nach dem Ersten Weltkrieg erging auch ein „Funkspruch an alle. Nach Einwilligung in die bedingungslose Kapitulation aller deutschen Streitkräfte sind Versenkungen von Schiffen und Zerstörungen von militärischen und nichtmilitärischen Anlagen und Einrichtungen nunmehr im Gesamtbereich der Kriegsmarine unbedingt zu unterlassen. Zuwiderhandlungen bedeuten schweren Verstoß gegen ausdrücklichen Willen Großadmirals und würden schwere Nachteile für deutsches Volk bringen. Seekriegsleitung."

Nach dem Ende des Zweiten Weltkrieges, der mehr als 55 Millionen Menschen das Leben gekostet hatte, gab es keine deutsche Marine mehr. Die etwa dreißig Zerstörer und Torpedoboote wurden den Siegern übergeben. Unter britischem Kommando arbeitete der Deutsche Minenräumdienst daran, die umfangreich angelegten Minensperren in der Ost- und Nordsee zu beseitigen. Die Schlachtschiffe waren alle vernichtet worden, die Kreuzer mit wenigen Ausnahmen auch. Die *Emden*, die bei dem Luftangriff auf Kiel beschädigt worden war, hatte sich in der Heikendorfer Bucht am 3. Mai selbstversenkt und wurde ein Jahr später durch Wasserbomben zerstört und dann abgewrackt. Die *Köln* war am 6. April 1945 außer Dienst gestellt worden und wurde nach dem Krieg abgewrackt. Die *Leipzig* wurde am 11. Juli 1946 mit Munition und Gasgranaten beladen und in der Nordsee versenkt. Die *Nürnberg* wurde am 5. Januar 1946 der Sowjetunion übergeben, diente als *Admiral Makarow* in der Roten Flotte, wurde 1961 aus der Liste der Kriegsschiffe gestrichen und abgewrackt. Die *Admiral Hipper* war im Kieler Dock am 10. April 1945 durch den Luftangriff beschädigt worden, versenkte sich selbst am 2. Mai; wieder schwimmfähig wurde sie in der Heikendorfer Bucht abgewrackt. Die *Seydlitz* sollte zu einem Flugzeugträger umgebaut werden und versenkte sich selbst am 10. April vor Königsberg.

Der Schwere Kreuzer *Prinz Eugen* erlitt ein besonderes Schicksal. Auf dem Marsch nach Westen war *Prinz Eugen* am 20. April in Kopenhagen vor Anker gegangen. Auslaufbereit erreichten das Schiff die Meldung von Hitlers Selbstmord, dann die Nachrichten von den Waffenstillstandsverhandlungen mit den Engländern. Am 8. Mai liefen die britischen Kreuzer *Dido* und *Devonshire*, von Zerstörern begleitet, in Kopenhagen ein. Von *Prinz Eugen* wurde die Munition von Bord gegeben. Am 26. Mai marschierten der Schwere Kreuzer und die *Nürnberg*, die auch in Kopenhagen lag, im Geleit der britischen Schiffe nach Wilhelmshaven. Vor der Jade drehten die Engländer ab und verabschiedeten sich mit dem Blinkspruch „Auf Wiedersehen in besseren Tagen!" Nach Bremerhaven überführt wurde *Prinz Eugen* von den Amerikanern über-

nommen und als *U.S.S. IX 300 Prinz Eugen* in Dienst gestellt. Am 13. Januar 1946 Ablegen von der Columbuskaje, am 23. Einlaufen in Boston. 11. März Marsch zum Panamakanal, dann an der US-Westküste Übungen. Von dort am 11. Mai nach Pearl Harbor, von hier zum endgültigen Ziel, dem Bikini-Atoll. Eintreffen am 9. Juni. Am 1. Juli fand der erste Atombombenversuch statt, die Bombe wurde abgeworfen und über dem Wasser gezündet. *Prinz Eugen*, etwa 1500 Meter von der Explosion entfernt, erlitt nur unbedeutende äußere Schäden. Beim zweiten Versuch wurde die Bombe unter Wasser gezündet, das Schiff schwamm noch, aber durch den gewaltigen Druck hatte es Schäden davongetragen, die es später leck werden ließen. Zum Kwajalein-Atoll geschleppt, kenterte *Prinz Eugen* am 22. Dezember 1946. Heute liegt eine Schraube mit Wellenstumpf als Erinnerung an den Schweren Kreuzer vor dem Marineehrenmal in Laboe.

Marineehrenmal Laboe. Historisches Photo.

63
Von der Philippinen-See nach Okinawa
Das Ende im Pazifik

Von Insel zu Insel sich vorkämpfend, marschierten die Amerikaner nordwärts auf das japanische Mutterland zu. Am 15. Juni 1944 waren sie auf Saipan gelandet. Am 18. Juni sichteten japanische Aufklärungsflugzeuge die amerikanische Trägerflotte. Am Morgen des 19. Juni griffen von Guam die ersten japanischen Jäger an, wurden von amerikanischen Flugzeugen abgefangen, bevor sie die Flotte erreichen konnten. Auch die folgenden Angriffswellen wurden von den US-Fliegern abgefangen. Jäger, die bis zur Flotte durchbrechen konnten.

Ungebrochen konnten die amerikanischen Streitkräfte ihren Vormarsch fortsetzen. Am 21. Juli Landung auf Guam, das nach erbitterten Kämpfen zu einem wichtigen Stützpunkt der Amerikaner wurde. Am 24. Juli Landung auf Tinian. Und während die Engländer in Sumatra die Japaner angriffen, die Flugzeuge der *Victorious* und der *Indomitable* waren hier im Einsatz, schwächten die amerikanischen Angriffe gegen die Philippinen die japanischen Besatzungsstreitkräfte. Und den Vorstößen fiel Insel um Insel anheim; am 15. September Landung der Amerikaner auf Morotai, vom 15. September an auf den Palau-Inseln. Luftangriffe auf die Philippinen, bei denen im Hafen von Manila drei Zerstörer und mehr als 20 Transporter vernichtet, der Hafen und die Flugplätze schwer beschädigt wurden. Im mittleren Bereich des Inselstaates verloren die Japaner 1200 Flugzeuge. Jetzt wurde der Hauptangriff auf die Philippinen vorbereitet. In der Luftschlacht um Formosa und in den Kämpfen nördlich Luzon verloren die Japaner in einer Woche 600 Flugzeuge, die Amerikaner die Kreuzer *Canberra* und *Houston* und 90 Flugzeuge. Am 20. Oktober konnten die Amerikaner auf der Insel Leyte in den mittleren Philippinen landen. Der Verlust der anderen Inseln würde Japan von den südasiatischen Rohstoffquellen abschneiden. Die ganze Flotte wurde zum Einsatz gebracht. Vom 23.

bis zum 26. Oktober 1944 tobte die größte Schlacht der Geschichte der Seekriege.

Beteiligt waren die amerikanische 3. Flotte unter Admiral Halsey und die Trägerflotte unter Mitscher mit den acht Flottenträgern *Lexington*, *Wasp*, *Hornet*, *Hancock*, *Intrepid*, *Essex*, *Franklin*, *Enterprise*, acht Leichten Trägern und fast 1000 Flugzeugen, den sechs Schlachtschiffen *New Jersey*, *Iowa*, *Massachusetts*, *South Dakota*, *Washington*, *Alabama*, sechs Schweren und neun Leichten Kreuzern und 60 Zerstörern. Die 7. Flotte unter Vizeadmiral Kinkaid und der Beschießungsverband unter Konteradmiral Oldendorf mit den sechs Schlachtschiffen *Mississippi*, *Maryland*, *West Virginia*, *Tennessee*, *California*, *Pennsylvania*, vier Schweren und fünf Leichten Kreuzern und 30 Zerstörern. Die Geleitträgergruppe der 7. Flotte unter Konteradmiral Sprague mit 18 Geleitträgern mit 400 Flugzeugen und 21 Zerstörern. Außerdem 29 U-Boote. Den 140 000 Amerikanern standen 43 000 Japaner gegenüber. Die japanischen Nordstreitkräfte unter Vizeadmiral Ozawa waren die Trägerflotte mit dem Flottenträger *Zuikaku*, drei Leichten Trägern mit insgesamt 116 Flugzeugen, den beiden Schlachtschiffen *Hyuga* und *Ise*, drei Leichten Kreuzern und neun Zerstörern. Im Zentrum die Schlachtflotte unter Vizeadmiral Kurita mit den fünf Schlachtschiffen *Yamato*, *Musashi*, *Nagato*, *Kongo* und *Haruna*, zehn Schweren und zwei Leichten Kreuzern, 15 Zerstörern. Die Südstreitkräfte unter den Vizeadmiralen Shima und Nishimura bestanden aus zwei Schlachtschiffen, *Fuso* und *Yamashiro*, drei Schweren Kreuzern, einem Leichten Kreuzer, 11 Zerstörern. Im Schlachtgebiet standen 14 U-Boote, auf Luzon 300 Flugzeuge.

Die amerikanischen U-Boote stießen am 23. Oktober auf Kuritas Flotte und versenkten zwei Kreuzer und beschädigten einen dritten. Am nächsten Morgen stand Kuritas Flotte in der Sibuyan-See westlich Mindoro. Amerikanische Trägergruppen griffen die Flotte an, versenkten das Schlachtschiff *Musashi*, beschädigten den Schweren Kreuzer *Myoko*, der umkehrte, und die Schlachtschiffe *Yamato* und *Nagato*, die gefechtsklar blieben. Der Leichte Träger *Princeton* erhielt Bombentreffer, seine Explosion beschädigte auch den Kreuzer *Birmingham*. Bei den Kämpfen ging Kurita auf Gegenkurs, Halsey hielt die Japaner für geschlagen und ging nach Norden. In der Nacht zum 25. Oktober marschierte Kurita aber nach Osten durch die San-Bernardino-Straße nördlich Samar. Kinkaid dachte, daß Halsey die japanische Schlachtflotte deckte, so wandte er sich mit den Unterstützungsstreitkräften nach Süden, um vor der Surigao-Straße zwischen Leyte und Mindanao die japanischen Südstreitkräfte anzugreifen. In der Nacht kam es zur Schlacht in der Surigao-Straße.

Hier standen die Streitkräfte der 7. Flotte unter Oldendorf. Seine Zerstörer versenkten das Schlachtschiff *Fuso* und drei japanische Zerstörer. Die *Yamashiro* mit Vizeadmiral Nishimura an Bord sank im Feuer der Schlachtschiffe und Kreuzer. Die *Mogami*, ein japanischer Kreuzer, zog sich schwer beschädigt zurück. Die japanischen Einheiten drehten ab, aber nur zwei Schwere Kreuzer und einige Zerstörer entgingen der Vernichtung. Inzwischen war Kuritas Flotte im Gebiet östlich Samar eingetroffen.

Die dritte Teilschlacht um Leyte begann, als Kurita auf die im Norden stehende Gruppe der Geleit-

träger der 7. Flotte das Feuer eröffnete. Die Amerikaner wurden an diesem frühen Morgen des 25. Oktober völlig überrascht und versuchten nach Süden auszuweichen. In den Verfolgungsgefechten erlitten die Amerikaner Verluste. Erst als die zweite Gruppe der Geleitträger in Sicht der Japaner kam, gaben sie die Verfolgung auf. Kamikaze-Angriffe setzten ein; todeswillige japanische Piloten stürzten sich mit ihren Maschinen auf die amerikanischen Schiffe. Der Träger *St. Lo* wurde vernichtet, andere Einheiten wurden schwer beschädigt.

Am 25. Oktober begann die Schlacht vor Kap Engaño am Nordostzipfel von Luzon. Bald waren die Träger *Chitose*, *Zuiho* und *Chiyoda* vernichtet, auch der Flottenträger *Zuikaku* wurde versenkt. Halsey mußte die Verfolgung der anderen Schiffe abbrechen, als ihn die Hilferufe der 7. Flotte vor Leyte erreichten. Aber Kuritas Verband verfehlte er. Der wurde erst bei seinem Rückmarsch von amerikanischen Flugzeugen angegriffen.

Die japanischen Verluste in der Schlacht um Leyte betrugen einen Flottenträger, drei Leichte Träger, drei Schlachtschiffe, zehn Kreuzer, elf Zerstörer, etwa 150 Flugzeuge und 10000 Mann. Die Amerikaner verloren einen Leichten Träger, zwei Geleitträger, drei Zerstörer, etwa 100 Flugzeuge und 1500 Mann.

Am 15. Dezember landeten die Amerikaner auf Mindoro. Und am 9. Januar 1945 landete Mac Arthur im Golf von Lingayen, im Westen von Luzon,

Das japanische Schlachtschiff *Yamato*; rechts: brennend vor dem Untergang.

der philippinischen Hauptinsel. Am 19. Februar wurde die Landung auf Iwo Jima begonnen. Einen Monat lang dauerten die Kämpfe um die wichtige Insel auf halbem Wege von den amerikanischen Stützpunkten auf den Marianen nach Japan. 23 000 Tote und Verwundete kostete der Erfolg den Amerikanern.

Die letzte große Landungsoperation galt der japanischen Insel Okinawa, auf der 77 000 Soldaten und 10 000 Mann Marinepersonal stationiert waren. Die Trägerflotte unter Mitscher sicherte die Landung, die am 1. April 1945 begann. Das Schlachtschiff *Yamato*, ein Kreuzer und acht Zerstörer liefen nach Okinawa, wo sie von amerikanischen Fliegern angegriffen wurden. Nur vier der Zerstörer entgingen der Vernichtung.

Im Mai ging für die deutschen U-Boote im Pazifik der Krieg zu Ende. Die Besatzungen der vier verbliebenen Boote *U 181, U 862, U 219, U 195* wollten nicht für den japanischen Kaiser weiterkämpfen. So hatten sie die Boote zu übergeben und wurden interniert. Von den insgesamt 45 deutschen U-Booten waren 34 verloren gegangen, vier hatten vor dem deutschen Kriegsende noch die Heimat erreicht, drei kapitulierten auf See oder in französischen Häfen. Für die Japaner und ihre alliierten Gegner ging der Krieg weiter. Die britische Eastern Fleet war gegen Sumatra eingesetzt.

Das Ende Japans war abzusehen. Und doch entschlossen sich die Amerikaner, ihre neue Waffe einzusetzen: die Atombombe. Sie wollten aller Welt, den Gegnern, den Verbündeten, auch den Freunden, die zu Feinden werden konnten, zeigen, wer die führende Weltmacht geworden war. Die erste Bombe fiel am 6. August auf Hiroshima, die zweite am 9. August auf Nagasaki. 300 000 Menschen kamen im atomaren Feuer- und Strahlensturm um; Tausende starben in den kommenden Jahren. Die 3. Flotte, jetzt unter Admiral Halsey, unternahm die letzten Angriffe gegen Japan.

Am 14. August erklärte Japan seine Bereitschaft, bedingungslos zu kapitulieren. Am 16. August stellten die japanischen Streitkräfte die Kampfhandlungen ein. Am 2. September 1945 wurde an Bord des Schlachtschiffes *Missouri* die Kapitulation Japans unterzeichnet. Bis zum Oktober zogen sich noch die Teilkapitulationen japanischer Truppen im weiten Raum Asiens hin.

Der Zweite Weltkrieg war zu Ende. Die Menschen in aller Welt hofften auf Frieden.

Literatur- und Quellenverzeichnis

Anger, Walter: Das Dritte Reich in Dokumenten. Frankfurt am Main 1957

Bennett, Geoffrey: Seeschlachten im 2. Weltkrieg. München 1981

Bildersaal deutscher Geschichte. Zwei Jahrtausende deutschen Lebens in Bild und Wort. Hrsg. von Adolf Bär und Paul Quensel. Stuttgart (1901)

Bredemeier, Heinrich: Schlachtschiff Scharnhorst. Tatsachenbericht. Herford 1962; München

Brennecke, Jochen: Haie im Paradies. Der deutsche U-Boot-Krieg in Asiens Gewässern 1943—1945. Herford; München 1978

Brennecke, Jochen: Schlachtschiff Tirpitz. Ein Tatsachenbericht. München (1988)

Breyer, Siegfried, und Gerhard Koop: Von der „Emden" zur „Tirpitz". Band 1: Linienschiffe, Schlachtschiffe, Panzerschiffe und Flugzeugträger. Bonn 1981

Burchartz, Max, und Edgar Zeller: Matrosen, Soldaten, Kameraden. Ein Bilderbuch von der Reichsmarine. Hamburg 1933

Busch, Fritz Otto, und Georg Günther Frh. von Forstner (Hrsg.): Unsere Marine im Weltkrieg. Berlin 1934

Busch, Fritz Otto, und Georg Günther Frh. von Forstner (Hrsg.): Krieg auf sieben Ozeanen (II. Band des Werkes „Unsere Marine im Weltkrieg"). Berlin 1935

Campbell, Rodney: Unternehmen Luciano. Die Rolle der Mafia im Zweiten Weltkrieg. Wien 1978

Churchill, Winston S.: Memoiren. Bern 1948 ff.; Stuttgart, Hamburg. Der Zweite Weltkrieg. Sechster Band: Triumph und Tragödie. Erstes Buch: Dem Sieg entgegen. Stuttgart 1954

Die deutsche Marine. Historisches Selbstverständnis und Standortbestimmung. Hrsg. von dem Deutschen Marine Institut und der Deutschen Marine Akademie. Herford 1983

Deutsche Militärgeschichte in sechs Bänden. 1648—1939. Begründet von Hans Meier-Welcker. Hrsg. vom Militärgeschichtlichen Forschungsamt. Band 5: Deutsche Marinegeschichte der Neuzeit. München; Herrsching 1983

Die Deutschen Dokumente zum Kriegsausbruch. 4 Bände. Hrsg. im Auftrag des Auswärtigen Amtes. Berlin 1921

Deutscher Flotten-Verein: Marine-Album. Berlin 1910

Dönitz, Karl: Mein wechselvolles Leben. Göttingen 1968

Dönitz, Karl: Zehn Jahre und zwanzig Tage. Bonn 1958; München 1977

Ehrendenkmal der Deutschen Armee und Marine 1871—1918. Hrsg. von Eisenhart Rothe. Berlin 1928

Gitermann, Valentin: Geschichte Rußlands. 3 Bände. Frankfurt am Main 1965

Gruchmann, Lothar: Der Zweite Weltkrieg. Kriegführung und Politik. München 1967; 1985

Hallgarten, George W. F., und Joachim Radkau: Deutsche Industrie und Politik von Bismarck bis heute. Frankfurt am Main 1974

Hansen, Hans Jürgen: Die Schiffe der deutschen Flotten 1848—1945. Gräfeling

Hansen, Reimer: Das Ende des Dritten Reiches. Die deutsche Kapitulation 1945. Stuttgart 1966

Heinig, Kurt: Wenn die Soldaten... Was Kriege kosten. Frankfurt am Main 1957

Im Wandel der Jahrtausende. Eine Weltgeschichte in Wort und Bild. Hrsg. von Albrecht Wirth. Stuttgart (1910)

Irving, David: Schlacht im Eismeer. Die Vernichtung des Geleitzugs PQ 17. Hamburg 1982; München 1984

Jarchow, Uwe, und Eberhard Urban: Die große Zeit der Kauffahrtei. Hamburg 1978

Jarchow, Uwe, und Eberhard Urban: Kriegsschiffe unter Segeln. Hamburg 1977

Kähler, Wolfgang: Schlachtschiff Gneisenau. Herford 1988

Kantorowicz, Hermann: Gutachten zur Kriegsschuldfrage 1914. Aus dem Nachlaß hrsg. und eingeleitet von Imanuel Geiss. Frankfurt am Main 1967

Koenig, William: Seeschlachten der Weltgeschichte. Hamburg

Kurowski, Franz: Krieg unter Wasser. U-Boote auf den sieben Meeren 1939—1945. Düsseldorf 1979

Lagevorträge des Oberbefehlshabers der Kriegsmarine vor Hitler 1939—1945. Im Auftrag des Arbeitskreises für Wehrforschung hrsg. von Gerhard Wagner. München 1972

de La Varende, Jean: Die romantische Seefahrt. Schiffahrtsgeschichte eines Enthusiasten. Hamburg 1957

Liersemann, Heinrich: Klar zum Gefecht! Unsere blauen Jungen im Weltkriege 1914/15. Berlin 1915

Lloyd, Christopher: Atlas zur Seefahrtsgeschichte. Oldenburg 1975

Luckner, Felix Graf: Ein Freibeuterleben. Dresden 1938

Luckner, Felix Graf: Seeteufel. Abenteuer aus meinem Leben. Leipzig 1921

Luckner, Felix Graf: Seeteufels Weltfahrt... aus 70 Lebensjahren. Herford 1955

Mahan, Alfred Thayer: Der Einfluß der Seemacht auf die Geschichte 1660—1812. Herford 1967

Meyers Illustrierte Weltgeschichte in 20 Bänden. Mannheim 1981

Mordal, Jacques: 25 Jahrhunderte Seekrieg. München 1963

Neukirchen, Heinz: Seemacht im Spiegel der Geschichte. Berlin 1982

Die Niederlage 1945. Aus dem Kriegstagebuch des Oberkommandos der Wehrmacht. Hrsg. von Percy Ernst Schramm. Frankfurt am Main; München 1985

Ott, Wilfried: Der zerbrochene Traum. Die Geschichte des amerikanischen Sezessionskrieges und seine Auswirkungen auf die Gegenwart. Puchheim 1987

Pâris, Edmond: Die große Zeit der Galeeren und Galeassen. Rostock 1973

Pâris, Edmond: Segelkriegsschiffe des 17. Jahrhunderts. Von der „Couronne" zur „Royal Louis". Rostock 1975

Peillard, Leonce: Geschichte des U-Boot-Krieges 1939—1945. München 1985

Pemsel, Helmut: Von Salamis bis Okinawa. Eine Chronik zur Seekriegsgeschichte. München 1975

von der Porten, Edward P.: Die deutsche Kriegsmarine im 2. Weltkrieg. Stuttgart (1986)

Potter, Elmar B., und Chester W. Nimitz: Seemacht. Eine Seekriegsgeschichte von der Antike bis zur Gegenwart. Deutsche Fassung hrsg. im Auftrag des Arbeitskreises für Wehrforschung von Jürgen Rohwer. München 1975; Herrsching 1986

Prager, Hans Georg: Panzerschiff Deutschland. Schwerer Kreuzer Lützow. Ein Schiffs-Schicksal vor den Hintergründen seiner Zeit. Herford 1981; München

Prien, Günther: Mein Weg nach Scapa Flow. Berlin 1940

Raeder, Erich: Mein Leben. Band 2: Von 1935 bis Spandau 1955. Tübingen 1957

von Reuter, Ludwig: Scapa Flow. Das Grab der deutschen Flotte. Leipzig 1921

Röhr, Albert: Deutsche Marinechronik. Oldenburg 1974

Roskill, Stephen Wentworth: Der Seekrieg im Wandel der Zeiten. Von Heinrich VIII. bis zur Neuzeit. Tübingen 1964

Rück, Fritz: Friede ohne Sicherheit. 1919—1939. Frankfurt am Main 1954

Salewski, Michael: Die deutsche Seekriegsleitung 1935—1945. Band I: 1935—1941. Frankfurt am Main 1970. Band II: 1942—1945. München 1975. Band III: Denkschriften und Lagebetrachtungen 1938—1944. Frankfurt am Main 1973

Schmalenbach, Paul: Schwerer Kreuzer Prinz Eugen. Herford 1978; München

Schulz, Hugo: Blut und Eisen. Krieg und Kriegertum in alter und neuer Zeit. 2 Bände. Berlin (1906)

Stalin, Josef: Über den Großen Vaterländischen Krieg der Sowjetunion. Moskau 1946

Strohbusch, Erwin: Deutsche Marine. Kriegsschiffbau seit 1848. Bremerhaven 1977, 1984

Systematische Bilder-Gallerie zur allgemeinen deutschen Real-Encyclopädie (Conversations-Lexicon) in lithographierten Blättern. Freiburg (1825—1827)

Todt, Günther: Meisterwerke der Marinemalerei. Texte von Jürgen Meyer. Andres Kalender. Hamburg 1987—1989

Die Wehrmachtberichte 1939—1945. Band 1: 1. September 1939 bis 31. Dezember 1941. Band 2: 1. Januar 1942 bis 31. Dezember 1943. Band 3: 1. Januar 1944 bis 9. Mai 1945. München 1985

Weltenzyklopädie der Schiffe. Band I: Kriegsschiffe von den Anfängen bis heute. Hrsg. von Gino Galuppini. München 1985

Weltgeschiche. Die Länder der Erde von A bis Z. Hrsg. von Walter Markov, Alfred Anderle und Ernst Werner. Leipzig 1967

Whitley, M. J.: Deutsche Kreuzer im Zweiten Weltkrieg. Stuttgart 1988

Wolfslast, W.: Bis zur letzten Granate. Die Schicksale der deutschen Schlachtschiffe im II. Weltkrieg. Rastatt 1981

Zur See. Hrsg. von Vize-Admiral z. D. von Henk. Hamburg 1895

Danksagung

Verfasser und Verlag bedanken sich bei den Marinemalern Günther Todt, Hamburg, und Ernst Wobek, Wien, die ihre Gemälde zur Verfügung gestellt haben.

Dank auch der Gemeinde Lenggries und der Marineschule Flensburg-Mürwik, die den Abdruck ihrer Gemälde von Claus Bergen genehmigten.

Für die freundliche Genehmigung, die Karten auf den Seiten 12, 26, 31, 46, 47, 58, 131, 135, 137, 139, 165, 177, 178, 187, 189, 193, 206 aus dem Werk „Seemacht" von Potter/Nimitz/Rohwer zu übernehmen, bedanken wir uns bei dem Bernard & Graefe Verlag, München.

Dem WZ-Bilddienst, Wilhelmshaven, verdanken wir die Abbildungen auf den Seiten 76, 87, 100, 103, 107, 109, 112, 122 (oben u. unten), 129, 130, 131 (oben), 133, 136, 140, 142, 143, 159, 167, 169, 173, 174 (rechts u. links), 179, 186, 191, 194, 197, 198, 199, 210, 212, 213.

Leider war es nicht in jedem Fall möglich, die Inhaber des Urheberrechts für die Abbildungen zu ermitteln. Die Rechteinhaber sind gegebenenfalls gebeten, sich mit uns in Verbindung zu setzen.